W0364675

btb

Aus Freude am Lesen

Mit den Anschlägen des 11. September 2001 sollte ein von den Terroristen der Al-Qaida eigenmächtig erklärter »Dschihad« ins Herz der westlichen Führungsmacht treffen – ein angeblich »Heiliger Krieg« im Namen Allahs. Guido Knopp, Stefan Brauburger und Peter Arens untersuchen, wie seit Mohammeds Zeiten immer wieder religiöse Gefühle für politische Zwecke instrumentalisiert und missbraucht wurden, und zwar bei Muslimen und Christen. Das Fazit heißt: Kein Krieg ist heilig!

PROF. DR. GUIDO KNOPP, Jahrgang 1948, arbeitete nach dem Studium als Redakteur der »Frankfurter Allgemeinen Zeitung« und als Auslandschef der »Welt am Sonntag«. Seite 1984 ist er Leiter der ZDF-Redaktion Zeitgeschichte. Als Autor publizierte er zahlreiche Sachbuch-Bestseller.

STEFAN BRAUBURGER, Jahrgang 1962, ist seit 1998 stellvertretender Leiter der ZDF-Redaktion Zeitgeschichte. Als Redakteur und Autor wirkte er an zum Teil preisgekrönten Filmen und Dokumentarreihen mit.

PETER ARENS, Jahrgang 1961, studierte Germanistik, Romanistik und Politologie und ist seit 1989 beim ZDF tätig. Seit 2006 führt er die Hauptredaktion Kultur und Wissenschaft, unter anderem mit der Erfolgsmarke TERRA X.

Guido Knopp · Stefan Brauburger ·
Peter Arens

Der Heilige Krieg

Mohammed, die Kreuzritter
und der 11. September

*In Zusammenarbeit mit Alexander Berkel,
Georg Graffe, Alexander Hogh,
Friedrich Klütsch, Mario Sporn*

btb

MIX
Paper from responsible sources
FSC® C084279

Verlagsgruppe Random House FSC® N001967
Das für dieses Buch verwendete FSC®-zertifizierte Papier
Profibulk liefert Sappi, Ahlfeld.

1. Auflage
Genehmigte Taschenbuchausgabe September 2013,
btb Verlag in der Verlagsgruppe Random House GmbH, München

Umschlaggestaltung: © semper smile, München, nach einem
Umschlagentwurf von R.M.E, Roland Eschlbeck / Rosemarie Kreuzer
unter Verwendung der Motive von © AKG-Images/ British Library
(links), © AKG-Images/Cameraphoto (Mitte), © Corbis/ Reuters/
Sean Adair (rechts)
Kartografie: Peter Palm, Berlin
Satz: Uhl + Massopust, Aalen
Druck und Einband: Print Consult GmbH, München
LW · Herstellung: sc
Printed in Slovak Republik
ISBN 978-3-442-74592-0

www.btb-verlag.de
www.facebook.com/btbverlag
Besuchen Sie unseren LiteraturBlog www.transatlantik.de

Inhalt

Der Heilige Krieg

Nach dem 11. September 2001 gewann der Begriff »Heiliger Krieg« wieder beklemmende Aktualität. Die Bilder von dem verheerenden Anschlag auf die New Yorker Twin Towers, der fast 3000 Menschenleben forderte, sind von frappierender Symbolkraft. Die von islamistischen Terroristen zu fliegenden Bomben umfunktionierten Flugzeuge erscheinen wie gewaltige Projektile, die in das Herz der westlichen Hemisphäre dringen – so war es von den Urhebern des Anschlags beabsichtigt, so wurde der zerstörerische Akt inszeniert. Die Attentäter und Drahtzieher des Terrornetzwerks Al-Qaida sehen sich als Kämpfer einer »Internationalen Islamischen Front für den Heiligen Krieg gegen Juden und Kreuzzügler«, seither symbolisiert kein anderer Begriff die Angst des Westens vor der islamischen Welt mehr als das oft missverstandene und missbrauchte Wort »Dschihad«.

Dabei haben hochrangige Islamgelehrte stets darauf hingewiesen, dass der Dschihad keineswegs Synonym für den »Heiligen Krieg« sei, er dulde auch keinen Mord an Unschuldigen und schon gar keinen Terror. Der Begriff, der auf Koransuren zurückgeht, bedeute zunächst »Bemühung, Anstrengung, Streben« im Glauben. Die Tradition unterscheidet den »Großen« Dschihad, das individuelle Mühen des Gläubigen um Gottgefälligkeit, vom »Kleinen«, der gemeinsamen Anstrengung zur Verbreitung des Glaubens und zu seiner Verteidigung gegen Feinde und Ungläubige. Doch die Frage, ob theologische Begriffe schriftgetreu ausgelegt werden, deutet nur auf eine Facette des Problems. Tatsache ist, dass gesellschaftliche, kulturelle und machtpolitische Konflikte immer wieder mit religiösen Formeln aufgeladen wurden – und werden – und dass selbst ernannte »Gotteskrieger« fanatische Gefühle stimulieren, die zu Krieg und Terror führen können. Militante Islamisten stellen den bewaffneten »Heiligen Kampf« gegen Ungläubige als zentralen religiösen Auftrag dar. Sie verdrängen dabei, dass Islam nicht nur »Hingabe zu Gott« bedeutet, sondern auch das Streben zum Frieden. Während die hoch angesehene Al-Azhar-Universität in Kairo in einem religiösen Rechtsgutachten das Camp-David-Abkommen mit dem Gegner Israel im Jahr 1979 für »zulässig« erklärte, wurde der starke Mann im Gottesstaat Iran, Ajatollah Khomeini, nicht müde, zum Dschihad gegen den jüdischen Staat aufzurufen. Militante Islamisten wollen ihren »Heiligen Krieg« weltweit führen.

Gibt es ein Äquivalent im Westen? Sicher kein aktuell vergleichbares. Doch eine Reaktion nach dem Anschlag vom 11. September war in diesem Zusammenhang bezeichnend. Der Präsident der vom Terror getroffenen Supermacht, George W. Bush, sprach, noch ganz unter dem Eindruck der Katastrophe – offenbar unbedacht –, von einem »Kreuzzug«, den es gegen den Terrorismus zu führen gelte. Diese Metapher wurde von Medien weltweit aufgegriffen und gerade von radikalen Islamisten als Bestätigung gesehen, worum es dem Westen eigentlich gehe: um die Unterjochung von Muslimen. Bush rief damit ungewollt Erinnerungen an die »Heiligen Kriege« der Christenheit wach und verlieh dem Konflikt folglich auch aus westlicher Warte eine pseudoreligiöse Anmutung. So ist der Begriff »Kreuzzügler« im islamischen Raum auch heute noch die historische Chiffre für westliche Aggression, Unterwanderung und Besatzung und weckt ähnlich negative Assoziationen wie das Wort »Dschihad« im Westen.

In ihrer fast 1400-jährigen Beziehung wurden bei Christen und Muslimen wiederholt religiöse Gefühle instrumentalisiert und missbraucht. Die Bereitschaft, aggressiv zu sein, war dabei wechselseitig. Gleichsam einer Pendelbewegung vergrößerte mal die eine, mal die andere Seite ihren Machtbereich auf Kosten des Antagonisten: ob bei der frühen Ausbreitung des Islam, zur Zeit der christlichen Kreuzzüge ins »Heilige Land«, bei dessen Rückeroberung durch die Muslime, in den Jahrzehnten der osmanischen Expansion der Frühen Neuzeit oder in der Epoche des Kolonialismus und der Weltkriege.

Weiterhin war und ist zudem von angeblichen »Heiligen Kriegen«

oder »Kreuzzügen« die Rede: nach der Gründung des Staates Israel, im noch immer schwelenden Nahostkonflikt, bei den verheerenden Terroranschlägen in New York, den sogenannten Antiterrorkriegen gegen Afghanistan, den Irak und Al-Qaida

Dieses Buch entstand im Kontext der ZDF-Dokumentarreihe »Der Heilige Krieg«, die das wechselseitige Phänomen spiegelt. Warum führten Mächte beider Hemisphären immer wieder Glaubenskriege gegeneinander – obwohl ihre Offenbarungsreligionen den Frieden preisen? Welche historischen Konfliktmomente erfuhren eine religiöse Aufladung – warum und durch wen? Und sind die Schnittmengen beider Interessensphären nicht weitaus größer, als manche historischen Klischees vermuten lassen?

Seit Monaten befindet sich die arabische Welt im Umbruch. Es gibt begründete Hoffnungen auf eine Demokratisierung und neue Impulse zur Lösung des Nahostkonflikts, aber auch Sorgen: Wie viel Nähe oder Ferne zum Westen steckt in den Befreiungsbewegungen, inwiefern könnten islamistische Gruppen an Einfluss gewinnen, wird sich die junge »Arabellion« als resistent gegen fundamentalistische Einflüsse erweisen, wie wirkt sie sich auf die Sicherheitsarchitektur des Nahen Osten aus?

Immer wieder ragt die Geschichte in die Gegenwart. In fünf Kapiteln soll dieses Buch reflektieren, wie über die Jahrhunderte auf beiden Seiten der Glaube für politische Zwecke instrumentalisiert wurde, wie dabei Denkmuster entstanden, die heute noch wirksam sind. Dabei soll es nicht nur um die Frage gehen, was trennte, sondern auch davon die Rede sein, was einte und welche Gemeinsamkeiten es im Kampf gegen jede Form von religiösem Extremismus heute gibt.

Das Schwert des Propheten

Oft schon sah sich die muslimische Welt pauschal dem Vorwurf ausgesetzt, die Ausbreitung ihrer Religion sei von Anfang an eine Geschichte der Gewalt gewesen. Verdankt der Islam seine rasante Verbreitung tatsächlich nur dem militärischen Erfolg seiner Glaubenskrieger? Historiker verweisen auf eine Vielzahl begünstigender Umstände, die der Mission des Propheten und seiner Nachfolger in die Hände spielte – auch jenseits von Waffengewalt, denn mit dem neuen Glauben ging auch eine neue Ordnung der Gesellschaft einher und ein für damalige Verhältnisse fortschrittliches Rechtssystem. Mohammed rief den Dschihad im 7. Jahrhundert aus, um den jungen islamischen Staat auf der Arabischen Halbinsel gegen die heidnischen Beduinen zu festigen. Nach Mohammeds Tod diente der geheiligte Kampf zur Expansion und zur Verbreitung des Islam, der wie das Christentum den Anspruch auf universale Geltung verfocht. Muslimische Krieger setzten im Jahr 711 von Marokko nach Spanien über. In nur zwei Generationen entstand ein Reich, das sich von Innerasien bis an die Pyrenäen erstreckte.

Der weitere Vorstoß nach Norden wurde schließlich von dem Franken Karl Martell in der Schlacht bei Tours und Poitiers (732) gestoppt. Die Kampfhandlungen wurden später zu einem welthistorischen Schlagabtausch von Islam und Christentum stilisiert. Die Zeitgenossen empfanden den Konflikt weit weniger dramatisch, schon gar nicht als Machtkampf zweier Religionen. Tatsächlich bildeten Herrscher beider Glaubensrichtungen immer wieder Koalitionen, wenn es opportun erschien, etwa Karl der Große (der Enkel Karl Martells) mit dem Kalifen von Bagdad Harun ar-Raschid. Wo der Glaube nicht als unüberwindlicher Gegensatz empfunden wurde, blühte auch der kulturelle Austausch.

Kreuzzug nach Jerusalem

Der Begriff »Kreuzzug« hat in der islamischen Welt einen ähnlich negativen Klang wie das Wort »Dschihad« in der westlichen. Vierhundert Jahre nach der muslimischen Expansion in der Nachfolge Mohammeds holte das christliche Europa zum Gegenschlag aus. »Gott will es«, lautete die Losung der Palästinafahrer, die sich in Westeuropa sammelten. Die Befreiung des »Heiligen Landes« aus muslimischer Hand galt als Weg zum Erlass von Sündenstrafen. Am Ende der ersten – vom Papst persönlich – sakralisierten Heerfahrt stand die Eroberung Jerusalems (1099). Bei der Erstürmung der Stadt richteten christliche Ritter ein Massaker an, das unvergessen blieb. In einer Rückbesinnung auf den »Dschihad« bündelten muslimische Herrscher nach und nach ihre Kräfte, um die verlorenen Territorien wieder zurückzugewinnen. Das hinderte beide Seiten nicht daran, zwischenzeitlich auch Allianzen einzugehen. Manche christliche

Europäer empfanden Bewunderung für die islamische Zivilisation. Zur legendären Figur wurde Sultan Saladin, der zum »Dschihad« gegen die »Franken« aufrief und Jerusalem 1187 für die Muslime zurückeroberte. Anders als die christlichen Ritter verschonte er dabei die Zivilbevölkerung. Auch der römisch-deutsche Kaiser Friedrich II. suchte die Verständigung, der Staufer erwirkte 1229 ohne einen Schwerthieb die Rückgabe Jerusalems an die Christen – durch geschicktes Verhandeln. Die Muslime durften ihre heiligen Stätten weiter ungehindert besuchen, ein historisch einmaliger Vorgang in den Beziehungen zwischen Orient und Okzident.

Die Türken vor Wien

Die Angst, von den Osmanen unterjocht zu werden, gehörte zu den Traumata des frühneuzeitlichen Europa. Ihre Kriegführung war begleitet von verheerenden Zerstörungen und Plünderungen. Doch wurde die »Türkenfurcht« auch propagandistisch überhöht. Die Kirche bezeichnete die Osmanen als »Erbfeinde der Christenheit« und »Inkarnation des Teufels«, so große Ängste hatte der scheinbar unaufhaltsame Vormarsch der Osmanen bis nach Mitteleuropa wachgerufen.

Mit der Eroberung Konstantinopels 1453 war das Byzantinische Reich endgültig erloschen. Im Kampf um Ungarn geriet der Herrschaftsanspruch Süleymans I. (»des Prächtigen«) in direkte Konfrontation mit dem Reich der Habsburger. 1529 standen die Türken zum ersten Mal vor Wien, konnten die Stadt jedoch nicht erobern. Die Päpste des 16. und 17. Jahrhunderts verfassten Kreuzzugsaufrufe. Eine »Heilige Liga« sollte den Kampf gegen die »Ungläubigen« aufnehmen. 1683 starteten die Osmanen einen erneuten Versuch, nach Mitteleuropa vorzustoßen und Wien zu erobern. Dabei wurden wieder Dschihad-Parolen laut, auch wenn es nach erfolglosen Beutezügen vor allem um militärische Mobilisierung ging. Um die Türken zu stoppen, verbündeten sich auch ansonsten heillos zerstrittene christliche Mächte. Das katholische Frankreich, das eine Übermacht der Habsburger fürchtete, paktierte hingegen mit den Türken. Nach der Niederlage vor Wien wurden die Osmanen tief in den Balkan zurückgedrängt. Obwohl ihr Reich in den folgenden Jahrhunderten seine Weltmachtstellung verlor, blieb das bedrohliche Bild erhalten. Gleichzeitig aber hatte die türkische Präsenz auf europäischem Boden für einen fruchtbaren kulturellen Austausch gesorgt. Gehört die Türkei zu Europa? Die heute mit großer Leidenschaft geführte Diskussion berührt tiefgreifende Identitätsfragen und weckt dabei Erinnerungen an Jahrhunderte wechselvoller Erfahrungen.

Dschihad für den Kaiser

Während des Ersten Weltkriegs zeigten sich einmal mehr die Willkür und die Arroganz der Kolonialmächte Europas im islamischen Raum. Vor allem Briten und Deutsche spielten die Konflikte zwischen Arabern und Osmanen gegeneinander aus, um sie für eigene Kriegsziele zu instrumentalisieren. Der Archäologe und Geheimagent Thomas Edward Lawrence forcierte in britischem Auftrag den Aufstand der Araber gegen das mit Deutschland verbündete Osmanische Reich. Anderthalb Jahre dauerte sein Guerilla-Feldzug zur Vertreibung der Türken. Sein Gegner und Pendant auf deutscher Seite war ein nicht weniger schillernder Zeitgenosse, ein Sprössling des Kölner Bankhauses Sal. Oppenheim. Max von Oppenheim sollte die Osmanen im Auftrag des deutschen Kaisers zu einem »Heiligen Krieg« der Muslime gegen die Feinde Deutschlands anstacheln, gegen Frankreich, England und Russland. Im November 1914 verkündete der türkische Sultan tatsächlich den »Dschihad« gegen die Westmächte. Mit deutschen Waffen wurden militärische Operationen durchgeführt, Putsche initiiert, Attentate und Sprengstoffanschläge verübt. Doch gingen die Berliner Dschihad-Pläne nicht auf. Die arabischen Muslime folgten nicht Max von Oppenheim, sondern dem charismatischen Lawrence von Arabien. Der aber sah sich am Ende selbst getäuscht, da die Versprechungen, die er den Arabern im britischen Namen gemacht hatte, vom Empire nicht eingelöst wurden. Die nach dem Krieg von den Siegermächten im Nahen Osten vorgenommene Grenzziehung hatte weitreichende Folgen und schuf Grundlagen für den noch heute andauernden Nahostkonflikt.

Terror für den Glauben

Juni 2001: Per Videoband kündigte der selbst ernannte Gotteskrieger Osama bin Laden den Terrorakt an: »Mit einfachen Mitteln und mit unserem Glauben können wir die größte Militärmacht der modernen Zeit besiegen.« Wenige Monate später schlugen seine Gefolgsleute zu. Die Bilder des 11. September 2001 gingen um die Welt, der beispiellose Anschlag veränderte das internationale politische Gefüge. Eine tiefe Kluft zwischen der westlichen und der muslimischen Hemisphäre schien sich aufzutun. Doch sahen maßgebliche islamische Rechtsgelehrte in Bin Ladens Aufruf zum »Heiligen Krieg« eine Anmaßung. Nie zuvor brandmarkten so viele moderate Stimmen aus muslimischen Ländern den willkürlichen Missbrauch des »Dschihad« und verurteilten das beispiellose Verbrechen. Doch bei militanten Islamisten, den Taliban und anderen Terrorgruppen des Nahen Ostens fand Al-Qaida Unterstützung.

Schon seit Beginn des 20. Jahrhunderts gab es fundamentalistische muslimische Strömungen, die für die offenkundige ökonomische und politische Rückständigkeit der islamischen Welt vor allem einen Grund sahen: Fremdbestimmung, moralische Unterwanderung und Okkupation durch den Westen. So beschworen etwa die »Muslimbrüder« in Ägypten den »Dschihad« gegen alle äußeren und inneren Mächte, die zu dem angeblichen Verfall beitrugen. Seit der Staatsgründung 1948 galt Israel als Stachel im Fleisch der islamischen Welt. Die Eroberung der Altstadt von Jerusalem im Sechstagekrieg 1967 verschaffte dem jüdischen Staat auch die Kontrolle über heilige Stätten des Islam – aus muslimischer Sicht kann dies als Grund für einen »Dschihad« in Permanenz gelten, bis die Heiligtümer zurückgewonnen sind. Nach dem ersten Golfkrieg 1991 blieben US-Truppen in Saudi-Arabien stationiert. Für radikale Islamisten wie Osama bin Laden wurde diese Präsenz zu einem Stein des Anstoßes – sein Hass richtete sich fortan vor allem gegen Amerika. Die Anwesenheit von US-Truppen auf »heiligem Boden« nahm er als Vorwand für eine Serie blutiger Anschläge, die am 11. September ihren zerstörerischen Höhepunkt erreichten. Der Urheber wurde zehn Jahre danach getötet. Inwiefern sich Al-Qaida wirklich als eine Hydra erweist, bei der neue Köpfe nachwachsen, wenn man den einen abschlägt, ist derzeit noch Spekulation.

Wofür aber steht der 11. September 2001 – war es nur die Tat einiger Extremisten, die sich damit auch in der muslimischen Welt völlig isolierten? Oder handelt es sich um die Zuspitzung eines latent schwelenden Konflikts zweier Hemisphären?

Mitte der 1990er-Jahre hat ein Buch von sich reden gemacht: *Clash of Civilizations* von Samuel Huntington. Der Autor prophezeite den »Kampf der Kulturen«, den unausweichlichen Konflikt zwischen dem Islam und dem Westen, zwischen Morgenland und Abendland. Nachdem sich der Kommunismus als »Reich des Bösen« verabschiedet hatte, sahen er und andere besonders besorgte Skeptiker die Gefahr, dass nun fundamentalistische Muslime zum Sturm auf die Bastionen des Wohlstands, der Freiheit und der Demokratie ansetzen. Manche islamistischen Scharfmacher geben solchen Annahmen durchaus Nahrung: Al-Qaida-Führer behaupten, die ganze Welt habe sich gegen sie verschworen, also sei die ganze Welt, vor allem die westliche, auch ihr Schlachtfeld.

Nicht wenige Menschen halten daran fest, dass der »Clash« unausweichlich sei, und sie beziehen sich dabei auf tatsächliche oder vermeintliche Erfahrungen aus der Geschichte. Andere Beobachter siedeln den Konflikt eher innerhalb der islamischen Welt an. Der Kampf radikaler Islamisten gegen westliche Okkupation und Bevormundung, gegen den Einfluss fremden Denkens und den Verfall des Glaubens, werde vor allem auf eigenem Boden ausgefochten. Dazu zählt auch die Rückgewinnung »muslimischen Landes« aus den Händen säkularer, korrupter und vom Westen gestützter Regime. Es sei ein Ringen um die Seele des Islam selbst. Ein Kampf, der in Afghanistan, im Irak, in Saudi-Arabien, Ägypten und Pakistan gewonnen oder verloren werde. So fordert der angebliche »Heilige Krieg« von Al-Qaida und anderen »Dschihadisten« in den vergangenen Jahren vor allem Opfer unter Glaubensbrüdern. Männer, Frauen und Kinder, die auf Märkten und anderen öffentlichen Plätzen von den Bomben der Selbstmordattentäter zerrissen wurden. US-Präsident Barack Obama betonte nach der Tötung des »Staatsfeindes Nr. 1« der USA im pakistanischen Abbottabad nicht ohne Grund, dass Bin Laden »kein muslimischer Führer« gewesen sei, sondern ein »Massenmörder von Muslimen«.

So gibt es nur wenige Anzeichen für einen Krieg der Welten. Die Brandherde – vom Bombenterror im Palästinakonflikt über die Anschläge in Afghanistan, im Irak und in Pakistan bis zu den Drohungen Irans an Israel und die Al-Qaida-Aktivitäten in Europa – haben keinen gemeinsamen Ursprung. Die heutige Lage ist vielschichtig und unübersichtlich. In über vierzig Staaten der Erde stellen Muslime die Mehrheit der Bevölkerung; in etwa der Hälfte von ihnen gilt der Islam, die »Hingabe an Gott«, als Staatsreligion. Zu den islamisch geprägten Ländern zählen einige der reichsten der Welt und einige der ärmsten. Die überwältigende Mehrheit lebt mit den strengen Regeln ihrer Religion und mit ihren Nachbarn in Frieden. Die Neigung, den Islam zu politisieren oder kriegerisch zu propagieren, hängt wesentlich vom herrschenden Regime ab und vom Nährboden für terroristische Strömungen.

Doch stehen die Zeichen nicht längst auf Entspannung? Der »arabische Frühling« markiert eine Zäsur. Eine große internationale Öffentlichkeit nimmt Anteil an dem bewegenden Geschehen. Die Freiheitsbestrebungen zielen auf demokratische Selbstbestimmung und die Verwirklichung von Menschenrechten. Nachdem einige westliche Regierungen manche arabische Despoten allzu lange hofierten, hoffen die unterdrückten Völker nun auf Unterstützung aus dem Westen. Darin liegt eine historische Chance.

Barack Obama hat der islamischen Welt kurz nach seinem Amtsantritt die Hand gereicht und dafür Zuspruch gefunden. In einer weiteren Grundsatzrede im Mai 2011 sprach er auch im Sinne der europäischen Partner, als er zusicherte, für die »universellen Menschenrechte« und den demokratischen Prozess in der Region einzutreten und, wo der Umbruch stattfindet, wie in Ägypten oder Tunesien, umfassende Aufbauhilfe zu gewähren.

Es ist der Moment, den »Dialog der Kulturen« zu intensivieren, das Erbe der Vergangenheit gemeinsam zu reflektieren. Eine solche Kommunikation braucht zuallererst die Bereitschaft, etwas erfahren zu wollen über den anderen. Er bedeutet, neugierig auf das andere sein, sich austauschen über das Gemeinsame und das Verschiedene. Ohne Wissen umeinander kein Verständnis füreinander.

Gegner interkultureller Dialoge gibt es in jeder Gesellschaft. Viel spricht dafür, dass mitunter Gegensätze hervorgehoben werden, die von den Mehrheiten der Völker gar nicht als solche empfunden werden. Die Globalisierung mit ihren immer neuen technischen Durchbrüchen und der verstärkenden Rolle der Medien hat zur Folge, dass die verschiedenen Kulturen schneller und intensiver aufeinander einwirken als jemals zuvor in der Geschichte. Daraus ergeben sich neue Perspektiven: Die Freiheit des Informationsaustauschs macht es möglich, sich gegenseitig zu bereichern. Die jungen Kräfte der »Arabellion« nehmen daran bereits teil. Mit der Perspektive, Bürger einer interkulturellen Zivilgesellschaft zu sein, sollte der Westen jene Kräfte unterstützen, welche für Demokratie, aber auch für Frieden im Nahen Osten eintreten.

Und was bedeutet ein solcher Dialog innenpolitisch? Über die Frage, in welcher Hinsicht der Islam zu Deutschland gehört, kann man sicher historisch debattieren, vor allem aber ist damit eine aktuelle Herausforderung gemeint: Wie viel Einvernehmen gibt es mit Millionen von islamischen Mitbürgern im Bemühen um Freiheit, Toleranz, Pluralismus, Demokratie und Frieden? Gemeinsam gilt es sicherzustellen, dass sich religiöse Normen nicht über Prinzipien der freiheitlichen Verfassung erheben. Dazu zählt auch der Konsens darüber, dass sogenannte »Heilige Kriege«, von wem auch immer sie propagiert oder geführt wurden oder werden, nie heilig waren oder sind und dass sie einer vergangenen Zeit angehören.

Herzlicher Dank gebührt den Autoren und Rechercheuren der Filmreihe, den Mitarbeitern der Buchbeiträge sowie den wissenschaftlichen Fachberatern, die das gesamte Projekt von Anfang an begleiteten und ihre Kenntnisse auch bei der Erstellung und Durchsicht der Manuskripte einbrachten, vor allem den Professoren Nikolas Jaspert, Tilman Nagel, Christoph K. Neumann sowie Dr. Salvador Oberaus und Dr. Guido Steinberg. Es ist unser gemeinsames Anliegen, die Ergebnisse langjähriger Forschung und journalistischer Reflexion einem möglichst großen Publikum verständlich zu vermitteln.

Das Schwert des Propheten

Entscheidung 732

Am 25. Oktober 732 wurde eine weite Lichtung an der alten Römerstraße zwischen Tours und Poitiers zum Schauplatz einer Schlacht, die in die Geschichte eingehen sollte. Muslimische Truppen aus Andalusien standen dort einer Koalition christlicher Kräfte gegenüber. Die vereinte Streitmacht von Franken, Langobarden und Aquitaniern wollte den Vormarsch der »Sarazenen«, wie die Muslime in den zeitgenössischen Chroniken genannt wurden, 200 Kilometer südlich von Paris stoppen. Tage des Abwartens und Taktierens waren dem militärischen Kräftemessen vorausgegangen.

Jeweils 7000 bis höchstens 15 000 Krieger, so schätzt der Londoner Arabist und Historiker Hugh Kennedy, waren auf beiden Seiten an den Kampfhandlungen beteiligt. Während das christliche Heer, das von dem fränkischen Hausmeier Karl Martell angeführt wurde, vor allem aus schwer bewaffneten Fußsoldaten bestand, verfügten die Muslime unter dem Gouverneur von Andalusien, Abd ar-Rahman ibn Abdallâh al-Ghafiqi, auch über berittene Bogenschützen.

Über den genauen Verlauf der Kämpfe gibt es nur wenige detaillierte Berichte – ein Umstand, der vermuten lässt, dass der Schlacht von ihren Zeitgenossen keine besondere Bedeutung beigemessen wurde. Der Ausgang der Auseinandersetzung allerdings war immer bekannt: Abd ar-Rahman kam bei der Schlacht ums Leben, und seine führerlosen Truppen traten im Schutz der einbrechenden Nacht auf den 26. Oktober den Rückzug an. Der »Angriff auf Europa«, zu dem der muslimische Vorstoß

Auch Carl von Steubens Historiengemälde »Schlacht von Poitiers« (1837) stilisiert Karl Martell zum Retter des Christentums.

in späteren Jahrhunderten stilisiert werden sollte, wurde zurückgeschlagen.

Das Urteil der deutschen Geschichtsschreibung des 19. Jahrhunderts ist in dieser Frage eindeutig: Sie sah in dem Ausgang der Schlacht von Tours und Poitiers einen Wendepunkt der Geschichte. Für Historiker wie Friedrich von Schlegel oder Leopold von Ranke stand im Spätsommer des Jahres 732 nicht weniger als das Schicksal des christlichen Europa auf dem Spiel. Geprägt waren die Auffassungen der gelehrten Geschichtsschreiber durch das Werk des britischen Historikers Edward Gibbon. Als der ehemalige Oxford-Schüler 1776 seine mehrbändige Abhandlung über den *Verfall und Untergang des Römischen Reiches* veröffentlichte, enthielt

Karls Beiname Martell (marcellus = der Hammer) weist auf die Härte des Hausmeiers gegenüber seinen Gegnern hin. Lithografie von Victor Adam, 1860.

es auch eine Passage, die das Schicksal Europas für den Fall einer Niederlage der Christen facettenreich ausmalte:

»Ihre Siege hatten die Sarazenen bereits über 1800 Kilometer von Gibraltar bis an die Ufer der Loire getragen. Würde es ihnen gelingen, diesen Erfolg zu wiederholen, stünden die Muslime an den Grenzen Polens und im schottischen Hochland. Der Rhein hätte sich für sie genauso wenig als unpassierbar erwiesen wie der Nil oder der Euphrat. Ohne nennenswerten Widerstand hätten die arabischen Flotten die Mündung der Themse erreicht. Vielleicht stünde heute die Auslegung des Korans auf dem Lehrplan der Schulen von Oxford, und ihre Absolventen erläuterten einem beschnittenen Volk die Heiligkeit und Wahrheit der Offenbarungen Mohammeds.«

»Kaum hatten die Araber die Eroberung von Spanien vollendet, so trachteten sie auch nach Frankreich und den dortigen westgotischen und burgundischen Ländern. Aber hier wurde ihren Fortschritten ein Ziel gesetzt, durch den großen Sieg des fränkischen Helden Martell, zwischen Tours und Poitiers, über den Abdorrhaman, der in der Schlacht mit der Blüthe seines Heeres fiel, 20 Jahre nach der Eroberung von Spanien, 110 Jahre nach der mahomedanischen Anfangsepoche; und ward die abendländische Christenheit also von der drohenden Gefahr des völkerverwüstenden Islam befreit und durch Karl Martell errettet.«

Friedrich von Schlegel: Vorlesungen zur Philosophie der Geschichte, 1828

Dafür, dass er solche Entwicklungen durch seinen Sieg bei Tours und Poitiers verhindert hatte, lobte Gibbon Karl Martell als »Retter der Christenheit«. Allerdings wird die Einschätzung des Briten von der modernen Geschichtsschreibung nur sehr eingeschränkt geteilt. Diese sieht in dem Vorstoß nach Nordeuropa vor allem eine Militäraktion, die der Niederschlagung eines innermuslimischen Aufstands in der Garnison von Narbonne galt. Nach dem schnellen Erfolg gegen die revoltierenden Berber nutzte der Gouverneur von Andalusien die Gelegenheit für eine sogenannte »razzia«, einen Beutezug. Diese überfallartigen Vorstöße auf nichtmuslimische Gebiete waren nicht erst seit der Eroberung Spaniens durch die Mauren gang und gäbe.

Saisonaler Beutezug oder systematischer Vorstoß mit dem Ziel einer Eroberung? Die Deutung der Schlacht von Tours und Poitiers ist umstritten. Die Motive, die Abd ar-Rahman Mitte 732 zu seinem Angriff bewegten, lassen sich nur ansatzweise rekonstruieren. Und dass der Kriegszug Teil einer Strategie war, die am Hofe des Kalifen in Damaskus generalstabsmäßig geplant worden war, ist mehr als unwahrscheinlich. Fakt ist: Die muslimische Gefahr war nach der Schlacht von Tours und Poitiers keineswegs beseitigt. Drei Jahre später griff eine maurische Streitmacht erneut fränkisches Territorium an. Und wieder war es an Karl Martell, den Eindringlingen Einhalt zu gebieten. Aber so weit wie im Jahr 732 sollten die Kämpfer Allahs nie wieder in das christliche Abendland vorstoßen.

Alles in allem: Die Zweifel, ob bei Tours und Poitiers wirklich das

Schicksal Europas auf dem Spiel stand, sind berechtigt. Andererseits entsprach das Vorgehen der Muslime aus Andalusien durchaus dem ihrer Vorgänger aus Arabien. Im ersten Jahrhundert des Islam waren kleine Beuteaktionen häufig den auf Eroberung angelegten Feldzügen vorausgegangen. Die militärischen Nadelstiche dienten dabei nicht nur der schnellen Bereicherung, sondern auch der Erkundung von Terrain und Gegner. Eine Niederlage der vereinten christlichen Kräfte 732 hätte

Edward Gibbon (1737–1794), englischer Historiker. Porträt aus dem Jahr 1779.

Razzia

Der Begriff Razzia wird im heutigen Sprachgebrauch im Zusammenhang mit überraschenden Polizeiaktionen verwendet. Ursprünglich stammt er vom Arabischen »gaziya/gazhawa« ab, das einen organisierten militärischen Vorstoß beschreibt. Die Verknüpfung solcher Vorstöße mit Beutezügen spielt dabei bereits im Koran eine Rolle. Das Beutemachen bei Nichtmuslimen wird in den Heiligen Schriften des Islam als legitime Aneignung fremden Eigentums bezeichnet.

Eine »razzia« war in der Regel ein saisonales Unternehmen und beschränkte sich auf die Sommermonate nach der Ernte. Neben regulären Kriegern konnten so auch waffenfähige Männer an den Kriegszügen teilnehmen. Als Lohn für ihren Einsatz stand ihnen ein Anteil an der Beute in Aussicht. Der Löwenanteil aus den Plünderungen und dem Verkauf von Sklaven floss aber in die Kassen des Kalifen und seiner Regionalverwaltung. In der Zeit der islamischen Expansion waren diese Einnahmen für den Ausbau und die Konsolidierung der muslimischen Herrschaft in den eroberten Gebieten unverzichtbar.

durchaus dazu führen können, dass in den Folgejahren eine mit Truppen aus Nordafrika verstärkte Streitmacht der Muslime angerückt wäre – mit dem Ziel einer Unterwerfung Nordeuropas.

Die Geburt des Islam

Was ist der Islam? Wer sind diese Muslime, die den christlichen Kräften zwischen Tours und Poitiers in geordneter Schlachtformation gegenüberstanden? Karl Martell und seine Mitstreiter werden Ende Oktober 732 kaum in der Lage gewesen sein, sich mit der Herkunft und dem Glauben ihrer Gegner zu beschäftigen. Immerhin verrät der Begriff »Sarazenen«, mit denen die frühen Muslime in der Regel tituliert wurden, was die Christen von ihnen wussten und dachten.

Die Verstoßung Hagars und Ismaels ist ein beliebtes Motiv der christlichen Kunst. Ölbild auf Holz von Lucas Cornelisz, um 1525.

Der christliche Theologe und Kirchenlehrer Johannes von Damaskus erklärte bereits Anfang des 8. Jahrhunderts, was genau mit »Sarazenen« gemeint war: »Weiterhin gibt es den Aberglauben der Ismaeliten. Sie werden auch Sarazenen genannt, was von ›Sarais kenoi‹ oder ›Entflohene Sarahs‹ stammt. Denn Hagar hatte zu dem Engel gesprochen: ›Ich bin von Sarah, meiner Herrin, mit meinem Sohn Ismael geflohen.‹«

Johannes von Damaskus (650–754), russische Ikone des Spätmittelalters.

Der Begriff »Sarazene« hat biblische Ursprünge. Er entstand im Zusammenhang mit der Geschichte von Abraham und Sarah. Ihre Ehe war zunächst kinderlos geblieben. Der Beischlaf mit Hagar, der ägyptischen Magd Sarahs, sollte Abhilfe schaffen. Es war eine fruchtbare Verbindung: Hagar gebar Ismail. Auf Abrahams erstgeborenen Sohn geht auch die Bezeichnung Ismaeliten für die frühen Muslime zurück.

Nach muslimischer Überlieferung errichteten Vater und Sohn gemeinsam das Heiligtum von Mekka – die Kaaba. Dann aber gehen ihre Wege auseinander. Grund dafür waren Zwistigkeiten zwischen Abrahams Frauen. Sie waren ausgebrochen, nachdem auch Sarah einen Sohn geboren hatte. Das biblische Dreiecksverhältnis endete mit der Flucht von Hagar und Ismail. Fortan gelten ihre Nachkommen als »Entflohene Sarahs« – Sarazenen.

Die Anekdote aus dem Alten Testament wirft ein bezeichnendes Licht auf das Bild, das sich die Christen von den frühen Muslimen machten. Sie sahen in ihnen eine Gruppe christlicher Abweichler – ein Urteil, das naheliegen schien. Nehmen doch die Offenbarungen des Koran ausführlich Bezug auf das Personal der Bibel: Nicht nur Abraham (Ibrahim) taucht in den heiligen Schriften des Islam auf, auch Moses (Musa) und selbst Jesus

Auf dem Berg Hira bei Mekka soll der Erzengel Gabriel dem zukünftigen Propheten Mohammed erschienen sein.

(Isa) finden als Propheten und Vorläufer Mohammeds im Koran Erwähnung. Die Gemeinsamkeiten zwischen frühislamischen und christlichen Glaubenstraditionen waren derart augenfällig, dass die Unterschiede von den christlichen Autoren geflissentlich übersehen wurden.

Johannes von Damaskus hätte es eigentlich besser wissen müssen. Als der spätere Kirchenlehrer Mitte des 7. Jahrhunderts in Damaskus geboren wurde, wurde seine Heimatstadt bereits von den Muslimen beherrscht. Dennoch sah er Mohammed als Ketzer, der die Botschaft des Christentums verdreht hatte, und nicht als Stifter einer neuen Religionsgemeinschaft: »In ihrer Mitte war ein falscher Prophet namens Mohammed. Er behauptete, dass ein gewisses Buch ihm im Schlaf vom Himmel herabgesandt worden sei.« Eine tiefer gehende, theologische Auseinandersetzung mit dem Islam sollte erst vier Jahrhunderte später mit dem Beginn der Kreuzzüge erfolgen.

Die Polemik des Johannes von Damaskus bezog sich auf jene geheimnisvollen Momente der Offenbarung, die im Jahr 610 die Geburt des Islam markierten. Schauplatz war der Berg Hira, etwa sechs Kilometer

Die »Nacht der Bestimmung«: Osmanische Buchmalerei aus dem 16. Jahrhundert. Mohammed wird dabei im Feuerkranz und ohne Gesicht dargestellt.

nordöstlich von Mekka gelegen. Empfänger der göttlichen Eingebungen war ein vierzigjähriger Mann, der später als »Mohammed«, »Der zu Preisende«, bezeichnet werden sollte. Sein Geburtsname lautete wahrscheinlich Qutam.

Mit sechs Jahren war der spätere Religionsstifter bereits Vollwaise. Er wuchs bei seinem Onkel Abu Talib auf, einem Kaufmann aus der mekkanischen Sippe der Hashim. Der junge Mohammed begleitete seinen Oheim auf dessen Geschäftsreisen. Schließlich wurde der Spross einer der führenden Familien Mekkas selbst zum Karawanenführer. In dieser Funktion lernte Mohammed auch seine erste Frau, die reiche Kaufmannswitwe Chadidscha, kennen.

Beschrieben wird Mohammeds Leben nur von islamischen Autoren. Unabhängige Quellen gibt es nicht. Die umfangreichste Biografie lieferte, etwa hundert Jahre nach dem Tode Mohammeds, Ibn Ishaq. Der aus Medina stammende Historiker sammelte alle verfügbaren Angaben und Geschichten zu Leben und Wirken des Propheten. Er tat dies im Auftrag des abbasidischen Kalifen von Bagdad, al-Mansur. Ibn Ishaqs historische Schriften tragen den Titel *Der Lebensweg des Propheten* und geben auch facettenreich Auskunft über die »Nacht der Bestimmung«: den Beginn der göttlichen Offenbarungen.

Koran

Der Koran ist die Heilige Schrift des Islam. Für strenggläubige Muslime stellt er das »unerschaffene« Wort Gottes in arabischer Sprache dar. Die Offenbarungen, die am Berg Hira begonnen hatten, setzen sich über zwei Jahrzehnte in Mekka und Medina fort. Immer ist Mohammed der Empfänger. Mit seinem Tod im Jahr 632 gilt der Koran als vollendet.
Nur für die erste Offenbarung (die ersten fünf Verse der Sure 96) am Berg Hira gibt die Überlieferung die Anwesenheit eines Zeugen an. Insgesamt enthält der Koran 114 Suren, die, mit Ausnahme der ersten, nach ihrer Länge geordnet sind. Jede Sure trägt einen Namen, die mit ihrem Inhalt in Verbindung steht.

Noch heute werden – wie hier im König-Fahd-Druckereizentrum in Medina – die Druckvorlagen des Koran handschriftlich hergestellt.

Wörtlich übersetzt bedeutet Koran »Lesung« oder »Rezitation«. Noch heute gilt der psalmodierende, fast gesungene Vortrag der Korantexte als ideale Wiedergabepraxis. Etwa zehn Jahre nach Mohammeds Tod fassten seine Anhänger die vorhandene mündliche und schriftliche Überlieferung der Offenbarungstexte zur ersten Ausgabe des Koran zusammen.

Blatt aus einer nordafrikanischen Koranhandschrift aus dem 12. Jahrhundert.

Jedes Jahr suchte Mohammed für einen Monat eine Höhle am Berg Hira auf, um darin zu meditieren. Im Jahr 610 erschien ihm dort zum ersten Mal der Erzengel Gabriel. Es handelte sich dabei um denselben himmlischen Gesandten, der bereits im Alten und im Neuen Testament der Bibel den Menschen die Botschaften Gottes übermittelt hatte. Die außerirdische Erscheinung erschreckte Mohammed zutiefst, wie Ibn Ishaq berichtet. Aber Gabriel ließ nicht vom auserwählten Propheten ab: »Gabriel sprach zu mir, und es war, als ob die Worte in mein Herz geschrieben waren: ›Trage vor, im Namen deines Herren, der dich erschuf. Trage vor! Dein Herr ist der Edelmütigste, der den Menschen durch das Schreibrohr lehrt, was er nicht weiß.‹«

Oft wurde darüber spekuliert, warum die islamische Überlieferungstradition darauf besteht, dass Mohammed weder lesen noch schreiben konnte. Gott, so heißt es, habe über den Engel Gabriel seinem Propheten die Texte ins Herz geschrieben oder auf die Zunge gelegt. Und Mohammed wiederum habe sie nur mündlich vorgetragen. Sollte damit der Eindruck erweckt werden, dass allein Gott die Texte verfasst hat und kein Mensch – auch nicht Mohammed selbst – daran Anteil hatte? Oder ging es darum, jeden Einfluss der auch in Arabien bekannten heiligen Schriften von Juden und Christen zu bestreiten? In jedem Fall konnte die Darstellung Mohammeds als Lese- und Schreibunkundigen dazu dienen, seinen Botschaften höchste und göttliche Autorität zu verleihen.

Nach anfänglichem Widerstand gab Mohammed dem Drängen des Engels nach. 613 begann er in Mekka, die erhaltenen Offenbarungen tatsächlich vorzutragen. Ohne großen Erfolg. Es waren nicht so sehr seine Botschaften, für die Mohammed zu Beginn seiner Auftritte als Prediger gepriesen wurde, sondern es war seine Sprache. Vom »Zauber seiner Worte« schwärmten diejenigen, die Mohammed gehört hatten. Was aber wollte »das Siegel der Propheten«, wie Mohammed sich selbst verstand, mit seinen Worten erreichen?

Die Arabische Halbinsel lag Anfang des 7. Jahrhunderts abseits der von den Großmächten Byzanz und Persien umkämpften Gebiete im Nahen Osten. Ihren sesshaften Bewohnern boten die kargen Landschaften Arabiens außerhalb der fruchtbaren Oasen keine ausreichenden Lebens-

Mohammed und Gabriel. Miniatur, 15. Jahrhundert, Topkapı-Bibliothek Istanbul.

Jedes Jahr pilgern Millionen Muslime nach Mekka, ihrem religiösen Zentrum.

grundlagen. Die nicht sesshaften Beduinen ernährten sich von ihren Herden und durch Handel. Schätzungen, die auf geologischen Vergleichsdaten beruhen, nehmen für den Anfang des 7. Jahrhunderts eine Gesamtbevölkerung von etwa vier Millionen Menschen auf der Arabischen Halbinsel an.

Unter den Stämmen im Inneren Arabiens war in vorislamischer Zeit die Verehrung von Natur- und Himmelsgöttern weit verbreitet. Neben Dämonen und Ahnengeistern wurden auch besondere Steinmale angebetet. Um einige dieser Steinmale hatten sich zentrale Kultstätten entwickelt, zu denen es jährliche Pilgerfahrten gab. Der bedeutendste Kultort Arabiens, die Kaaba, lag unmittelbar bei Mekka. Um einen schwarzen Meteoriten, der heute in eine Ecke der Kaaba eingemauert ist, hatte sich ein Heiligtum entwickelt, das vielen Göttern Platz bot.

Die Götter der vorislamischen Kaaba

In der Kaaba wurden in vorislamischer Zeit vor allem drei weibliche Gottheiten verehrt: al-Uzza, eine der römischen Venus ähnliche Himmelsgöttin, al-Lat als Göttin der Fruchtbarkeit und die Schicksalsgöttin Manat. Die weiblichen Gottheiten galten als Töchter des Himmelsherrschers Ilah, der dem einzigen Gott des Islam später auch seinen Namen geben sollte: Allah. Wenige Tage nach seiner Geburt wurde Mohammed/Qutam laut den Berichten seiner Biografen in der Kaaba vor einer Statue des Orakelgottes Hubal geweiht.

Mohammed rief bei seinen Vorträgen dazu auf, diese falschen Götter zu zerstören und den heidnischen Kulten ein Ende zu bereiten. Der Prophet verlangte eine Rückkehr zum Glauben Abrahams, der nur einen einzigen, wahren Gott gekannt hatte. Mit seiner Botschaft gab sich Mohammed als Vertreter der »Hanifen« zu erkennen, einer Bewegung von Gottsuchern, die sich vom Polytheismus ihrer Zeit abwandten, aber auch nicht zum jüdischen oder christlichen Monotheismus konvertieren wollten.

Mit seinen Forderungen stieß Mohammed nur vereinzelt auf Gehör. Junge Männer aus vornehmen Familien schlossen sich ihm an, Gottsucher, Mittellose, und freigelassene Sklaven. Außer der Botschaft Gottes konnte ihnen der wortgewaltige Prediger nichts bieten: Wunder vollbrachte der Prophet nicht. Die religiöse Reformbewegung des Mohammed war in ihren Anfangsjahren gewaltlos, auch wenn sie den Verfechtern der Vielgötterei in Mekka schwerste Jenseitsstrafen androhte: »Wenn sich der Himmel spaltet! Wenn sich die Sterne verstreuen! Wenn die Meere zum Abfließen gebracht werden! Dann weiß jede Seele, was sie getan und was sie unterlassen hat!« Die Drohungen verhallten ungehört, ihr Urheber wurde verspottet. Die Ablehnung hatte auch wirtschaftliche Gründe. Mekka war als Handelsstadt unbedeutend. Ohne die Götter der Kaaba, die Jahr für Jahr Scharen von Pilgern aus ganz Arabien in die Stadt lockten, würden dem in Mekka führenden Stamm der Koreischiten wichtige Einnahmequellen verloren gehen.

619 musste Mohammed gleich zwei schwere Schicksalsschläge verarbeiten. Mit dem Tod seiner ersten Frau Chadidscha und dem seines Onkels Abu Talib verlor er zwei wichtige Personen, die ihm in Mekka den Rücken stärkten. Obwohl seine Anhängerschaft weiter zunahm, musste Mohammed nach neuen Verbündeten Ausschau halten. Als bald darauf, 622, bekannt wurde, dass er den Kontakt zu Sippen gesucht hatte, die mit den Koreischiten verfeindet waren, musste Mohammed um sein Leben bangen. Gemeinsam mit seinem Vertrauten Abu Bakr floh der Prophet Allahs aus seiner Heimatstadt. Mit der Ankunft der beiden und einer Gefolgschaft von insgesamt etwa 80 treuen Anhängern in der Handelsstadt Yathrib – eben jenem späteren Medina – im September 622 beginnt die Zeitrechnung des Islam.

Zwölf Jahre nach der »Geburt des Islam« verwandelte sich die Gemeinschaft von Gottsuchern in eine Kampftruppe, deren erstes und wichtigstes Ziel die Eroberung der heiligen Stätten in Mekka war. Die Durchsetzung des Eingottglaubens wurde fortan zum Dschihad, zum »Kampf auf dem Wege Allahs« – ein Konzept mit überwältigendem Erfolg: 110 Jahre nach dem Beginn der islamischen Zeitrechnung waren muslimische Krie-

> **»Die kompromisslose Unbedingtheit, mit der er auch unter widrigsten Bedingungen seine Ziele verfolgte, ist der herausragendste Charakterzug Mohammeds.«**
>
> Tilman Nagel, Islamwissenschaftler und Mohammed-Biograf

Monotheistische Religionen in Arabien Anfang des 7. Jahrhunderts

An den Handelsstraßen und entlang den Küsten Arabiens gab es größere Ansiedlungen von Juden, die dort nach der Vertreibung aus Judäa eine neue Heimat gefunden hatten. Etwa die Hälfte der Bewohner Yathribs, des späteren Medina, war jüdisch. Christliche Gemeinden gab es in allen größeren Städten Südarabiens und im Nordwesten an der Grenze zum Byzantinischen Reich. Im sassanidischen Einflussgebiet im Norden sind kleinere Gemeinden von monotheistischen Zoroastern belegt.

ger bis nach Tours vorgedrungen. 200 Kilometer südlich von Paris stellten sie die Herrschaft der christlich-fränkischen Könige infrage.

Der Erfolg des Islam

Im 7. Jahrhundert begann der Siegeszug des Islam. Gleichsam aus dem Nichts eroberten arabisch-muslimische Kämpfer innerhalb weniger Jahrzehnte ein Weltreich. Beseelt vom Auftrag des einzigen Gottes, der einen der Ihren zu seinem letzten Propheten auserkoren hatte, schien es keine Macht auf Erden zu geben, die sie hätte stoppen können.

Der unglaubliche Erfolg des Islam im ersten Jahrhundert seiner Existenz beschäftigt die Geschichtsschreibung bis heute. Christliche Autoren des Mittelalters sahen darin ein Werk des Teufels. Arabische Chroniken fassten die nachhaltigen Eroberungen der Muslime als Ausdruck des Willen Gottes auf und als Beweis für die Wahrheit der Botschaft des Islam. Was aber steckte wirklich hinter dem Erfolg des Islam? Ein wichtiger Grund ist in dem Rollenwandel zu sehen, den Mohammed in den Jahren durchlief, als er Medina zum Zentrum der islamischen Bewegung machte. Aus dem Gottsucher und Propheten entwickelte sich nach der unfreiwilligen »Hedschra«, dem Auszug aus Mekka, ein geschickter Stratege. Von den beiden arabischen Stämmen in Medina forderte er für sich und seine Anhänger Schutz ein. Er konnte sich dabei auf das altarabische Gewohnheitsrecht berufen und auf die verwandtschaftlichen Beziehungen, die ihn mit einem der Stämme, den Chazradschiten, verbanden. Innerhalb von zwei Jahren gelang es ihm, Mitglieder beider Sippen für einen Kriegszug gegen die Mekkaner zu gewinnen. Die »Schlacht bei Badr« ging für Mohammed und seine Verbündeten günstig aus. Aber nach den traditionellen Gesetzen Arabiens waren damit beide arabischen Stämme Medinas auf Gedeih und Verderb an die Sache des Islam gebunden. Auch sie mussten nun die Rache der Mekkaner fürchten. Mohammed nutzte die entstandenen Abhängigkeiten für immer neue Vorstöße gegen Mekka. Der Religionsstifter war zum Kriegsmann und Heerführer geworden. Und zu einem sehr erfolgreichen dazu.

Mohammed bei seiner letzten Predigt in Medina. Die osmanische Buchmalerei aus dem 16. Jahrhundert inszeniert das Geschehen in der Architektur einer Moschee.

Die Schlacht bei Badr vom 17. März 624 gilt in der islamischen Geschichtsschreibung als Wendepunkt im Kampf gegen Mekka. Osmanische Miniatur von 1594.

»Die fünf Säulen des Islam«

Neben der Durchsetzung des Monotheismus musste die neue Religion auch einen eigenen Kanon von Riten entwickeln. Neben dem Glaubensbekenntnis »Es gibt keine Gottheit außer Gott, und Mohammed ist sein Prophet« sind das vier weitere Pflichten, deren Einhaltung die Zugehörigkeit zur Gemeinschaft der Muslime signalisiert:

- das tägliche, fünffache Gebet, bei dem sich die Muslime zunächst in Richtung Jerusalem, nach der Rückeroberung Mekkas aber dann in Richtung der Kaaba verneigen sollten,
- die Pflicht, mit Almosen bedürftigen Glaubensbrüdern und -schwestern zu helfen,
- die Einhaltung des Fastenmonats Ramadan, bei dem gesunde, erwachsene Gläubige während der Tagesstunden keine Nahrung aufnehmen sollen,
- die Hadsch, das heißt die Pilgerfahrt nach Mekka.

48 Gefechte und Schlachten zählen die Chroniken noch zu Lebzeiten Mohammeds, an etwa der Hälfte von ihnen nahm der Religionsstifter aktiv teil. Es waren keineswegs nur glänzende Siege, welche die Anhänger des Islam errangen. Aber es gab auch keine entscheidenden Niederlagen. Mohammed überstand alle Auseinandersetzungen unversehrt – ein wichtiger Umstand, der dem Anführer der Muslime den Nimbus der Unüberwindbarkeit eintrug. Angesichts der militärischen Siege schlossen sich viele arabische Stämme freiwillig der Bewegung Mohammeds an. Kampferfolge, das galt auch im 7. Jahrhundert für die Bewohner der Arabischen Halbinsel, wurden als Beweise für die Gunst Gottes gewertet.

Neben dem Rollenwandel des Propheten wurde auch das Konzept des sogenannten Dschihad zu einem Garanten des Erfolgs in der Expansionsphase des frühen Islam. Für viele Nichtmuslime ist der »Kampf auf dem Wege Allahs« zum Inbegriff der gewaltsamen Verbreitung des muslimischen Glaubens geworden. Stimmt diese Interpretation des Dschihad? Tatsache ist, dass Mohammed nach der Rückeroberung Mekkas

Spuren der Andacht im Sand. Fünfmal täglich soll sich ein Muslim im Gebet gen Mekka verneigen.

Mekka-Pilger am »Berg der Gnade«. Bei der »Wuquf«, dem zentralen Bestandteil der Pilgerfahrt »Hadsch«, stehen und meditieren die Gläubigen von Sonnenauf- bis -untergang.

Auf dem Rückweg vom Berg der Gnade nach Mekka bewerfen die Pilger in Mena in einem symbolischen Akt den Teufel mit Steinen.

Dschihad-Aufruf des Kalifen al-Muntasir

Wie der »Kampf auf dem Wege Allahs« von Mohammed und seinen Nachfolgern eingesetzt wurde, dokumentiert ein Aufruf zu einem freiwilligen Dschihad, den ein Urenkel Harun ar-Raschids zu Beginn seiner Amtszeit als Kalif verfasste. Al-Muntasir diktierte das Schreiben am 13. März 862 und ließ es in weiten Teilen seines Herrschaftsgebiets verbreiten. Der Inhalt des Aufrufs wurde während des Freitagsgebets vor den Gläubigen verlesen. In dem Text definiert al-Muntasir auch seine Motive:

»Als Anführer der Gläubigen suche ich die Nähe zu Gott, indem ich den Heiligen Krieg gegen die gottlosen Feinde beginne. Ich will die Pflicht, die mir mein Glaube auferlegt, erfüllen und Rache nehmen an jenen, die die Pfade Gottes meiden und seinen Propheten missachten. Zum 15. Juni will ich an der Grenze [zum byzantinischen Herrschaftsgebiet] in Malatya ankommen. Wer will, soll mir folgen. Das Paradies sei ihm gewiss. Am 1. Juli werden wir die Grenzen des Feindes überschreiten.«

Doch der plötzliche Tod al-Muntasirs im Frühsommer 862 führte zum Abbruch des Dschihad.

(zunächst durch Vertrag im Jahr 628, nach dem Vertragsbruch der Koreischiten im Jahr 630 durch Kampf) den Dschihad keineswegs als beendet betrachtete.

»Eine Schar meiner Gemeinde wird immer den Dschihad führen, bis ans Ende der Tage und bis ans Ende der Welt!«, zitiert der Chronist Ibn Sa'd (784–854) Mohammed in seinen »Berichten über den Propheten«. Anhänger Mohammeds, so schildert es Ibn Sa'd, waren bereits dabei, nach dem Einzug in Mekka Waffen und Kriegsausrüstung zu verkaufen. Doch der Prophet hielt einen Teil seiner Getreuen davon ab. Aus dem ursprünglichen Ziel, der Abschaffung der Vielgötterei am Heiligtum in Mekka, war für ihn die Pflicht zur Durchsetzung der Herrschaft des Islam in allen Erdteilen geworden.

Fortan unterschied man im Islam zwischen Mudschaheddin (denjenigen, die den heiligen Kampf betrieben) und einfachen Muslimen, die le-

Mohammed machte die Pilgerfahrt zur Kaaba zu einer der rituellen Pflichten der Muslime. Miniatur aus einer osmanischen Handschrift des 16. Jahrhunderts.

»Kämpft gegen die unter den Schriftbesitzern [Juden und Christen], die nicht an Allah glauben, die nicht für verboten erklären, was Allah und sein Gesandter verboten haben, und nicht der wahren Glaubenspraxis folgen, bis sie gedemütigt sind und jeder einzelne die Kopfsteuer zahlt!«

Koran, Sure 9, Vers 29

diglich die Riten befolgten und den bewaffneten Dschihad durch Abgaben unterstützten. Letztere hatten sich nur dann am Dschihad zu beteiligen, wenn das »Haus des Islam« selbst in Gefahr war.

Die Vorstellung vom Dschihad, die noch unter Mohammed entwickelt wurde, stellte eine religiöse Aufladung kriegerischer Traditionen dar, die unter den Beduinen der arabischen Halbinsel als legitimes Verhalten akzeptiert war. Mit Ausnahme dreier heiliger Monate im Jahr, während denen Pilgerfahrt und religiöse Einkehr Vorrang hatten, waren die Aneignung von fremdem Hab und Gut durch Überfall und die Versklavung gefangener Gegner erlaubt. Das Konzept des Dschihad baute auf dieser Tradition auf und ergänzte sie durch das religiös begründete Recht, von unterworfenen »Ungläubigen« Tribut zu verlangen: Da die Welt Allah gehörte, waren die Kämpfer Gottes dazu berechtigt, von jedem Nichtmuslim im Namen Allahs Steuern und Abgaben zu erheben.

»Großer« und »Kleiner Dschihad«

Die Unterscheidung zwischen dem »Großen« und dem »Kleinen« kriegerischen Dschihad ist als theologische Reaktion auf das Ende der Expansion zu verstehen. Im 10. Jahrhundert mussten die Anhänger des Islam endgültig einsehen, dass die Verbreitung des neuen Glaubens nach den Anfangserfolgen ins Stocken geraten war. Es begann eine Phase der Konsolidierung, in der es galt, die Energien des Dschihad in erster Linie nach innen zu richten. Diese Umorientierung schlug sich im Konzept des »Großen Dschihad« nieder. Die Gemeinschaft der Muslime sollte sich, ebenso wie jeder einzelne Gläubige, im Sinne des wahren Islam anstrengen und verbessern.

Die Kopfsteuer (»Dschizya«) für Juden und Christen (»Dhimmis«) sollte neben dem Beutezug (»Razzia«) zur wichtigsten Einnahmequelle des Islam in seiner Expansionsphase werden. Mit einer exemplarischen Aktion veranschaulichte Mohammed seine »Dschihad-Taktik«, die kaufmännisches Kalkül mit dem Sendungsbewusstsein eines Religionsstifters verband. Im Frühjahr 628 rief er zu einem Zug gegen die jüdische Siedlung in Chaibar auf: »Es soll nur der mit uns ausziehen, den es nach dem Dschihad verlangt!«

Mohammed vor dem Feind. Osmanische Miniatur, 16. Jahrhundert.

Etwa 1500 Kämpfer folgten ihrem Propheten zu der 140 Kilometer nördlich von Medina gelegenen Oase. Nach kleineren Scharmützeln und einer längeren Belagerung handelte Mohammed mit den Führern der jüdischen Stämme einen Vertrag aus, der diese zur direkten Herausgabe von Beutestücken und zu jährlichen Abgaben verpflichtete. Vier Fünftel der Einnahmen (der sofortigen aus der Beute ebenso wie der zukünftigen aus der Kopfsteuer) gingen nach einem fixen Verteilungsschlüssel an die beteiligten Krieger, ein Fünftel an Arme und Bedürftige.

Mit dem Zug nach Chaibar gelang es Mohammed, nicht nur die wirtschaftliche Not unter seinen Anhängern zu mildern. Das Vorgehen sorgte auch dafür, dass viele arabische Stämme, die damit das Recht zur Teilnahme am Dschihad erwarben, sich freiwillig seiner Bewegung anschlossen. Ein Dominoeffekt stellte sich ein, der die schnell wachsende Anhängerschaft aber bald zu immer weiteren und längeren Eroberungszügen zwang. Dennoch: Der »Beute-Dschihad«, wie der Londoner Arabist und Historiker Hugh Kennedy das religiös legitimierte Recht auf Beute und

»In den letzten Lebensjahren Mohammeds wird aus der frühislamischen Kampfgemeinschaft gegen die Mekkaner eine auf Expansion angelegte Bewegung, die für und vom Dschihad lebte.«

Tilman Nagel, Islamwissenschaftler und Mohammed-Biograf

Abgaben nennt, konnte den entstehenden arabisch-islamischen Staat – jedenfalls für einen begrenzten Zeitraum – auf ein tragfähiges finanzielles Fundament stellen. Die Niederlage in der Schlacht von Tours und Poitiers hundert Jahre nach dem Tod Mohammeds, so Hugh Kennedy weiter, läutete allerdings den Anfang vom Ende des Beute-Dschihad ein.

Dschihad gegen das Christentum

Wer nach den irdischen Gründen für die schnelle Ausbreitung des Islam sucht, muss neben der erfolgreichen Eigendynamik des Beutesystems auch die Situation der Gegner in Betracht ziehen. Byzantiner und Sassaniden hatten sich in Jahrzehnte dauernden Kämpfen gegenseitig geschwächt. Auf der Arabischen Halbinsel hatte man den Machtkampf der Großreiche im Vorderen Orient mit verteilten Sympathien verfolgt. Während die Koreischiten in Mekka erklärte Feinde von Byzanz waren, gab es in der Sippe Mohammeds Befürworter einer Koalition mit den christlichen Erben des Römischen Reiches.

Im Jahre 628 schickte Mohammed sogar einen Gesandten ins syrische Homs, um den dort weilenden byzantinischen Herrscher über die innerarabischen Entwicklungen zu informieren. Mohammed, so wird vermutet, wollte mit dem Kaiser ein Bündnis gegen die Sassaniden eingehen. Herakleios aber glaubte, nach seinen Siegen gegen die Perser keine Verbündeten mehr zu benötigen, und wies das Angebot Mohammeds zurück – eine Entscheidung mit Folgen.

Nun wurden beide Großmächte des Vorderen Orients zu Zielen der arabisch-islamischen Vorstöße. Schon Mitte des 7. Jahrhunderts war das neupersische Reich der Sassaniden trotz erbitterten Widerstands von der Landkarte verschwunden. Byzanz drohte ein ähnliches Schicksal.

Kampf um die Vorherrschaft im Nahen Osten

Als sich in Innerarabien der Islam ausbreitete, führten das oströmische Byzanz und das persische Sassanidenreich den »letzten großen Krieg der Antike« gegeneinander, wie Historiker den mit äußerster Härte ausgetragenen Konflikt nannten. Nach internen Machtkämpfen im byzantinischen Herrscherhaus war es den Sassaniden 614 gelungen, Jerusalem zu erobern. 616 drangen die Perser bis nach Chalkedon am Ostufer des Bosporus vor und bedrohten Konstantinopel, die Hauptstadt des Byzantinischen Reiches. Ab 619 beherrschten sie auch die Kornkammer ihrer christlichen Gegner, Ägypten. Mit Kaiser Herakleios sollte sich das Blatt wenden. Unter Aufbietung der letzten Kräfte ging der Herrscher von Byzanz 622 in die Offensive. Im Dezember 627 gelang ihm bei Ninive ein entscheidender Sieg gegen die Sassaniden. Aber das jahrzehntelange Kräftemessen hatte beide Seiten ausgeblutet – ein nicht zu unterschätzender Vorteil für die arabisch-islamische Expansion in das Gebiet der einstigen Großmächte, die in den Jahren nach Mohammeds Tod 632 begann.

Herakleios' Schlacht gegen die Perser. Französische Buchmalerei des 15. Jahrhunderts.

635 standen die Muslime vor Damaskus, der wichtigsten Bastion der byzantinischen Christen im Nahen Osten. Die Belagerung der Stadt, die von einer mächtigen Mauer umgeben war, dauerte länger als ein Jahr. Schließlich einigten sich muslimische Angreifer und christliche Verteidiger auf Kapitulationsbedingungen, die denen von Chaibar glichen. Die byzantinische Garnison musste die Stadt aufgeben, und die Verwaltung von Damaskus wurde einem arabischen Gouverneur unterstellt. Aber

Einrichtungen wie Hospitale, Bäder und Bibliotheken wurden samt ihrem Personal übernommen. Auch der christliche Bischof behielt sein Amt.

Bei Gegnern, die sich freiwillig ergaben, ließen die Muslime Umsicht und Toleranz walten. Damaskus blieb von Plünderungen verschont, musste aber an seine neue Herren aus den Steuer- und Zolleinnahmen einen jährlichen Tribut entrichten. Die nichtmuslimische Bevölkerung wurde weder versklavt noch zu einem Glaubenswechsel gezwungen, war aber zur Bezahlung der Kopfsteuer, der »Dschizya«, verpflichtet.

Als Reaktion auf den Fall von Damaskus entsandte Kaiser Herakleios eine Streitmacht gegen die Muslime, die er unter den Oberbefehl seines Bruders Theodorus stellte. Anfang August 636 traf das nach neuzeitlichen Schätzungen etwa 20 000 bis 40 000 Mann starke Heer der Byzantiner an einem Nebenfluss des Jordans auf die arabisch-islamischen Kräfte. Mehrere Wochen verstrichen, in denen beide Seiten versuchten, sich durch kleinere Gefechte Geländevorteile zu verschaffen und dabei die Stärken und Schwächen des Feindes zu erkunden.

661 machten die Umayyaden Damaskus zu ihrer Hauptstadt und die ursprünglich Johannes dem Täufer geweihte Basilika zur »Großen Moschee«.

Am 20. August 636 kam es schließlich am Jarmuk zur entscheidenden Schlacht, deren Ausgang für viele Historiker das »Ende der Antike« markiert. Das byzantinische Heer spiegelte in seiner Zusammensetzung das Vielvölkergemisch des Oströmischen Reiches wider. Bis zum Schluss gelang es Theodorus nicht, die militärische Führung seiner auch aus Söldnern und Vasallenverbänden bestehenden Truppen zu geschlossenem Handeln zu bewegen.

Herakleios (575–641, Mitte) und seine Söhne. Münze von 641.

Die Anhänger Mohammeds obsiegten am Jarmuk dank ihrer besser organisierten Führung und ihrer schnellen, wendigen Reiterei. Schlachtentscheidend könnte aber auch das Überlaufen von tausenden arabisierten Soldaten zu den Muslimen gewesen sein. So berichten es jedenfalls byzantinische Chroniken. Vor allem aus dem Truppenkontingent der Ghassaniden, eines arabischen Vasallenstaats von Byzanz, sollen viele Krieger die Seite gewechselt haben.

Islamische Quellen sprechen davon, dass die byzantinischen Feldherren ihre Truppen teilweise in Ketten hatten legen lassen, um eine Flucht oder ein Überlaufen zu verhindern. Dabei handelt es sich wahrscheinlich um Propaganda, zumal die arabischen Chroniken häufiger solche Maßnahmen ihrer Gegner erwähnen. Auch die persischen Sassaniden sollen auf diese Weise gegen ihre eigenen Truppen vorgegangen sein. Der wahre Kern dieser Übertreibungen wird darin liegen, dass vor allem die arabisierte Landbevölkerung, der ein Großteil der einfachen Soldaten entstammte, offen mit dem Islam sympathisierte.

Was auch immer den Ausschlag gegeben hat – mit der Niederlage am Jarmuk ging nicht nur die kulturgeschichtliche Epoche der Antike, sondern auch die 300-jährige Herrschaft von Byzanz über Syrien, Palästina und Ägypten zu Ende. Der Ansturm der Muslime auf das christliche Byzanz konnte erst im Jahr 718 vor den mächtigen Mauern von

Konstantinopel gestoppt werden. Aber dann hielt das dezimierte Oströmische Reich dem Vormarsch des Islam für mehr als sieben Jahrhunderte stand. Das christliche Bollwerk am Bosporus verhinderte bis zu seinem Untergang im Jahr 1453 eine Expansion des Islam nach Osteuropa. Am anderen, westlichen Ende des Mittelmeers sollte das Kräftemessen zwischen Islam und Christentum einen anderen Verlauf nehmen.

Nachdem die Kämpfer des Islam Ende des 7. Jahrhunderts auch das Gebiet Marokkos erobert hatten, überquerte im Frühjahr 711 eine Expeditionsstreitmacht der Muslime die Meerenge von Gibraltar in Richtung Spanien.

Mit welchen Absichten waren die Muslime in Spanien gelandet? Wollten sie nur Beute machen? Oder hatten sie tatsächlich vor, im Südwesten Europas Fuß zu fassen? Im Jahr zuvor hatten bereits muslimische Berber unter ihrem Anführer Tarif eine »razzia« auf die von den Westgoten beherrschte Iberische Halbinsel unternommen. Das Unternehmen dürfte sehr erfolgreich verlaufen sein. Und die Informationen, welche die Teilnehmer des Beutezugs dabei über die aktuelle Herrschaftssituation im Westgotenland einholen konnten, müssen verheißungsvoll geklungen haben. Gut genug für Musa ibn-Nusayr, der als Gouverneur »Ifriqiyas«, der afrikanischen Provinzen des Islamischen Reiches, für 711 einen größeren Angriff befahl. Er be-

Tariq ibn Ziyad, der 711 mit einer Expeditionsarmee in Gibraltar landete.

Die Niederlage des Gotenkönigs Roderich bei der Schlacht am Fluss Guadalete im Jahr 711. Ölgemälde von Salvador Martinez Cubells, Ende 19. Jahrhundert.

auftragte seinen Statthalter in Tanger, Tariq ibn-Ziyad, die Führung der 12 000 Kämpfer zu übernehmen.

Die muslimischen Mauren aus Nordafrika wussten vermutlich um den Machtkampf, der das Westgotenreich spaltete. Roderich war 710 zum König gewählt worden. Allerdings hatte man bei der Abstimmung die Söhne seines Vorgängers Witiza übergangen. Hartnäckig hält sich deswegen bis heute die Vermutung, dass die solchermaßen Ausgebooteten die Muslime ins Land gerufen hätten, um Roderich zu stürzen. Allerdings gibt es dafür keine Beweise. Neben den internen Anfeindungen musste sich Roderich auch mit den Basken auseinandersetzen, die in ihrer Provinz im äußersten Norden Spaniens der westgotischen Herrschaft hartnäckigen Widerstand leisteten. In der Tat befand sich Roderich auf einem Feldzug gegen die Basken, als er die Nachricht vom Einfall der Muslime erhielt. Ein Bote soll über das Invasorenheer, das wie aus dem Nichts aufgetaucht sei, gesagt haben: »Wir wissen nicht, ob sie vom Himmel gefallen oder ob sie aus den Tiefen der Erde gekrochen sind.«

Als wesentlich besser informiert erweist sich der Autor der sogenannten *Chronik von 754*, die unter Historikern als zuverlässigste Quelle zum Untergang des Westgotenreichs gilt: »Roderich regierte nur ein Jahr. Er zog gegen die Armee der Araber und der Mauren, die Musa unter Tariq ibn-Ziyad geschickt hatte. Im fünften Jahre der Herrschaft Justinians II., im 93. Jahr der Araber, im sechsten des Kalifen Walid aus Damaskus, fiel Roderich im Kampfe, und sein Heer floh.«

Seine umfangreichen Aufzeichnungen verfasste der unbekannte Chronist auf Lateinisch, und seine Detailkenntnisse lassen darauf schließen, dass er in Córdoba lebte. Die Muslime hatten nach der Eroberung Spaniens die Stadt am Guadalquivir zu ihrer Hauptstadt gemacht. Die Sicht des Verfassers auf die Ereignisse in Spanien ist die eines Mozarabers, das heißt die eines Christen, der unter maurischer Herrschaft lebt: »Wer kann das Unheil ermessen? Selbst wenn alle seine Glieder in Zungen verwandelt würden, wäre es einem einzelnen Menschen unmöglich, das ganze Verderben zu schildern, das Spanien heimgesucht hat. Und dennoch will ich es versuchen.«

Ausbreitung des Islam bis 750. Innerhalb weniger Jahrzehnte hatten die Anhänger Mohammeds ein Weltreich erobert, das sich über drei Kontinente erstreckte.

Nach dem Tod Roderichs 711 brach die Verteidigung des Westgotenreichs zusammen. Innerhalb von acht Jahren eroberten die Muslime die ganze Iberische Halbinsel bis auf einen Landstrich in den Bergen Galiciens. 721 machten sich die Mauren zum ersten Mal daran, über die Pyrenäen nach Norden vorzudringen. Im südfranzösischen Narbonne errichteten sie schließlich eine schwer befestigte Basis für ihre Ausfälle in das Zentrum des christlichen Europa.

Die Christianisierung Europas

Aus heutiger Sicht standen sich 732 zwischen Tours und Poitiers Vertreter des Orients und solche Europas gegenüber. Haben sich die gegnerischen Parteien auch so verstanden – als Repräsentanten unterschiedlicher Wertesysteme und »Leitkulturen«? Wohl kaum. Die Ironie der Geschichte will es sogar, dass der Name ›Europa‹ orientalische Ursprünge hat.

Eine griechische Sage erzählt die Geschichte von Erob, der »Dunklen«. Sie war die Tochter eines phönizischen Königs und lebte in einer Hafenstadt auf dem Gebiet des heutigen Libanon. Zeus verwandelte sich in einen Stier, der die junge Frau auf seinem Rücken entführte. Er trug sie nach Westen, ins dunkle Abendland, das der orientalischen Schönheit dann auch seinen Namen verdankte: Aus Erob wurde Europa.

Anfang des 8. Jahrhunderts war die Bezeichnung »Europa« für den Kontinent nördlich von Afrika noch keineswegs in Gebrauch. Die Grenzen Europas verliefen, je weiter man nach Osten blickte, im Ungefähren. Keiner der Krieger unter der Führung Karl Martells hätte sich selbst als Europäer bezeichnet, sondern bestenfalls als Franke, Aquitanier oder Langobarde. Umso erstaunlicher ist der Umstand, dass der Autor der bereits zitierten *Chronik von 754* im Zusammenhang mit der Schlacht von Tours und Poitiers für genau jene Männer den lateinischen Begriff »Europenses« verwendet: »Im Morgengrauen nach gewonnener Schlacht inspizierten die Europäer das verlassene, aber immer noch geordnete Zeltlager der Araber [Europenses Arabum tentoria ordinata]. Sie sammelten und verteilten die Beute, bevor jeder in sein Vaterland zurückkehrte [Europenses vero … se leti recipiunt patrias].« Urplötzlich taucht der Begriff »Europäer« in einem Schriftstück des frühen Mittelalters auf, um auch gleich wieder für ein halbes Jahrhundert zu verschwinden. Erst Karl der Große, der Enkel Karl Martells, sollte 799 im Zuge seiner Erhebung zum Kaiser des Römischen Reiches wieder als »Vater Europas« – »Pater europe« – bezeichnet werden.

Ist die Verwendung des Wortes »Europenses« nur ein Zufall? Oder deuten sich im Umfeld der Auseinandersetzung mit den muslimischen Eindringlingen die ersten Konturen einer gemeinsamen europäischen

Ein in der ersten Hälfte des 1. Jahrhunderts entstandenes Fresko aus Pompeji illustriert die »Entführung Europas« durch Zeus in Gestalt eines Stiers.

Identität, eines christlich-abendländischen Selbstverständnisses an? So attraktiv der Gedanke auch erscheinen mag, der Realität Anfang des 8. Jahrhunderts entspricht er wohl nicht. Das zurückhaltende Urteil ist auch dem Umstand geschuldet, dass das Christentum zu diesem Zeitpunkt noch keineswegs alle Völker und Regionen Europas erreicht hatte.

Die Christianisierung Europas hatte im 4. Jahrhundert begonnen. Es war zunächst eine Mission von unten, die von Wanderpredigern und Klostergemeinschaften getragen wurde. Einen wichtigen Anteil daran hatte der im Jahr 316 geborene Sohn eines römischen Tribuns aus der Provinz Pannonien, dem heutigen Ungarn. Sein Name, Martinus, ist von dem des Kriegsgottes Mars abgeleitet. Eine Laufbahn als Offizier in der römischen

Als Dank für seinen Sieg über die Alemannen ließ sich der Merowingerkönig Chlodwig I. Ende des 5. Jahrhunderts taufen. Französische Buchmalerei, 14. Jahrhundert.

Die Buchmalerei aus Fulda (10. Jh.) zeigt zwei Szenen aus dem Leben des Bonifatius (675–755): Germanentaufe und Tod bei der Friesenmission.

Der »Bassenheimer Reiter« aus der Mitte des 13. Jahrhunderts zeigt die Szene, die den heiligen Martin berühmt machen sollte. Sandsteinrelief, Sankt Martin in Bassenheim.

Armee war für ihn vorgezeichnet. Mit 15 wurde er zur Leibgarde des römischen Kaisers eingezogen. Erst nach Vollendung der 25-jährigen Dienstzeit, in der er gegen Alemannen und Germanen ins Feld hatte ziehen müssen, begann Martin seine Laufbahn als Missionar des Christentums.

Die zweite Karriere Martins deutete sich bereits früher an. Zu den berühmtesten Legenden, die über den späteren Heiligen erzählt werden, gehört die Teilung seines Mantels. Als Mitglied der kaiserlichen Garde im französischen Amiens habe der Zwanzigjährige, so heißt es, auf diese Weise einem nackten Bettler zu einem wärmenden Kleidungsstück verholfen. Der halbierte Mantel des Heiligen gehörte später zum Kronschatz der fränkisch-merowingischen Könige. Chlodwig I., mit dessen Taufe Ende des 5. Jahrhunderts das Christentum zur verbindlichen Staatsreligion im Frankenreich wurde, erhob Martin zum Nationalheiligen.

Die Stadt Tours wurde zum Schwerpunkt der seelsorgerischen Tätigkeit Martins. Nicht zuletzt dank seiner asketischen, vorbildlichen Lebensführung war der Nothelfer im Jahr 372 zum Bischof von Tours geweiht worden. Es war vor allem sein Ruf als Wundertäter und Heiler, der die Wirkungsstätte des Heiligen im Laufe der Jahrhunderte zum wichtigsten Pilgerziel Zentraleuropas machte. Die Reichtümer, die ab dem Tod Martins im Jahr 397 in Tours angehäuft worden waren, weckten dreieinhalb Jahrhunderte später auch die Begehrlichkeiten der maurischen Besatzer Andalusiens.

Die Verteidiger von Tours verließen sich bei ihrem Kampf gegen die fremden Invasoren nicht nur auf ihre militärische Stärke, sondern auch auf göttlichen Beistand. Eine Reliquie sollte helfen, übernatürliche Kräfte aufseiten der Christen zu mobilisieren: ein Stück des Schwamms, der Jesus am Kreuz zur Linderung seiner Durstqualen gereicht worden war. Das heilige Fragment hatte Odo von Aquitanien 732 als Glücksbringer mit in die Schlacht von Tours und Poitiers geführt. Überreicht worden war ihm die Reliquie vom Papst in Rom in Anerkennung seiner früheren Erfolge gegen die Muslime. Der Fürst von Aquitanien hatte die Invasoren aus Andalusien schon einmal zurückgeschlagen: nämlich 721 vor der größten Stadt seines aquitanischen Reiches, Toulouse.

Die Inanspruchnahme göttlichen Beistands in Form einer Reliquie deutet darauf hin, dass die christlichen Verteidiger in dem Kräftemessen mit

Christianisierung durch das Schwert

Karl Martell gehörte wie seine karolingischen Nachfolger zu jenen Herrschern, welche die Verbreitung des Christentums massiv vorantrieben. Er unterstützte die Mission iroschottischer Mönche in Zentraleuropa. Bonifatius, von der katholischen Überlieferung zum »Apostel der Deutschen« ernannt, stattete der Hausmeier 723 mit einem Schutzbrief aus. Die fränkischen Machthaber sahen in der straff organisierten Kirchenhierarchie auch ein Mittel zur Konsolidierung ihrer eigenen Macht. Darüber hinaus waren sie an guten Beziehungen zum Papst in Rom interessiert. Der Stellvertreter Christi in Rom konnte ihre Herrschaft im Frankenreich durch seinen Segen legitimieren – eine symbolische, aber für das Herrschaftsverständnis des Mittelalters unentbehrliche Geste. Als der Hausmeier Pippin 751 den letzten rechtmäßigen König der Merowinger absetzte und sich selbst die Herrscherwürde aneignete, ließ er sich sein Vorgehen von Papst Zacharias persönlich schriftlich genehmigen.

Am deutlichsten tritt die Verknüpfung von politischem Machtanspruch und christlicher Mission bei Karl dem Großen hervor, dem Enkel Karl Martells. Der Artikel 8 der Kapitulationsurkunde, die er den besiegten Sachsen im Jahr 800 aufzwang, sah für Taufverweigerer die Todesstrafe vor: »Sterben soll, wer Heide bleiben will und unter den Sachsen sich verbirgt, um nicht getauft zu werden.«

Pippin der Jüngere (714–768) und der Klerus. Französische Miniatur aus dem 15. Jahrhundert.

den Muslimen mehr sahen als eine Abwehr unliebsamer Räuber. Das Verhalten der Männer um Karl Martell könnte vielmehr darauf hinweisen, dass sie eine Ahnung davon hatten, dass das Schicksal Europas auf dem Spiel stand. Jedenfalls spricht die Gegenwart der Passionsreliquie dafür, dass die Führung der Koalitionstruppen die militärischen Fähigkeiten ihres Gegners als äußerst hoch und gefährlich einstufte. Und dass sie bereit war, für einen Sieg auf jede Art von Hilfe zu vertrauen.

Wer hätte den weiteren Vormarsch der Muslime noch aufhalten sollen, wenn die Verteidigung von Tours gescheitert wäre? Mit den Koalitionskräften unter der Führung des fränkischen Hausmeiers stand den Muslimen das letzte Aufgebot der christlichen Völker Europas gegenüber.

Gespaltene Lager

Die Nachwelt hat die Allianz von Franken, Langobarden und Aquitaniern zur vereinten, christlichen Front gegen die Muslime aus Andalusien stilisiert. Aber auch die spirituelle Gegenwart Christi in Gestalt des heiligen Schwammes kann nicht darüber hinwegtäuschen, dass es sich dabei nur um eine Zweckgemeinschaft auf Zeit handelte.

Die Interessenkonflikte, die etwa zwischen Fürst Odo von Aquitanien und Karl Martell schwelten, hatten im Vorfeld der Schlacht von 732 zu massiven Spannungen geführt. Wäre nicht Abd ar-Rahman mit seinem Vorstoß nach Tours dazwischengekommen, so hätte es wahrscheinlich einen Feldzug des fränkischen Hausmeiers gegen das christliche Aquitanien gegeben. In den Jahren zuvor hatte Karl Martell jedenfalls keinen Augenblick gezögert, wenn es darum ging, seine Herrschaftsansprüche auch gegenüber christianisierten Landstrichen und ihren Herrschern durchzusetzen. Erst 730 hatte er Kriege gegen die christlichen Völker der Alemannen und der Bayern geführt.

Es ist eine der offenen Fragen im Umfeld der Schlacht von Tours und Poitiers, wie Karl Martell mit einer derart großen Streitmacht rechtzeitig zur Stelle sein konnte. Dabei ist der Umstand zu berücksichtigen, dass das fränkische Heer zum größten Teil aus Fußsoldaten bestand. Schweres

Die Rolle der Hausmeier im Europa nach der Völkerwanderung

Der Einfall der Hunnen im letzten Viertel des 4. Jahrhunderts nach Osteuropa steht am Beginn einer Epoche, die für zwei Jahrhunderte die europäische Geschichte prägen sollte. In diese »Zeit der Völkerwanderungen« fällt der Zusammenbruch des Weströmischen Kaiserreichs ebenso wie die allmähliche Ausbreitung des Christentums in Europa. Am Ende der Umbruchphase waren die wandernden germanischen Stämme wieder sesshaft geworden: die Angeln und Sachsen in Südengland, die Vandalen in Nordafrika und Süditalien, die Langobarden in Norditalien und die Westgoten in Spanien und Südfrankreich.

In Zentraleuropa hatte sich der fränkische Stamm der Merowinger, deren Kernland Austrasien sich zwischen Maas und Rhein erstreckte, zur stärksten Kraft herausgebildet. Von einem Gründungsmythos, der ihre Abstammung aus einer Verbindung zwischen einer Meeresgottheit und ihrer Stammmutter, der Frau Chlodios I., beschreibt, leiteten die Merowinger ihren königlichen Herrschaftsanspruch ab. Das Regieren überließen sie ihrem »maior domus«, dem »Verwalter des Hauses«. Diese »Hausmeier« wurden mit der Zeit so einflussreich, dass sie Mitte des 8. Jahrhunderts unter Pippin, dem Sohn Karl Martells, als fränkische Karolinger die Macht der Merowinger übernahmen.

Gerät und Versorgungswagen wurden von Ochsen gezogen. Tagesetappen von 30 bis 40 Kilometern begrenzten den Aktionsradius der fränkischen Truppen. Höchstens ein Zehntel der Streitmacht war beritten.

Es ist also durchaus anzunehmen, dass Karl Martell sich für den Spätsommer 732 eigentlich etwas ganz anderes vorgenommen hatte: nämlich eine Strafexpedition gegen den aquitanischen Fürsten, der seine Unabhängigkeit vom Frankenreich bewahren wollte.

731, im Jahr vor der Schlacht, war der fränkische Hausmeier im Verbund mit den Langobarden aufgebrochen, um gegen die Sarazenen in Südfrankreich ins Feld zu ziehen. Zu diesem Zeitpunkt bestand ein Waffenbündnis zwischen Munnuza, dem maurischen Statthalter von Nar-

Von 719 bis 759 stand Narbonne als Hauptstadt der Provinz Septimanien unter maurischer Herrschaft. Die Kathedrale Saint-Just stammt aus dem 13. Jahrhundert.

bonne, und Odo von Aquitanien. Munnuza sollte Odo gegen die Herrschaftsansprüche von Karl Martell unterstützen. Und Odo versprach Munnuza Waffenhilfe gegen den muslimischen Gouverneur von Andalusien.

Damit bildeten sie eine Koalition, für die die unterschiedlichen Religionen kein unüberwindliches Hindernis darstellten. Besiegelt worden war dieses Bündnis durch die Heirat von Odos illegitimer Tochter Lampegia mit dem Berber Munnuza. Die Ehe wurde nach islamischem Ritus in Narbonne geschlossen. Ihr sollte keine lange Dauer beschieden sein.

Dem innerislamischen Konflikt lag ein Phänomen zugrunde, das in fast allen Teilen des islamischen Weltreichs für Konflikte sorgte. Die Führung der muslimischen Bewegung befand sich immer in den Händen von Vertretern arabischer Stämme. Mit dieser Position waren etliche Privilegien verknüpft, vor allem finanzielle. Die nordafrikanischen Berber, zu denen Munnuza gehörte, hatten bei der Eroberung der Gebiete in Spanien und Südfrankreich die Hauptlast getragen. Bei der Verteilung von Beute und Einnahmen allerdings wurden sie gegenüber den arabischen Eliten regelmäßig benachteiligt. Das war auch der Grund dafür, dass Munnuza und die Garnison von Narbonne sich von ihren arabischen Herren in Andalusien losgesagt hatten.

Die aufständischen Muslime in Septimanien waren das erste Ziel, das der neue andalusische Gouverneur Abd ar-Rahman bei seiner Kampagne in Angriff nahm. Munnuza wurde bei den Kämpfen gestellt und getötet. Die Tochter Odos behandelte man aber standesgemäß. Lampegia wurde nach Damaskus gebracht, wo sie einen Sohn des Kalifen Hisham heiratete.

Nach der Niederschlagung der Revolte zog Abd ar-Rahman mit seinen Streitkräften in Richtung Aquitanien, um auch den Bündnispartner und temporären Schwiegervater Munnuzas zu bestrafen. Mit Bordeaux eroberte und verwüstete der muslimische Feldherr Odos Herrschaftssitz. Der aquitanische Fürst selbst entging nur knapp dem Tod. Mit einem Teil seines Heeres konnte Odo sich nach Norden absetzen, um bei seinem einstigen Gegner Karl Martell Schutz und Unterstützung zu suchen.

Bündnisse wie das zwischen Odo und Munnuza sollten keineswegs die Ausnahme bleiben bei den christlich-muslimischen Beziehungen. Es gab solche Verbindungen sogar auf höchster Ebene.

Die Formel für die christlich-islamischen Allianzen war zumeist eine ganz einfache: Der Feind meines Feindes ist mein Freund. Im Gegensatz zu den kriegerischen Auseinandersetzungen blieben diese Kontakte über die Religionsgrenzen hinweg aber nur selten in Erinnerung.

Die Schlacht von Tours und Poitiers

Nicht nur über die Bedeutung der Schlacht von Tours und Poitiers besteht Uneinigkeit, sondern auch ihr Datum ist umstritten. Da die arabischen Quellen berichten, dass der Heerführer Abd ar-Rahman an einem Samstag starb, und die christlichen Chroniken eindeutig vom Oktober 732 sprechen, bleiben vier mögliche Termine: 4., 11., 18., oder 25. 10. des Jahres 732. Die Umstände lassen vermuten, dass der letzte Samstag im Oktober der Tag der Entscheidung gewesen ist.

Umfangreich und vergleichsweise zuverlässig gibt die bereits erwähnte *Chronik von 754* Auskunft über den eigentlichen Schlachtenverlauf. Als Autor des Geschichtswerks, das die Entwicklungen auf der Iberischen Halbinsel in den Jahren 610 bis 754 abhandelt, wurde in manchen Über-

Gesandtenaustausch

Karolingischen Chroniken zufolge initiierte Pippin, der Sohn Karl Martells, den Gesandtschaftsaustausch mit den abbasidischen Kalifen in Bagdad im Jahr 765. Karl der Große setzte den Kontakt in den Mittleren Osten mit zwei Gesandtschaften fort. »Beim Ringen mit Byzanz um die legitime Nachfolge der römischen Kaiser«, so formulierte es der Berliner Historiker Michael Borgolte, »stellten die muslimischen Kalifen für die karolingischen Herrscher willkommene Verbündete dar. Und mit den umayyadischen Herrschern in Andalusien, die sich von Bagdad losgesagt hatten, gab es sogar einen gemeinsamen Feind.«

Empfang der Gesandtschaft Karls des Großen durch den Kalifen. Monumentalbild des Historienmalers Julius Köckert (1827–1918), Maximilianeum, München.

Mit ihren Geschenken wollten sich die Herrscher in Aachen und Bagdad gegenseitig beeindrucken. Der weiße Elefant, den Harun ar-Raschid nach Aachen schickte, erreichte den Hof Karls des Großen nach zweijähriger Reise und einer Alpenüberquerung in erstaunlich guter Verfassung. Die beiden fränkischen Gesandten Lantfried und Sigismund hatten die Rückreise aus Bagdad nicht überlebt. Der jüdische Übersetzer Isaak hatte schließlich die Führung der Delegation übernommen, die am 20. Juli 802 in Aachen eintraf.

Mozaraber

Als Mozaraber wurde die arabisierte, aber christlich gebliebene Bevölkerung in den von den Muslimen beherrschten Gebieten Spaniens bezeichnet. Sie war zur Zahlung der Kopfsteuer verpflichtet, konnte aber weitgehend ungestört ihrer Religion nachgehen. Bis in das 11. Jahrhundert stellten die Mozaraber die Mehrheit der Einwohner Andalusiens. Ihre Kirche verfügte über eine nahezu flächendeckende Organisation mit Diözesen, die von Bischöfen geführt wurden. Da die Besetzung hoher Kirchenämter durch die muslimischen Machthaber genehmigt werden musste, wurde der mozarabische Klerus vom Heiligen Stuhl in Rom zu keinem Zeitpunkt anerkannt.

lieferungen ein Bischof namens Isidor aus Beja im heutigen Portugal genannt. Ein Kleriker dieses Namens lässt sich dort aber nicht nachweisen.

Die Sichtweise des Chronisten weist diesen jedenfalls als mozarabischen Christen unter muslimischer Herrschaft aus. Seine Detailkennt-

Die Altstadt von Córdoba. Die Große Moschee aus dem 8. Jahrhundert wird seit dem 16. Jahrhundert von einer Renaissance-Kathedrale überragt.

nisse deuten darauf hin, dass er das Dokument in einer der Hauptstädte Andalusiens verfasst hat. Für die Mitte des 8. Jahrhunderts kommen dafür nur Toledo und Córdoba infrage.

Neben der Schilderung ihrer Vorgeschichte geht die Chronik von 754 auch auf den Verlauf der Schlacht von Tours und Poitiers ein:

»Im Vertrauen auf seine zahlreichen Krieger hatte Abd ar-Rahman die Bergzüge der Basken überquert. Fürst Odo war es, der sich ihm an den Flussläufen der Garonne und der Dordogne vergeblich entgegenstellte. Niemand kannte die Zahl der Gefallenen oder Geflohenen. Odo entging nur knapp dem Tod, als Abd ar-Rahman ihn verfolgte. Abd ar-Rahman entschloss sich, auch Tours anzugreifen, um dort die Paläste und Kirchen zu zerstören. Der Konsul Austrasiens mit Namen Karl erwartete die Sarazenen dort mit seiner Streitmacht. Odo hatte den berühmten Feldherrn zu Hilfe gerufen.

Sieben Tage lang beobachteten sich die Gegner, bevor der Kampf begann. Die Männer aus dem Norden standen wie eine glänzende Mauer aus Eis. Sie wichen nicht und erschlugen ihre Feinde mit dem Schwert. Der Führer der Ismaeliten, Abd ar-Rahman, starb im Kampfe. Als die Nacht hereinbrach, zogen sich die Franken zurück.

Im Morgengrauen wunderten sich die Europäer über die noch immer geordnet stehenden Zelte der Araber. Sie fürchteten, dass die Feinde einen Hinterhalt planten. Erst als sie gewiss waren, dass die Sarazenen abgezogen waren, betraten sie ihr Lager. Sie sammelten und verteilten die Beute, bevor jeder in sein Vaterland zurückkehrte.«

Die scheinbar nebensächlichen Details über den Verlauf der Kämpfe, welche die *Chronik von 754* aufführt, lassen bereits eine recht genaue Rekonstruktion zu. Ergänzt man sie durch die Informationen über die militärische Ausrüstung und das taktische Verhalten der Gegner, die in anderen Quellen enthalten sind, so erhält man ein nahezu vollständiges Bild von den Vorgängen, die mit der Niederlage der Muslime unter Abd ar-Rahman endete.

Auf seinem Weg nach Norden wurde das maurische Hauptkontingent von berittenen Truppenteilen begleitet, die es an den Flanken schützten. Im Abstand von etwa einem Tagesmarsch ritt ihm eine Vorhut voraus, während eine Nachhut es gegenüber Verfolgern abschirmte. Die Mehrzahl der maurischen Kämpfer war beritten. Neben Pferden waren auch Dromedare als Reittiere in Verwendung. Im Kampf wurden die wertvollen Tiere geschont. Bevor sie in ernsthafte Gefahr gerieten, saßen ihre Reiter ab. Sowohl Bogenschützen als auch Schwert- und Lanzenkämpfer brachten sich mithilfe der Tiere nur in Stellung. Gekämpft wurde zu ebener Erde.

Neben den Arabern, welche die Truppen anführten, bestand die maurische Hauptstreitmacht aus Berbern. Die Kämpfer, die aus Nordafrika stammten, führten in der Regel ihre kompletten Familien mit sich. Dieses Verhalten wurde fälschlicherweise oft so interpretiert, dass sich die Muslime in den eroberten Gebieten gleich niederlassen wollten. Tatsächlich ging es dabei um die Versorgung der Kämpfer. Für den arabischen Befehlshaber stellte der Anhang der Berbertruppen eine logistische Herausforderung dar. Das Tempo, mit dem sein Heer vorwärts kam, war dadurch deutlich reduziert. Immer wieder entzündeten sich wegen ihrer familiären Begleitung Konflikte zwischen den Berbern und ihren Anführern. Im Fall von Tours und Poitiers sollte sich diese Eigenart der Berberkrieger als für die Schlacht entscheidend erweisen.

Etwa am 18. Oktober 732 stieß die Vorhut der Muslime kurz vor Tours auf die ersten fränkischen Truppen. Den Indre, einen Zufluss der Loire, konnten die Mauren nicht mehr nach Norden überqueren. Nach ein paar Scharmützeln zogen sich die muslimischen Reiter zum Hauptheer zurück.

Abd ar-Rahman musste abwägen, ob er angesichts der Gegenwehr seinen Angriff auf Tours fortsetzen wollte. Er entschied sich, zunächst einmal abzuwarten, und befahl seinem Heer, östlich der alten Römerstraße nach Tours ein Lager aufzuschlagen und zu befestigen. Eine abgeholzte Anhöhe oberhalb der kleinen Ortschaft Moussais bot dafür gute Bedingungen. Zum Schutz des Lagers wurde ein Graben ausgehoben, der mit Pfosten und Gestrüpp verstärkt wurde. Die Verteidigungsmaßnahmen wurden auf das freie Ackergelände beschränkt, das nach Westen und zur Römerstraße hin abfiel. Richtung Norden öffnete sich eine schmale Lichtung in der ansonsten dichten Bewaldung. Dieser Zugang zum Lager blieb unbefestigt – was sich noch als verhängnisvoll herausstellen sollte.

Karl Martell war von den Boten Odos über dessen Niederlage bei Bordeaux informiert worden. Er hatte nun auch eine Vorstellung von der Truppenstärke und den Zielen der Mauren. Fränkische Heere bestanden Anfang des 8. Jahrhunderts vor allem aus schwer bewaffneten Fußsoldaten. Als Standardwaffe benutzten die Kämpfer eine kurze Lanze mit breiter Klinge. Da die etwa 1,80 Meter langen Lanzen schnell brachen, führten die Männer in der Regel gleich mehrere Exemplare mit sich. Zu ihrer Verteidigung benutzten sie einen Holzschild, der mit Eisenplatten und Leder überzogen war, einen verstärkten Lederhelm und kurzärmelige Kettenhemden.

Die Kampftaktik der Franken war – wie die ihrer Gegner – grundsätzlich defensiv ausgerichtet. So sind auch die sieben Tage des Abwartens zu erklären, von denen in der *Chronik von 754* die Rede ist. Aber als die Vorhut der Mauren bei Tours auf seine Vorposten traf, sammelte Karl Martell sofort sein Heer, um die muslimischen Angreifer zu stellen. Im Vorjahr waren die Sarazenen bei ihrem Vorstoß in sein Herrschaftsgebiet auf keine nennenswerte Gegenwehr gestoßen und hatten das Land verwüstet. Diesmal wollte er den Eindringlingen eine empfindliche Niederlage zufügen.

Der Hausmeier folgte mit seinen Männern den Kerntruppen Abd ar-Rahmans über Indre und Vienne in Richtung Süden. Nur etwa vier Kilometer von den Zelten der Muslime entfernt, ließ der Franke sein Lager errichten. Wahrscheinlich machte er sich dabei die Ruinen eines römischen Amphitheaters bei Vieux-Poitiers zunutze, das noch über einen Turm verfügte.

Der Hausmeier schickte außerdem Boten zu den Langobarden, mit deren König Liutprand die fränkischen Merowinger 732 noch ein Verteidigungsbündnis unterhielten. Vierzig Jahre später sollte Karl Martells Enkel Karl der Große das Königreich der Langobarden unterwerfen.

Etwa 2000 Langobardenkrieger zu Pferde waren schließlich an der Schlacht von Tours und Poitiers beteiligt. Sie mussten bereits auf dem Weg nach Nordaquitanien gewesen sein, sonst hätten sie es – bei Tagesetappen von etwa 100 Kilometern – nicht mehr rechtzeitig zum Schauplatz des Geschehens geschafft.

Fürst Odo dürfte nach der Niederlage bei Bordeaux nur mehr über etwa 3000 berittene Elitesoldaten verfügt haben. Mit ihren guten Orts-

und Geländekenntnissen sollten diese Männer dem Schlachtverlauf aber die entscheidende Wendung geben.

Über die Gesamtzahl der beteiligten Truppen gibt es auf beiden Seiten keine zuverlässigen Angaben. Nur ein Chronist namens »Paul der Diakon« nennt in seiner *Geschichte der Langobarden* Zahlen, die zu heftigen Zweifeln Anlass geben. Demnach sollen bei den Kämpfen südlich von Tours 375 000 Muslime gefallen sein und nur 1500 Christen. In Wahrheit wird es sich um jeweils 7000 bis 15 000 Kämpfer gehandelt haben, wie der bereits zitierte Historiker Hugh Kennedy vermutet. Aufgrund des Trosses, den die Berber mit sich führten, waren auf muslimischer Seite aber bis zu 50 000 Menschen an dem Beutezug beteiligt.

Über den Beginn der Schlacht gibt eine arabische Quelle Auskunft, die einem ansonsten unbekannten Autor namens Sidi Osman ibn-Artan zugeschrieben wird. Der Chronist, der die Schlacht allerdings auf den 11. Oktober datiert, berichtet von einem massiven Angriff in den Morgenstunden. An verschiedenen Stellen seien die Muslime mit Vorhut und Hauptheer gegen die Phalanx der christlichen Koalition vorgerückt. Ein Durchbruch sollte den maurischen Kämpfern aber nicht gelingen.

Es ist anzunehmen, dass sich die fränkischen Fußsoldaten über die gesamte Breite der Lichtung, links und rechts der alten Römerstraße postiert hatten. Im Westen sicherte der Flusslauf der Clain ihre Flanke, im Osten der dichte Wald. Geht man von etwa 10 000 Kämpfern aus, die Karl Martell über die einen Kilometer breite Freifläche verteilen konnte, so hatte die fränkische Phalanx eine Tiefe von zehn Reihen.

Die Vormittagsstunden verstrichen mit wiederholten Attacken der Muslime. Zunächst ritt eine Abteilung von Bogenschützen in Position, saß ab und deckte die Reihen der Franken mit einem Pfeilhagel ein. Daraufhin versuchten vorgerückte Fußsoldaten der Mauren, mittels Nahkampf in die Front ihrer Gegner einzubrechen. Aufgrund ihrer wirksam schützenden Rüstung und Schilde hatten die Krieger Karl Martells nur geringe Verluste erlitten. Das eingeübte Verhalten in der Phalanx sorgte dafür, dass die entstandenen Lücken in den Reihen sofort wieder geschlossen wurden.

»Karl Martell ringt Abd ar-Rahman nieder«: Bronzearbeit des Franzosen Théodore Gechter (1796–1844) aus dem 19. Jahrhundert.

Hinter den Fußsoldaten der fränkischen Phalanx warteten die aquitanischen und langobardischen Reiter darauf, etwaige Durchbrüche des Feindes zu stoppen. Einen Gegenangriff, für den er die starre Formation seiner Truppen hätte auflösen müssen, hatte der schlachtenerfahrene Hausmeier bis in die frühen Nachmittagsstunden nicht gewagt. Dann aber befahl er ein Manöver, das den Schlachtenverlauf zugunsten der Christen wenden sollte.

Die Hintergrundinformation dazu liefert die sogenannte Fortsetzung der *Fredegar-Chronik*, die als amtliche Hauschronik der fränkischen Karolinger gilt: »Kühn rief Prinz Karl seine Krieger, gegen den Feind zu stürmen. Mit der Hilfe des Herrn gelang es, ihre Zelte zu überrennen. Wie wackere Mühlsteine zerrieben die Kämpfer den Gegner. Ihr König Abdirama fiel, und Karl vernichtete sie, ihre Armee vor sich hertreibend.«

Trotz des Pathos der Zeilen lässt sich aus ihnen Folgendes herauslesen: Karl befahl Odo und seinen berittenen Truppen, das Lager der Muslime anzugreifen. Die Aquitanier verfügten über die nötigen Orts- und Geländekenntnisse, da das Schlachtfeld auf ihrem Gebiet lag. Aber der Weg über das Schlachtfeld war durch das Hauptkontingent der Mauren verstellt. Um das Lager überhaupt erreichen zu können, musste den Männern Odos ein zweiter, relativ ungeschützter Zugang offen stehen: Dies könnte die schmale Lichtung gewesen sein, die vom Lager der Mauren aus zunächst nach Osten und dann nach Norden verlief. Abd ar-Rahman hatte auf dieser Seite des Lagers wohl keinen Verteidigungsgraben ausheben lassen.

Der Angriff auf das Lager zeigte die gewünschte Wirkung. Prompt beorderte Abd ar-Rahmen seine Nachhut dorthin, um die Lagerwachen im Abwehrkampf zu unterstützen. Die ungewöhnliche Truppenbewegung machte die Berber unter den Kämpfern auf das Geschehen aufmerksam. Aus Furcht um ihre Familien brachen sie aus den Formationen aus, um sich am Kampf um das Lager zu beteiligen. Angesichts der Auflösung der Schlachtreihen seiner Gegner ging Karl Martell mit seinen Fußtruppen zum Gegenangriff über. In der Folge geriet Abd ar-Rahman mitten ins Kampfgetümmel und wurde dabei von einer fränkischen Lanze tödlich getroffen. Trotz des Zweifrontenkampfs konnten die führerlosen Muslime ihr Lager bis zum Einbruch der Nacht halten.

Die Ereignisse am Morgen nach der Schlacht, wie sie die *Chronik von 754* weiter beschreibt, klingen zunächst rätselhaft: »Die ›Europäer‹ näherten sich der maurischen Lagerstätte mit größter Vorsicht. Die Ordnung, mit der die Zelte der eigentlich besiegten Feinde noch immer standen, erregte ihren Verdacht. Sie fürchteten einen Hinterhalt.«

Kostbare Zeit verstrich, bevor die Männer Karl Martells den Trick durchschauten. Die Mauren hatten mit der vorsichtigen Reaktion ihrer Gegner gerechnet und somit für den Rückzug auf sicheres Territorium einen lebenswichtigen Vorsprung herausgeholt. Außerdem hinterließen sie genügend Beute, um die Gewinner der Schlacht noch länger zu beschäftigen. Keiner der christlichen Feldherren wagte es, seine Krieger zum Verzicht auf Beute und zur sofortigen Verfolgung der Mauren zu zwingen. Die Koalition der Christen ging Ende Oktober 732 auseinander, ohne dem geschlagenen Feind entschlossen nachzusetzen.

Aus heutiger Sicht wirkt das Verhalten der Sieger mehr als leichtsinnig. Es hatte auch spürbare Folgen. Unter dem Nachfolger Abd ar-Rahmans konnten die Mauren bereits im Folgejahr eine ausreichend große Streitmacht für die nächste »razzia« jenseits der Pyrenäen aufbieten.

Der ewige Feind

Die direkten Folgen der Schlacht von Tours und Poitiers waren, im Gegensatz zu ihrer späteren Verklärung, vergleichsweise unbedeutend. Karl Martell ging daraus fraglos als Sieger hervor. Er hatte das direkte Kräftemessen mit den Muslimen für sich entschieden. Und aufgrund der vorangegangenen Niederlage gegen die Mauren war Odo von Aquitanien quasi von selbst zu einem Vasallen der fränkisch-merowingischen Herrscher geworden.

Der Hausmeier Karl Martell nahm in Tours personelle Veränderungen vor. Er ernannte einen loyalen Vertreter des fränkischen Adels zum dortigen Erzbischof. Dann ließ er noch Befestigungen verstärken, bevor er sich nach Norden wandte, um im kommenden Jahr gegen die Friesen und Sachsen zu ziehen. Erst 735 würde er den Kampf gegen die erstarkten Sarazenen wieder aufnehmen.

Die führerlose Streitmacht der Mauren hatte sich in mehreren Gruppen nach Septimanien und über die Pyrenäen zurückgezogen. Um die Handlungsfähigkeit der Regierung in Córdoba zu gewährleisten, wurde die Position des Gouverneurs der Provinz Andalusien innerhalb weniger Wochen neu besetzt.

In den arabischen Chroniken spielt die verlorene Schlacht kaum eine Rolle. Allein der Tod Abd ar-Rahman ibn Abdallâh al-Ghafiqis führte dazu, dass die Römerstraße zwischen Tours und Poitiers als »Straße der Märtyrer« in die islamische Geschichtsschreibung einging. Die militärische Niederlage wird von den Autoren vor allem dem undisziplinierten Verhalten der Berber angelastet. Nur an wenigen Stellen deuten die Berichte auch Kritik am andalusischen Feldherrn an, der allzu eigenmächtig gehandelt habe. Vielmehr ging das Jahr der Schlacht von Tours und Poitiers aus anderen Gründen in die Annalen des Kalifen von Damaskus ein: 732 konnten die Nachfolger Mohammeds ihren langjährigen Verteidigungskampf gegen die aus dem Kaukasus einfallenden Chasaren erfolgreich beenden.

Die Frage aber, die bis heute vor allem westliche Historiker beschäftigt, bleibt: War der 25. Oktober 732 nun ein Schicksalstag für das christliche Europa?

Man muss den Blick erweitern, um darauf die richtige Antwort zu finden. Im Sommer 732 hatte die Führung der islamischen Provinz »Ifriqia« mit Sitz in Kairuan Angriffe auf Sizilien und Sardinien befohlen. Vielleicht war der Beutezug Abd ar-Rahmans nach Aquitanien Teil einer umfassenderen Strategie, deren Ziel letztlich darin bestand, Europa zu unterwerfen. Aber alle genannten Unternehmungen scheiterten. Sizilien

Die Teilung des frühen Islam

Mit Abu Bakr, Omar und Othman wurden zunächst nur Gefährten und nicht Familienangehörige Mohammeds als Kalifen berufen. Als Mohammeds Vetter und Schwiegersohn Ali 661 einem Mordanschlag zum Opfer fiel, begann die Spaltung der islamischen Bewegung.
Mohammed hatte es zu seinen Lebzeiten versäumt, seine Nachfolge zu regeln. Bereits die ersten Kalifen, Gefährten des Propheten, gerieten mit Mohammeds Tochter Fatima in Konflikt. Es entbrannte ein Streit, ob die Nachfolge dynastisch – unter den direkten Nachfahren Mohammeds – geregelt werden sollte oder nach Befähigung zu wählen sei. Die Sunniten setzten sich mit letzterer Option durch.

> »Und wer da kämpft in Allahs Weg, falle er oder siege er, dem gibt Allah gewaltigen Lohn im Paradies.«
>
> Koran, Sure 4, Vers 74

wurde erst im 9. Jahrhundert erobert, im Süden Sardiniens fassten die Muslime erst zwanzig Jahre nach »Tours und Poitiers« Fuß.

Sicher kann man davon ausgehen, dass die Muslime Anfang des 8. Jahrhunderts noch ihr globales Ziel verfolgten: Sie wollten im Auftrag Allahs die Welt unterwerfen, um jene Heilsgeschichte zu vollenden, welche mit dem biblischen Monotheismus ihren Anfang genommen hatte. Die enormen Gebietsgewinne des ersten Jahrhunderts schienen sie ja auch in ihrem Tun zu bestätigen. Aber nach den Niederlagen von 732, und vor allem dem Scheitern der Belagerung von Konstantinopel im Jahr 718, stellte sich Europa mehr und mehr als ein unüberwindliches Bollwerk heraus.

Die Schlacht von Tours und Poitiers steht für die Tatsache, dass die Expansion des Islam im äußersten Westen an ihre Grenzen gestoßen war. Das hatte auch damit zu tun, dass die integrative Kraft der Religion Mohammeds zu schwinden begann. Bereits dreißig Jahre nach dem Tod des Propheten hatten sich die Muslime im Streit über die Nachfolgefrage in Sunniten und Schiiten gespalten.

Ab dem 8. Jahrhundert waren aber auch innersunnitische Konflikte an der Tagesordnung. 751 führten sie zur blutigen Ablösung der Umayyaden-Dynastie durch die Abbasiden. Im 10. Jahrhundert kulminierten Auseinandersetzungen um die Vorherrschaft im »Haus des Islam« in der Gründung konkurrierender Kalifate. Das einigende Band der Religion hatte sich auch im Falle des Islam als äußerst brüchig erwiesen.

Es war ein Umstand, der auch für die Welt des Christentums galt. Die Koalition christlicher Kräfte bei der Schlacht von Tours und Poitiers war nichts weiter als ein Zweckbündnis auf Zeit und keineswegs die Geburtsstunde des christlichen Europa oder gar einer gemeinsamen christlich-europäischen Identität. Das sollte die Chronisten der fränkischen Karolinger aber nicht davon abhalten, den Sieger von Tours und Poitiers und seine karolingischen Nachkommen zu den rechtmäßigen und gottgewollten Herrschern Europas zu stilisieren.

»Schlacht von Roncesvalles«: Der Überfall auf die fränkische Nachhut unter der Führung Rolands. Französische Buchmalerei aus dem 14. Jahrhundert.

Die wichtigste Erkenntnis aus der Schlacht von 732 und ihren Folgen ist womöglich diese: Einer Sakralisierung von Gewalt sollte stets mit größter Skepsis begegnet werden. Kein Krieg ist heilig. Opfer, die mit dem Versprechen auf Belohnung im Jenseits versehen sind, sollten grundsätzlich nicht erbracht werden. Und Herrscher, die sich von ihren Chronisten zu Vollstreckern des Willen Gottes machen lassen, tun in der Regel nichts

Monotheismus und die Sakralisierung des Krieges

Dass der göttliche Auftrag Akte rechtfertigen und sogar heiligen kann, die ansonsten als Verbrechen gelten und geahndet werden, ist keineswegs eine Erfindung des Islam. Bereits im Alten Testament der Bibel gibt es zahlreiche Beispiele für die religiöse Überhöhung von Straftaten. Die himmlische Lizenz zu Unterdrückung, Raub und Mord hält dem Historiker Aharon Oppenheimer zufolge mit der Idee des Monotheismus Einzug in die Kulturgeschichte der Menschheit. Auch das Christentum macht in seiner zweitausendjährigen Geschichte oft Gebrauch davon.

Ergänzt wird der Freibrief für Gewalt durch das Versprechen auf jenseitigen Lohn. Wer sich an religiös motivierten Aktionen beteiligt, erwirbt den Erlass seiner Sünden und ein Anrecht auf das Paradies. Wer bei der Vollstreckung des vermeintlichen Willen Gottes fällt, gilt sogar als Märtyrer.

anderes, als ihre machtpolitischen Interessen mit dem Mantel der Heilsgeschichte zu verdecken.

Dass sich auch Dichter zu Handlangern der Mächtigen machen lassen, beweist das »Rolandslied«. Ende des 11. Jahrhunderts in Frankreich ent-

Die »Schlacht von Roncesvalles«: Karl der Große wird Zeuge von Rolands Tod beim Zweikampf mit einem Basken. Französische Buchmalerei, 14. Jahrhundert.

»Karl der Große findet den erschlagenen Roland«: Der Tod des treuen Gefolgsmanns wird den Herrscher umstimmen. Französische Buchmalerei, 15. Jahrhundert.

standen, wurde es zum beliebtesten christlichen Heldenepos seiner Zeit. Historischer Hintergrund ist ein Feldzug Karls des Großen 778 gegen die Mauren in Spanien. Beim Rückweg über die Pyrenäen wird die fränkische Nachhut unter der Führung von Hruotland, dem Markgrafen der Bretagne, von den Basken aufgerieben.

Das Versepos um den christlichen Ritter Roland stört sich nicht an den Fakten. Es macht aus den Basken Muslime und erzählt von der Heimtücke, mit der sich ihr König Marsilie das Vertrauen Karls des Großen erschleicht. Der heidnisch-muslimische Herrscher sorgt dafür, dass

Roland bei Karl in Ungnade fällt. Der untadelige Ritter soll beim Überqueren der Pyrenäen in einen Hinterhalt geraten und von Marsilies Männern getötet werden. Nach heldenhafter Gegenwehr fällt der tapfere Recke. Karl, über die wahren Hintergründe aufgeklärt, wendet sich angesichts von Rolands Leichnam gegen die Muslime und ihren Herrscher. Auch das Erscheinen eines feindlichen Heeres aus »Babylonien« kann die Christen nicht stoppen. Alle heidnischen Bewohner Spaniens werden zwangsbekehrt.

Ins Frankenreich zurückgekehrt, erscheint Karl dem Großen eines Nachts der Erzengel Gabriel. Der Bote Gottes drängt ihn, einem christlichen König zu helfen, dessen Stadt von den Heiden belagert wird. Das Rolandslied ist nicht von ungefähr zur Zeit des ersten Kreuzzugs entstanden. Und Karl, das deutet das Rolandslied an seinem Schluss noch an, wird dem Ruf Gottes folgen.

Kreuzzug nach Jerusalem

Vor der Heiligen Stadt

Fast drei Jahre schon befand sich die bewaffnete Heerschar auf dem Weg ins Heilige Land; ursprünglich waren es einige tausend Ritter mit mehr als zehnmal so vielen Gläubigen im Gefolge. Der Gemeinschaft gehörten Menschen aller Stände der mittelalterlichen Gesellschaft an: Herzöge und Knappen, Kirchenleute und Laien, Adlige und Bauern, Männer und Frauen. Es war keine Heerfahrt wie frühere, keine gewöhnliche christliche Pilgerreise nach Palästina, die im Jahr 1096 ihren Anfang genommen hatte. Nur jeder Vierte der berittenen Krieger war noch am Leben, das Fußvolk auf weniger als ein Drittel seiner Stärke dezimiert.

Als sich das ersehnte Ziel am Horizont abzeichnete, schienen für einen Moment alle Strapazen vergessen. Es muss den Überlebenden wie eine Erlösung vorgekommen sein, als sie der Konturen der Heiligen Stadt ansichtig wurden: Jerusalem mit seinen massiven Mauern, den legendären Türmen und Kuppeln. Die aufgestauten Gefühle der erschöpften Menge entluden sich. Die Ritter und Pilger sackten, während sie sich bekreuzigten, auf die Knie, richteten ihre Blicke zum Himmel, erhoben ihre Hände, um sich dann wieder zu Boden zu werfen – es dürfte ein Rausch der Glückseligkeit gewesen sein, in den sich Jubel, Loblieder und Gebete mischten.

Was hatte die geschundene Schar nicht alles durchgemacht – enorme Verluste erlitten, schlimmste Entbehrungen ertragen. Vor geraumer Zeit waren sie aus der Heimat aufgebrochen, in eine völlig ungewisse Zukunft, auf der Suche nach dem Heil, nach Vergebung, dem Abenteuer oder auch

Im Juni 1099 erreicht der erste Kreuzzug Jerusalem. Der Holzstich von Gottfried Dorè soll die Stimmung im Moment der Ankunft wiedergeben.

nach Macht und Reichtum. Der Zug der Ritter aus dem Westen Europas hatte jedoch auch grausige Spuren hinterlassen auf der dreijährigen Odyssee ins Heilige Land, hatte Angst, Schrecken, Gewalt, Terror und Tod verbreitet.

Nun war das Ziel zum Greifen nahe. Wie lange würden sich die Kreuzfahrer noch gedulden müssen bis zum Einzug in die Heilige Stadt, wie viele Wochen würde die Belagerung dauern? Zunächst zog eine Prozession von Kämpfern singend und betend um die Mauern Jerusalems, als wollten sie diese durch bloße Beschwörung zum Einsturz bringen – wie einst Josua vor Jericho. Was mögen die Verteidiger der Heiligen Stadt – einige zehntausend fatimidische Krieger – empfunden haben, als sich derart seltsame Dinge vor ihren Augen abspielten? Die meisten der in Jerusalem lebenden Christen hatten sie aus der Stadt getrieben, nicht nur, um das Risiko eines Verrats zu mindern. Sie sollten fortan den Besatzern, ihren christlichen Glaubensbrüdern, zur Last fallen, waren sie doch bei der Belagerung kaum einsetzbar, mussten aber versorgt und ernährt werden. Das war schwierig genug in der kargen Umgebung von Jerusalem, der Proviant im Heer aus dem Abendland ging zur Neige.

Fünf lange Wochen sollte die Belagerung dauern, in brütender Hitze. Die Muslime hatten Wasserstellen trockengelegt, einige sollen mit Unrat verschmutzt oder gar vergiftet gewesen sein. Die Bäume der Umgebung waren abgeholzt, es fehlte an Material zum Bau von Belagerungstürmen. Die Zeit arbeitete gegen die Christen.

Der 15. Juli 1099 wurde zum Tag der Entscheidung. Ginge die Schlacht verloren, so wäre die Rückeroberung des Heiligen Landes am eigentlichen Ziel, Jerusalem, gescheitert; der Kampf gegen die »Heiden« würde womöglich in einer Katastrophe enden. Doch auch für die Belagerten stand viel auf dem Spiel. Würde die Stadt von den Kreuzrittern eingenommen, so hätten die Muslime wichtige Heiligtümer und damit ihr Gesicht vor Allah verloren. Was einmal zum Machtbereich des Islam gehörte, durfte nicht mehr preisgegeben werden – so wollte und will es die Auslegung des Koran.

Seit mehr als 450 Jahren gehörte das einst von den byzantinischen Kaisern beherrschte Jerusalem zum Reich der Nachfolger Mohammeds. Juden, Christen und Muslime haben dort ihre heiligen Stätten. Auf dem Berg Moria, wo der biblische Abraham seinen Sohn Isaak opfern wollte, hatten jüdische Bewohner einst ihren Tempel zu Ehren Jahwes errichtet. Für die Christen war die Grabeskirche als Schauplatz von Jesu Tod und

Auf der Luftaufnahme sind die ummauerte Altstadt von Jerusalem und der Tempelberg mit dem Felsendom zu erkennen.

Auferstehung ein heiliger Ort. Nach der Eroberung der Stadt im Jahr 638 hatten die Muslime den Felsendom gebaut, der an den Himmelsritt des Propheten Mohammed erinnern sollte.

Die Geschichte Jerusalems war und ist geprägt von Konflikten, aber auch vom Miteinander der Religionen. Kalif Omar I., der zweite Nachfolger Mohammeds, hatte nach seinem Einzug in die eroberte Stadt die jüdischen und die christlichen Gläubigen aufgefordert, mit den Muslimen in Eintracht zu leben. Ein gemeinsames Gebet in der Grabeskirche vermied er aus Respekt, ansonsten hätten seine Glaubensbrüder das Gotteshaus nach den Regeln des Koran als Moschee angesehen. Lange konnten die Christen unter muslimischer Herrschaft ihre Religion frei ausüben, Pilger hatten ungehinderten Zugang, doch im Jahr 1009 ging die Zeit der Toleranz zu Ende. Die christlichen Stätten in Jerusalem wurden Opfer religiöser Eiferer, des Fatimiden al-Hakim, der Juden und Christen verfolgen ließ. Die alte Grabeskirche ging in Flammen auf, wurde geplündert, zerstört – später wieder aufgebaut. Nachdem die Fatimiden die

Vorherrschaft im Heiligen Land innehatten, wurde ihnen diese von den türkischen Seldschuken im 11. Jahrhundert immer wieder streitig gemacht. Dabei häuften sich auch die Übergriffe auf Christen. Pilgerfahrten nach Jerusalem wurden behindert, Wallfahrer getötet, die heiligen Stätten immer schwerer zugänglich. Doch war dies der einzige Grund dafür, dass im 11. Jahrhundert ein riesiger Heerzug von Christen ins Heilige Land aufbrach?

»Die historische Brisanz des Verhältnisses zwischen Christentum und Islam rührt nicht aus ihrer Unterschiedlichkeit, sondern gerade aus ihrer Ähnlichkeit. Beide stellen konkurrierende Religionen oder Kulturen dar, die aus gemeinsamen Traditionen schöpfen und dabei trotz mancher Übereinstimmungen gerade ihre Gegensätzlichkeit betonen.«

Nikolas Jaspert, Historiker

Das Konzil von Clermont

1095 begann jene Geschichte, welche vier Jahre später vor Jerusalem in ihre entscheidende Phase trat, in dem alten Bischofssitz Clermont in Zentralfrankreich (Auvergne). Dieser Ort wurde zum Ausgangspunkt des ersten Kreuzzugs. Im November des Jahres lud Papst Urban II. hochrangige Kirchenvertreter zu einer Synode ein – 13 Erzbischöfe, 225 Bischöfe, 90 Äbte und zahlreiche Fürsten aus Frankreich, Deutschland, Spanien und Italien versammelten sich zunächst in der Kathedrale. Urban selbst, ein gebürtiger Franzose, hatte ein verlässliches Gespür für die Stimmungen in Adel, Klerus und Volk und war bekannt für sein rhetorisches Talent. Zum Abschluss der Synode ging der Pontifex in die Offensive. Mehrere tausend Gläubige folgten seinem Ruf zu einem feierlichen Gottesdienst. Die Menge war so groß, dass die Messe auf einem Feld außerhalb der Stadt stattfinden musste, auch wenn mittelalterliche Abbildungen den Platz vor der Kirche als Versammlungsort ausweisen. Mit der Predigt, die er hier halten wollte, verfolgte Urban eine dezidierte Absicht. Sie sollte die christlichen Mitbrüder angesichts der Bedrängnis des Oströmischen Reiches und einer sich zuspitzenden Lage im Heiligen Land aufrütteln.

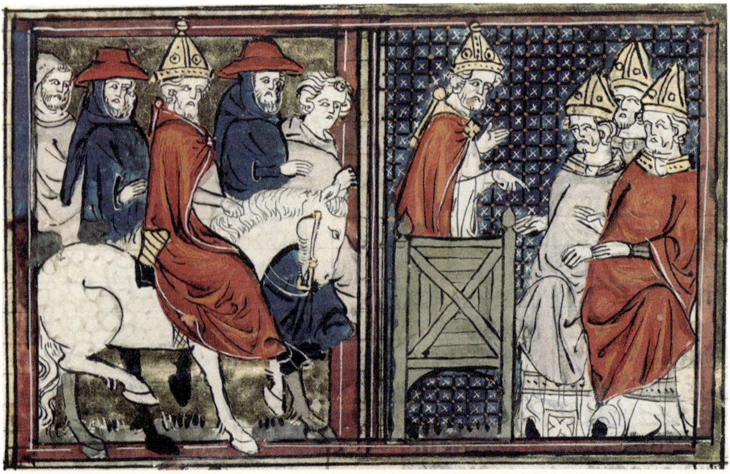

In der Bibliothèque Nationale Paris befindet sich ein wertvolles Pergament aus dem Jahre 1337, das Ankunft und Rede von Papst Urban II. beim Konzil von Clermont zeigt.

Mehr als ein halbes Dutzend Fassungen der Rede von Clermont sind von mittelalterlichen Chronisten überliefert, nur einige von ihnen waren Zeitgenossen oder gar anwesend. Während Wilhelm von Tyrus oder Robert von Reims ihre Texte literarisch ausschmückten oder dramatisch überspitzten, gelten die Aufzeichnungen des Fulcher von Chartres als vergleichsweise moderat. Was exakt in Clermont gesagt wurde, was die Chronisten später nachholten oder hinzufügten, ist umstritten.

Nach der Schnittmenge verschiedener tradierter Schilderungen malte Urban jedenfalls ein bedrohliches Szenario aus: »Es ist nämlich nötig, dass Ihr Euren Mitbrüdern im Orient, die Eurer schon so oft erbetenen Hilfe bedürfen, unverzüglich diese Hilfe bringt. Wie den meisten von Euch schon gesagt worden ist, sind nämlich die Türken … bis hin zum Mittelmeer, bis zum sogenannten Arm Sankt Georgs [Bosporus] eingefallen; diese Türken haben von den Grenzen Romaniens [Byzanz] an die Gebiete der Christen mehr und mehr besetzt, die siebenfach besiegten Christen überwunden, wobei sie viele töteten oder gefangennahmen, Kirchen zerstörten und das Reich Gottes verwüsteten«, so die Überlieferung des Fulcher von Chartres. Und weiter habe Urban gesagt: »... wenn Ihr sie noch eine Zeitlang so gewähren laßt, werden sie die Gläubigen Gottes noch weiter überrennen.«

Hilfe für die »Mitbrüder« – damit waren die Christen der Ostkirche gemeint, die im byzantinischen Machtbereich lebten oder in Gebieten, die einst zu Byzanz gehörten, aber von den Muslimen erobert worden waren.

Eigentlich war die Christenheit in dieser Zeit gespalten: in die römisch-katholische und die griechisch-orthodoxe Kirche: Letztere hatte ihr Zentrum in Konstantinopel. Wiederholt machten sich kirchliche und weltliche Herrscher und Würdenträger beider Hemisphären den Rang streitig, erkannten sich gegenseitig das Recht ab, für die Christenheit zu sprechen, exkommunizierten einander sogar oder belegten sich mit dem Bann. Doch die Bedrohung von außen durch die islamische Welt schien die Spaltung in den Hintergrund zu drängen. Während die westliche Christenheit ihren Machtbereich gegen die Muslime in Spanien und Italien behaupten oder sogar wieder erweitern konnte, hatte das einstige Weltreich der Byzantiner nahezu sein gesamtes Territorium in Kleinasien und im Nahen Osten verloren. Das Imperium, das aus der Osthälfte des zerfallenden Römischen Reiches hervorgegangen war, blutete in ständigen Verteidigungskriegen gegen den Islam aus. Nur so ist es überhaupt zu erklären, dass von Konstantinopel aus ein Hilferuf an den Rivalen in Rom erging. Ein Gesandter des byzantinischen Kaisers Alexios übermittelte das Ersuchen dem Papst auf der Synode von Piacenza 1095. Der zögerte nicht, zeigte doch die Bitte des byzantinischen Kaisers, dass er den Papst als mächtigsten Mann der Christenheit anerkannte. Und schon bald formulierte Urban in Clermont seinen dringlichen Appell, die Glaubensbrüder zu unterstützen und die heiligen Stätten zu befreien, wobei er dabei mit bedrohlich klingenden Metaphern offenbar nicht sparte – auch nicht, als er das Bild vom Gegner, den Muslimen, zeichnete: »O welche Schande, wenn eine so verabscheuungswürdige Menschenart, verkommen und Dienerin der Dämonen, das Volk des allmächtigen Gottes, das mit der Gabe des Glaubens beschenkt ist und im Namen Christi erstrahlt, in dieser Weise überwältigt.« So drängte der Papst zum Handeln: »Darum ermahne ich Euch flehentlich, nein, nicht ich, sondern der Herr ermahnt Euch als Herolde Christi, dass Ihr allen Menschen jeglichen Stan-

Auf dem Konzil von Clermont 1095 bekräftigte Urban II. auch den Bann gegen den ehebrecherischen König Philipp I. von Frankreich (Bildmitte).

des … ratet, bei der Vertreibung dieses nichtswürdigen Stammes aus unseren Gebieten den Anbetern Christi rasch zu helfen.«

Auf die verschiedenen Überlieferungen der Rede von Clermont wurde schon hingewiesen. Dramatischer noch als in anderen Quellen klingen Urbans Worte nach den Aufzeichnungen von Robert von Reims, dem Mönch; bei ihm ist von schlimmsten Gräueltaten der Muslime die Rede. Sie seien ein gottloses Volk, das raube, senge, brenne, die Altäre besudele, Frauen schände, Menschen dahinschlachte.

Was auch immer der Papst gesagt oder der Chronist ihm nachträglich in den Mund gelegt haben mag – dass die Rede Urbans die Gemüter der in Clermont anwesenden Zuhörer in Wallung brachte, ist sicher.

Und wie gestaltete sich die Lage im Heiligen Land tatsächlich? Seit mehr als viereinhalb Jahrhunderten stand Jerusalem unter muslimischer Herrschaft, das Byzantinische Reich war in der Tat immer wieder Angriffen ausgesetzt. Doch drohten der Christenheit weder eine Invasion noch die Vernichtung durch den Islam. Im Westen wurden die muslimischen Mächte um 973 weiter in den spanischen Raum zurückgedrängt, 1091 von Sizilien vertrieben. Vielleicht hatten die Boten aus Byzanz bewusst übertrieben. Grundsätzlich waren einheimische Christen unter islamischer Herrschaft zwar Unterworfene, sie genossen aber den Schutz islamischer Gesetze, mussten Steuern entrichten und konnten ihren Glauben – wenn auch eingeschränkt – praktizieren. Natürlich gerieten auch sie in die Strudel von Machtkämpfen muslimischer Herrscher untereinander und wurden hier und dort auch Opfer von Gewaltexzessen.

Die islamische Welt

Der Machtbereich der Muslime war im 11. Jahrhundert aus europäischer Sicht immer noch weltumspannend. Das Imperium, das sich seit 635 unter Omar in so atemberaubender Geschwindigkeit ausgebreitet hatte, reichte von Spanien im Westen bis zum indischen Subkontinent im Osten – auch wenn sich untereinander verfeindete Herrscher immer wieder die Vorrangstellung streitig machten. Die muslimische Welt spaltete sich zu dieser Zeit insbesondere in drei rivalisierende Kalifate: Neben dem von Bagdad gab es das umayyadische im andalusischen Córdoba, in Kairo herrschten die schiitischen Fatimiden, die sich auf Fatima, die Tochter Mohammeds, und deren Ehemann Ali zurückführten. Gleichzeitig gewannen Turkvölker an Macht, allen voran die Seldschuken, die von Innerasien her, ungefähr aus dem Gebiet des heutigen Turkmenistan, nach Palästina und gegen Byzanz drängten und bald auch große Teile des Heiligen Landes beherrschten. Auch als die Kreuzritter sich Jerusalem näherten, kämpften in Palästina weiter Muslime gegen Muslime: So mussten die Fatimiden dort nicht nur die gerade von ihnen eroberte Heilige Stadt gegen die Christen verteidigen, sondern sich im Norden auch der seldschukischen Heere erwehren.

> »Die Überschrift über die Kreuzzüge, ›Deus lo vult‹, ›Gott will es‹, ist ein grandioses Missverständnis. Also den Willen Gottes auf eine politische und militärische Aktion zu beziehen, ist sicher etwas auch aus theologischen Gründen nicht Akzeptables.«
>
> Kardinal Reinhard Marx

Urban aber malte ein Szenario größter Bedrohung, schwor seine Zuhörer auf die Mission zur Rettung und Befreiung des Heiligen Landes ein und auf die Hilfe für die orientalischen Christen. So entstand eine überaus kriegerische Stimmung. Teilnehmer an der Synode war auch Bischof Lambert von Arras, der ebenfalls Erinnerungen an die Rede von Clermont aufschrieb und schilderte, wie inbrünstig der Papst für das Unternehmen warb, auch, indem er den künftigen Kriegern im Zeichen des Kreuzes himmlischen Lohn verhieß. »Wer nur aus Frömmigkeit und nicht zur Erlangung von Ehre oder Geld zur Befreiung der Kirche Gottes nach Jerusalem aufbricht, dem soll die Reise auf jede Buße angerechnet werden.« Vergebung von Sündenstrafen war ein sehr wirkungsvolles Versprechen, wenn es darum ging, eine Streitmacht für ein derart gefährliches Unternehmen zu mobilisieren.

»Deus lo vult« – »Gott will es«

Mit großen Gesten, unter lauten Seufzern, Klagen und Tränen habe Urban die anwesenden Gläubigen beschworen. Er stilisierte den Weg ins Heilige Land zum Heil bringenden Bußgang für die ganze Christenheit: »Den Anwesenden sage ich es, den Abwesenden lasse ich es sagen, Christus aber befiehlt es.« So entstand jene historische Formel, die das künftige Kreuzzugsunternehmen begleiten sollte: »Deus lo vult!« – »Gott will es!« Der Herr selbst sei es, der zu diesem geheiligten Kampf aufrufe. Damit machte Papst Urban die kommende Mission über jeden Zweifel erhaben. Viele der Anwesenden sanken auf die Knie, beugten ihre Häupter, schlugen mit den Händen auf ihre Brust, beteuerten lauthals ihre Bereitschaft zum Aufbruch ins Heilige Land, ein Nerv der Begeisterung war getroffen. Als sichtbares Zeichen ihres Eides hefteten sie sich ein Kreuz aus Stoffstreifen an ihre Mäntel.

Warum aber eine solche Dramatisierung der Lage, warum die eindringlichen Beschwörungen, warum die Sakralisierung eines so gewagten Heerzugs? Ging es dem Papst wirklich nur um die Befreiung des Heiligen Landes und den Schutz der morgenländischen Christen? Der Historiker Klaus Schreiner vertritt die Meinung, dass »die Befreiung des Heiligen Grabes aus den Händen der Muslime« durchaus als eine »Identitätsfrage der abendländischen Christenheit« gesehen werden kann. Doch vor dem Hintergrund der damaligen historischen Kulisse taten sich noch weitere Motive auf. Europa war von inneren Zwistigkeiten und Fehden christlicher Kaiser, Könige und Fürsten zerrissen, die Kirche hatte als Ordnungsmacht an Bedeutung eingebüßt, der Klerus war immer wieder zwischen die Fronten geraten. Es musste im Interesse des Papstes liegen, die Streitsucht des europäischen Adels umzulenken – und zwar nach außen. Von Rom aus versuchten die Nachfolger Petri seit Jahrzenten, die Strukturen der Kirche zu reformieren, ihr eine straffere Ordnung zu geben, das geistliche Leben strengeren Regeln zu unterstellen. Papst Urbans Vorgänger Gregor VII. hatte gefordert, dass die geistliche Macht über aller weltlichen zu stehen habe. Es kam zum sogenannten »Investiturstreit«, zu einer leidenschaftlichen Auseinandersetzung darüber, wer berufen war, kirchliche Würdenträger, vor allem Bischöfe, zu bestimmen und einzusetzen: weiterhin vor allem weltliche Herren oder der Papst und der Klerus. Der Konflikt eskalierte, der römische Pontifex und Kaiser setzten einander gegenseitig ab, führten sogar Krieg gegeneinander.

Zudem hatte sich der Riss zwischen östlicher und westlicher Christenheit weiter vertieft, beim sogenannten morgenländischen Schisma (Spaltung) 1054 kam es zu spektakulären Gesten gegenseitiger Bannung. Doch blieb die Hoffnung, die Gläubigen wieder zu einen – aber unter wessen Führung? Immerhin hatte der oströmische Kaiser Alexios I. Komnenos den römischen Papst um Hilfe gebeten, was dessen Machtanspruch entgegenkam. Urbans Rede war dazu geeignet, sich als Wahrer und Oberhaupt der gesamten Christenheit darzustellen. Ein Sieg über die Muslime unter seiner Führung hätte eine Einigung der Christen unter dem Primat Roms begünstigt.

»Das christliche Bild vom Islam war zum ausgehenden 11. Jahrhundert noch weitgehend von Unkenntnis, Verzerrungen oder schlichtem Desinteresse gekennzeichnet. Kaum anders sah es aufseiten der Muslime aus.«

Nikolas Jaspert, Historiker

So kreiste Urbans Denken sicher um mehr als nur die Bruderhilfe und die Rückeroberung des Heiligen Landes. Mit seinem Aufruf konnte er das Gesetz des Handelns wieder an sich reißen. Wenn er beabsichtigt hatte, die Christenheit neu auf das Papsttum auszurichten, war Clermont sicher ein wesentlicher Schritt. Der Nachfolger Petri nahm unter Berufung auf eine heilige, von Gott gewollte Mission für sich in Anspruch, im Namen Christi zu sprechen – und fand Gehör.

Als Aufbruchstermin des Zuges ins Heilige Land war der Feiertag Mariä Himmelfahrt, der 15. August des Jahres 1096, festgesetzt worden. Dann sollte die »bewaffnete Pilgerfahrt« beginnen. Der Begriff »Kreuzzug« wurde erst ab dem ausgehenden 12. Jahrhundert geprägt und fand seither Verwendung für das gesamte Zeitalter. Auch frühere Ereignisse wurden nachträglich in Beziehung dazu gesetzt. Karl Martell, der den Ansturm der »Mauren« auf europäischem Boden 732 bei Tours und Poitiers stoppte, sowie sein legendärer Enkel Karl der Große, der ebenfalls gegen muslimische Mächte kämpfte (aber auch mit ihnen paktierte), wurden zu frühen Gottesstreitern des christlichen Europa verklärt und sozusagen rückwirkend in den »Heiligen Krieg« der Kreuzritter im 11. Jahrhundert hineingezogen: »Zur Tapferkeit mögen euch die Taten Eurer Vorfahren anspornen, die Tüchtigkeit und Größe König Karls des Großen und seines Sohnes Ludwig und Eurer anderen Könige, die die Reiche der Heiden zerschlugen und in ihnen das Gebiet der Heiligen Kirche ausdehnten«, hieß es dazu schon – so ein zeitgenössischer Chronist – in Urbans Rede in Clermont.

Gemeinsame Wurzeln der Religionen

Wie sehr sich die drei monotheistischen Religionen Christentum, Judentum und Islam in ihren Wurzeln gleichen, ruckte in der Zeit der Kreuzzüge in den Hintergrund. Dass sich Abraham bedingungslos dem Willen Gottes unterwarf, macht ihn zur Schlüsselfigur für Juden, Christen und Muslime. Sie alle glaubten an ein und denselben Gott als Schöpfer und Vollender des Menschen. So lautet der Name Gottes auch bei den arabischen Christen: Allah. Mohammed knüpfte an die bestehenden monotheistischen Traditionen an, betrachtete sich aber selbst als »Siegel der Propheten«, als Letzter in ihrer Reihe. Der Religionsstifter akzeptierte Christentum und Judentum als Buchreligionen, vollzog aber auch eine Abgrenzung. Ihre Angehörigen haben rechtlich einen minderen Status als Muslime. Adam, Abraham, Moses, Salomo und vor allem Jesus nennt der Koran mit großer Ehrfurcht, gelten sie doch allesamt als Propheten und Verkünder des rechten Glaubens. Doch wandte sich Mohammed gegen die göttliche Überhöhung Jesu Christi, auch gegen die Vorstellung, dass er als Prophet derart gedemütigt, gekreuzigt und am Ende zu Tode gemartert worden sei. Demnach fuhr Jesus unversehrt in den Himmel auf.

Christi Himmelfahrt. Osmanische Darstellung, 16. Jahrhundert.

So weicht der Koran in diesen entscheidenden Punkten von den Evangelien ab.

Gerechter Krieg?

Ursprünglich hatte das Christentum noch jede Form von Kriegführung abgelehnt – getreu dem fünften Gebot: »Du sollst nicht töten.« Jesus hatte Gewaltlosigkeit gepredigt und gelebt, nicht nur Nächstenliebe, sondern auch Feindesliebe gefordert. Von Soldaten, die im Kampf getötet hatten, erwartete man unter frühen Christen Reue und Buße. Seit dem 4. Jahrhundert jedoch stellte sich die Frage immer dringlicher, ob es begründbare Ausnahmen gebe, den Gläubigen den Gebrauch von Waffen zu erlauben und den Herrschern das Recht zuzugestehen, Kriege zu führen. Der Kirchenlehrer Augustinus definierte unter dem Eindruck der Plünderung Roms durch die Goten im Jahr 410 das Prinzip vom »gerechten Krieg«. Auch Christen hätten, wenn sie angegriffen würden, ein legitimes Recht auf Verteidigung. Geraubtes dürfe zudem wiedererrungen werden, jedoch müsse immer der Friede das Ziel sein und im Falle des Sieges auch die Schonung des Gegners. Augustinus war der Auffassung, dass Kriege sogar auf Befehl Gottes geführt werden konnten – gegen das Unrecht, gegen fremde Aggression und die Ausbreitung gottloser Mächte. Der Kirchenlehrer bezeichnete die Gewalt selbst aber nie als »heilig«, sondern als letztes Mittel. Andere gingen darüber hinaus: Der römische Kaiser Konstantin hatte im Zeichen des Kreuzes seinen Widersacher Maxentius bezwungen (im Jahr 312). Das Symbol des Heils wurde erstmals zu einem des Sieges umgedeutet, Eusebius von Cäsarea, der wie Augustinus ebenfalls zu den Kirchenvätern zählt, bescheinigte Konstantin, dass er einen »Krieg unter dem Kreuz« führe, »welcher damit heilig« sei. An die Stelle der römischen Götter trat nun der christliche Gott als »Schlachtenhelfer«. Das einst verfolgte Christentum wurde unter Kaiser Theodosius (379–395) exklusive Staatsreligion, ihr Gott sollte somit auch Garant für den Fortbestand des römischen Weltreichs sein. Der christliche Bürger musste dafür notfalls auch zu den Waffen greifen. Die Einbindung der Kirche in die Verfassungsordnung des mittelalterlichen Reiches führte immer wieder zu einer »Heiligung« des Krieges. Siege und Niederlagen wurden als Gottesurteile gedeutet. Die Kreuzzüge des Hochmittelalters knüpften daran an, galten als Fortsetzung von früheren Kämpfen im Zeichen des Glaubens, in denen Gott für die Seinen kämpft und die Seinen für Gott.

Allerdings war ein »gerechter Krieg« nach Auffassung der Kirchenlehrer an Bedingungen geknüpft. Nur bei Einhaltung bestimmter Regeln führte die Ausübung des Soldatenhandwerks nicht zum Verlust des Seelenheils. Ein gottgefälliger Kampf musste Verteidigungscharakter haben, durfte nicht wegen niedriger Motive geführt werden; nur legitime Autoritäten durften dazu aufrufen. Unter diesen Vorzeichen war es möglich, das Töten sogar als Akt der christlichen Liebe zu interpretieren – dazu zählte auch die Bruderhilfe. Der Aufruf Urbans in Clermont war so angelegt, dass die Voraussetzungen eines gerechten Krieges im Prinzip erfüllt waren. Auch durfte sich nur derjenige, der sich aus lauteren, religiösen und nicht aus materiellen Gründen auf den Weg machte, als Krieger Gottes begreifen.

Für die Massen, die sich bald der Kreuzzugsbewegung anschließen sollten, bestand kein Zweifel, dass der Heerzug ins Heilige Land auf himmlische Weisung erfolgte. Die Heimat, Frau und Kinder, auch Besitz ungeschützt zurückzulassen, sich auf eine lebensgefährliche Reise zu begeben – dies war mit irdischen Motiven kaum zu begründen. Die meisten sahen in der Unterstützung für die Glaubensbrüder und den Kampf um die heiligen Stätten einen Gottesdienst. Mit der Teilnahme am Kreuzzug hofften viele auf den verheißenen Erlass von Sündenstrafen und Läuterung. Nur so ist zu erklären, dass die Idee einen regelrechten Flächenbrand entfachte.

»Durch einen Kreuzzug schlägt der Papst gleich mehrere Fliegen mit einer Klappe. Er stärkt seine Autorität gegenüber der Ritterschaft. Er hält die gewalttätigen Ritter von ihren Übergriffen auf die Kirche ab und gibt der Christenheit die heiligen Stätten wieder.«

Jonathan Phillips, Historiker

Konstantin der Große erblickt am Himmel ein Kreuz mit den Worten: »In hoc signo vinces« – »In diesem Zeichen wirst du siegen.« Auf dem Sterbebett ließ er sich taufen.

Im 4. Jahrhundert führte Kaiser Theodosius der Große im Byzantinischen Reich das Christentum als Staatsreligion ein. Der Marmorkopf des Kaisers entstand in dieser Zeit.

Der heilige Augustinus predigt seinen Jüngern die »De civitate Dei«. Seine Idee vom Gottesstaat auf Erden inspirierte Herrscher und Künstler.

Der »wilde« Kreuzzug

Dass sein Wort Gehör fand, dafür sorgte Papst Urban II. schon höchstselbst. Er reiste durch den Süden und Westen Frankreichs, um Fürsten und Adel für die Mission zu gewinnen, schrieb Briefe, um seinem Aufruf Nachdruck zu verleihen. Bischöfe verkündeten den Appell von ihren Kanzeln, Prediger verbreiteten die Kunde in weiten Teilen Westeuropas. Binnen weniger Wochen entstand eine Aufbruchstimmung, die selbst den Papst überrascht haben dürfte. Seine Rede erlangte eine Eigendynamik, die seine Vorstellungen weit übertraf. Zigtausende, Berufene und Unberufene, folgten spontan der Aufforderung, die Glaubensbrüder zu beschützen, während Urban selbst offenbar nur an ein überschaubares Ritterheer gedacht hatte. Es war der Beginn einer Bewegung, die über zwei Jahrhunderte andauern und vor keinem Stand der mittelalterlichen Gesellschaft haltmachen sollte. Am Ende waren es Hunderttausende – Könige und Bettler, Arme und Reiche, Adlige und Knechte, Bauern und Bürger –, die an den Kreuzzügen teilnahmen.

Die Ersten, die gen Heiliges Land zogen, wollten den vom Papst gesetzten Termin nicht abwarten. Prediger und Mönche riefen eigenmächtig zur bewaffneten Pilgerfahrt im Namen Jesu auf. Scharenweise liefen ihnen die Menschen zu: einfache Leute, meist aus der bäuerlichen Schicht, Handwerker, Mittellose, aber auch niederer Adel. Das waren nicht die von Byzanz erbetenen Ritter, die sich spontan versammelten, das war nicht die disziplinierte Kriegerschar, die Urban meinte, sondern ein Volkskreuzzug, dem sich tausende Menschen bereitwillig anschlossen – warum?

Ende des 11. Jahrhunderts waren von den 25 Millionen Menschen, die in Europa lebten, mehr als 90 Prozent Bauern. Nur wenige konnten lesen oder schreiben. Der Glaube an eine gottgewollte Ordnung auf Erden war ungebrochen. Zweifel an der christlichen Weltsicht des Mittelalters, in der auch Teufel und Dämonen einen festen Platz einnahmen, gab es noch nicht. Es war eine Zeit zunehmender Frömmigkeit und der Angst um das eigene Seelenheil. Zudem waren die Lebensum-

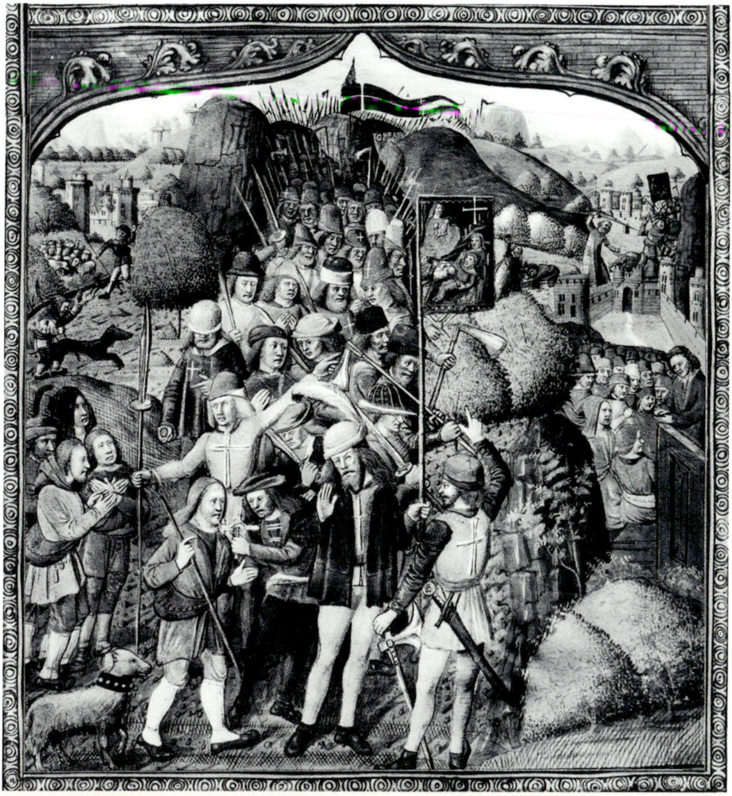

Die Begeisterung für den ersten Kreuzzug war größer, als Papst Urban II. erwartet hatte – Menschen aller Stände melden sich zur Teilnahme.

stände in den armseligen Weilern und elenden Dörfern oft erbärmlich. Krankheiten, Hunger, Missernten und ein Dasein in Unfreiheit bestimmten den Alltag vieler. So hatten Wanderprediger leichtes Spiel, einfaches Volk um sich zu scharen und einen Ausweg aus der Misere zu bieten. Peter von Amiens, genannt »Der Einsiedler«, zählte zu den besonders eifrigen Verfechtern des Kampfes gegen die »Heiden«. Der Eremit war schon um 1090 zu einer Pilgerfahrt ins Heilige Land auf-

Der Prediger Peter von Amiens rief noch vor Beginn des ersten Kreuzzugs zur bewaffneten Pilgerfahrt nach Jerusalem auf. Auf dem Weg kam es zu Gewaltexzessen.

gebrochen und wurde nach eigener Schilderung offenbar von Trupps der Seldschuken gefangen genommen und misshandelt. Der Legende nach gewann er großen Einfluss auf Papst Urban und soll ihn zur Entsendung eines bewaffneten Heeres nach Palästina gedrängt haben. Vor allem aber war er ein Charismatiker unter den Predigern, die in französischen und deutschen Landen Stimmung für den Heerzug ins Heilige Land machten. Peter von Amiens ritt auf einem Esel von Ort zu Ort und behauptete, von Gott selbst eine Botschaft empfangen zu haben. Um ihn rekrutierte sich eine zusammengewürfelte Gefolgschaft von Mittellosen, Glücksrittern und niederen Adligen. Die meisten Angehörigen des »Volkskreuzzugs« waren schlecht bewaffnet und in keiner Weise für einen Marsch von 4000 Kilometern ausgerüstet. So blieb ihnen kaum eine andere Wahl, als sich auf dem Weg durch Raub und Plünderungen zu ernähren, was die Bevölkerung beim Zug durch den Donauraum und den Balkan leidvoll zu spüren bekam. Auch verheerende Pogrome begleiteten den irregulären »Kreuzzug der Armen«, wie er später genannt wurde. Der Raub von Hab und Gut ermordeter Juden diente zur Finanzierung der Reise nach Palästina. Als Händler und Geldwechsler spielte die jüdische Minderheit eine wichtige Rolle für die Wirtschaft in der Mitte Europas. Doch war der Antijudaismus weit verbreitet, er speiste sich aus Legenden und Verdikten. Juden wurden als Christusmörder beschimpft. Wenn man sich schon in die Ferne begab, um die »Anhänger des Islam« als Feinde zu bekämpfen, lag es für

Während des »wilden Kreuzzugs« im Frühjahr 1096 ziehen Kreuzfahrer unter Graf Ennicho von Leiningen plündernd und mordend durch die Judenviertel im Rheinland.

> **»Meiner Erkenntnis nach nahmen die meisten Leute an dem Kreuzzug teil, weil sie ihn für einen spirituellen Krieg hielten und glaubten, durch die Teilnahme ihre Seelen von Sünden reinwaschen zu können. Mit Sicherheit hat die meisten der Glaube geeint – quer durch alle Schichten. Die Religion hat sie angetrieben.«**
>
> Thomas Asbridge, Historiker

viele nahe, sich zunächst an jenen zu rächen, »deren Vorväter« Jesu kreuzigten.

Ein Auftritt Peters von Amiens in Trier wurde von Tumulten und spontanen Ausschreitungen im jüdischen Viertel der Stadt begeitet. Durch die mittelalterlichen Gassen tobte ein zügelloser Mob, es kam zu einer Menschenjagd: Türen wurden eingeschlagen, Juden aus den Häusern gezerrt und umgebracht. Auch in Metz, Worms und Mainz verübte eine aufgepeitschte Menge Pogrome und Massaker, angetrieben durch Habgier und religiösen Eifer.

Hatten die Prediger nicht Erlösung verheißen, wenn die Feinde des Christentums bekämpft werden? Dazu zählten nicht nur die Muslime in der Ferne, sondern auch die europäischen Juden. Eigentlich standen sie im römisch-deutschen Reich unter dem Schutz des Kaisers, der von ihnen dafür Steuern nahm. Aber der damalige König Heinrich IV. hielt sich im Frühjahr 1096 in Italien auf, konnte nicht eingreifen. Auch Papst Urban II. war nicht mehr Herr der Lage. Manche Bischöfe versuchten, Ausschreitungen zu verhindern, doch vergeblich. Bis zu 5000 Menschen sollen den Pogromen des Jahres 1096 zum Opfer gefallen sein.

Es waren vor allem diese marodierenden Horden, die das historische Bild vom Beginn der Kreuzzüge vor allem im 20. Jahrhundert prägten. Doch der sogenannte Volkskreuzzug war auch ein selbstmörderisches Unternehmen. Kaum jemand, der daran teilnahm, sollte das Heilige Land jemals erreichen. Vielen lauerte der Tod am Wegesrand auf: Hunger, Krankheit, Erschöpfung. Andere starben bei Kämpfen oder endeten als Sklaven. Diese Truppen wurden schon auf dem Balkan dezimiert und waren für die Seldschuken kein ernst zu nehmender Gegner. In Kleinasien, bei Nikäa, wurde der Zug der Armen endgültig aufgerieben.

Aufbruch nach Jerusalem

Gottfried von Bouillon verpfändete seine Burg, um am Kreuzzug teilzunehmen.

Umso mehr lag dem Klerus und dem hohen Adel daran, ihre bewaffnete Pilgerfahrt gründlich vorzubereiten, »... nach Verpachtung ihrer Eigentümer und nach Beschaffung des nötigen Reisegeldes« sollten sie, »wenn der Winter weicht und der Frühling folgt, unter der Führung des Herrn die Fahrt antreten«, so hatte es Papst Urban gewollt. Planung und Organisation dauerten Monate. Bischöfe, Fürsten und Herzöge sollten den Zug nach Palästina anführen. Gottfried von Bouillon, Herzog von Niederlothringen (heute Belgien), war einer von ihnen. Bis dahin hatte er sich alles andere als papsttreu verhalten und sich in den Machtkämpfen zwischen Papst und Kaiser im Investiturstreit der Seite des Monarchen zugewandt. Weltlichen Verlockungen war er keineswegs abgeneigt. Doch auch ihn plagten Zweifel in jener spirituell so aufgewühlten Zeit. Gottfried war beeindruckt vom Geist, der von den Klöstern ausging – waren sie doch Orte religiöser Erneuerung und der Besinnung in jener Epoche, in der manche das Ende der Welt erwarteten und das Kommen des Herrn. Der Dienst im Waffenrock stehe dem Dienen in einem Orden in nichts nach, hieß es. Dem Ruf Urbans, ins Heilige Land aufzubrechen, wollte Gottfried Folge leisten. Er veräußerte seine gesamten Besitztümer. Seine Stammburg verpfändete er dem Bischof von Lüttich für 1300 Silbermark. Im Falle der Rückkehr konnte er sie wieder erwerben. Zwei seiner Brüder schlossen sich Gottfried an:

Eustach und Balduin. Auch sie trugen das gemeinsame Zeichen der Palästinafahrer: das Kreuz von Jerusalem. Die drei Brüder wussten, dass es womöglich ein Weg ohne Wiederkehr werden würde.

Immer wieder wurde über Beweggründe spekuliert, ob die Kreuzfahrer nicht in erster Linie Machtgewinn und Bereicherung im Sinn hatten. Im einen oder anderen Fall mag das so gewesen sein. Aber im Selbstverständnis der Zeit war das eher die Ausnahme. Für viele bedeutete der Aufbruch nach Palästina die Heimat, das eigene Land, die Familie, auch Besitz ungeschützt zurückzulassen und das Leben zu riskieren. Den meisten ging es wohl wirklich in erster Linie um das Seelenheil und nicht um Geld und Macht. Viele lockte die Vorstellung, mit dem Einzug in die Heilige Stadt auch ins himmlische Jerusalem zu gelangen. Nach und nach, vor allem bei späteren Kreuzzügen, mögen gesellschaftliche, materielle und politische Motive eine größere Rolle gespielt haben: Gab es doch jüngere Adlige, die in der Erbfolge benachteiligt waren und eine eigene Perspektive oder schlicht das »Abenteuer« suchten. Bei den Kreuzzügen lockte die Aussicht auf ritterliche Bewährung und Ruhm. Andere mögen an Beute gedacht haben oder die Errichtung einer eigenen Herrschaft im Heiligen Land, das in den Augen mancher Zeitgenossen als ein Stück Erde galt, wo »Milch und Honig« flossen. Kaufleute mochte die Aussicht auf Gewinn angezogen haben, denn ein Kreuzzug war auch ein wandelndes Wirtschaftsunternehmen. Auf dem Weg in den Orient konnten neue Handelswege und Märkte erschlossen werden. Fürsten und Könige unterstrichen mit der Teilnahme am Kreuzzug ihren Führungsanspruch im Sinne des Gottesgnadentums. So war die Bewegung, die in den Orient führte, überaus vielschichtig und von miteinander verschränkten Motiven getragen, ein Phänomen, das alle Stände erfasste. Aus allen Teilen des Abendlands, vor allem aus Frankreich und Deutschland und Italien, aber auch aus England, Flandern und Dänemark kamen die Ritter- und Soldatenheere. Es waren laut Schätzungen zwischen 30 000 und 70 000 Bewaffnete und noch einmal halb so viele Unbewaffnete, darunter zahlreiche Frauen, die sich zum ersten Kreuzzug versammelten.

Im Sommer 1096 machte sich die Heerschar in getrennten Zügen auf den Weg in ihre ungewisse Zukunft. Bischof Adhemar von Le Puy war

Eine Darstellung aus dem 19. Jahrhundert zeigt einige Führer des ersten Kreuzzugs, im Vordergrund Gottfried von Bouillon und Bohemund von Tarent.

der geistliche Anführer. Die Lothringer mit Gottfried von Bouillon an der Spitze zogen landeinwärts durch Ungarn, dem Lauf der Donau folgend, die Südwestfranzosen unter Raimund von Toulouse durch Norditalien entlang der Adriaküste. Die Truppen aus dem Norden Frankreichs führte Herzog Robert von der Normandie, die italienischen Normannen Bohemund von Tarent – von Süditalien setzten sie nach Konstantinopel über. Die byzantinische Metropole war Zwischenstation auf dem Weg ins Heilige Land. Welchen Weg die Kreuzritter mitsamt Gefolge auch nahmen – überall gab es Abschnitte, die beschwerlich waren, die über un-

Kultureller Vorsprung

Die Muslime verfügten über ein breiteres Wissen als ihre christlichen Widersacher aus Westeuropa. Sie ließen sich beeinflussen von der indischen, persischen, hellenistischen Philosophie, Wissenschaft und Medizin. In der Zeit vom 9. bis zum 12. Jahrhundert zeigte sich die Überlegenheit der islamischen Kultur besonders. Im weltoffenen Klima Bagdads gediehen herausragende literarische, künstlerische und philosophische Werke. Griechische Philosophie beflügelte das Denken, wenngleich auch dieses Erbe in den Dienst des Glaubens gestellt und mit der Offenbarung in Einklang gebracht werden sollte. Das sizilianische Palermo wuchs unter arabischer Herrschaft kulturell und wirtschaftlich zu einer der blühendsten Metropolen heran. Im Vergleich dazu waren Aachen, Köln oder Paris »Entwicklungsstädte«, vor allem was Hygiene, Krankenversorgung, Schulen oder Bibliotheken betraf. Der Analphabetismus war im mitteleuropäischen Raum weitaus stärker ausgeprägt als im arabischen. Die Große Moschee von Córdoba war Zeugnis einer Hochkultur, die auch

Am Guadalquivir in Córdoba errichteten die Araber ein gewaltiges Schöpfrad, das den Palast des Kalifen mit Wasser versorgte.

nach Zentraleuropa ausstrahlte. Die Stadt, in der eine halbe Million Menschen lebten, war die Metropole der Muslime in Spanien und die größte in Europa überhaupt – mit 600 Moscheen, 300 Bädern, 50 Hospitalen. Sie verfügte schon im 10. Jahrhundert über Beleuchtung auf den Straßen. Von den Bergen aus versorgte Frischwasser die Bewohner. Die lateinischen Christen galten seinerzeit als derb und verroht. Doch gerade der Einfluss des Orients vermochte dies zu ändern. Der kulturelle Vorsprung des Morgenlands hat das Abendland befruchtet.

wegsames Gelände führten, wo unbekannte Gefahren lauerten. Hunger und Durst, Hitze, Kälte, Engpässe bei der Versorgung – all das stand dem Heer der »bewaffneten Pilger« bevor.

Am Scheideweg – Konstantinopel

Gottfried von Bouillon führte sein Heer von Lothringen aus Richtung Balkan. Nach einigen Kämpfen in Ungarn, wo es ihm nicht gelang, seine Truppen in dem christlichen Land an Plünderungen zu hindern, erreichte er im November als erster Kreuzfahrer Konstantinopel, seit der Gründung im 4. Jahrhundert die Hauptstadt des Byzantinischen Reiches und Metropole der orthodoxen Christen. Die Glaubensbrüder aus dem Westen sahen nun mit Staunen, wovon sie bis dahin nur gehört hatten: das imposante Stadtbild mit seinen einzigartigen Bauwerken wie der monumentalen Kathedrale Hagia Sophia. Von hier aus hatte Kaiser Alexios sein Hilfegesuch an den Papst gesandt. Ein halbes Jahr hatte der Marsch der Ritter quer durch Europa gedauert, mehrere tausend Kilometer Wegstrecke lagen hinter ihnen. Bald würden sie auf schlagkräftige Seldschukenheere treffen, die mit ihren gefürchteten Reiterscharen Persien, Syrien und Palästina erobert und dem byzantinischen Kaiser Alexios I. große Teile seines Reiches entrissen hatten. Doch war die Bruderhilfe nun auch willkommen? Als die Streitmacht der Christen auf der europäischen Seite

Der byzantinische Kaiser Alexios I. Komnenos bat Papst Urban II. um Hilfe.

des Bosporus angelangt war, blieben den päpstlichen Gotteskriegern die Tore Konstantinopels zunächst verschlossen. Dafür gab es Gründe: Seitdem sie die byzantinischen Reichsgrenzen überschritten hatten, war es immer wieder zu Übergriffen und Ausschreitungen gekommen. Die Versorgung Zigtausender forderte ihren Tribut. Was hatte Kaiser Alexios erwartet, als er den Papst um Unterstützung ersuchte? Offenbar keine so gewaltige Streitmacht, wie sie nun vor den Mauern der Stadt lagerte; vielleicht dachte er an einige hundert gut ausgebildete Ritter, die sich selbstverständlich seinem Kommando unterstellen würden. Nun sah er sich mit einem Heer von Glaubenskriegern konfrontiert, die den Worten byzantinischer Chronisten zufolge wie eine Heuschreckenplage über das Land herfielen. Die Bewohner Konstantinopels waren beunruhigt. Kaiser Alexios musste sich auf die Lage einstellen. Er konnte sich nicht hinter seinen 16 Kilometer langen und 10 Meter hohen Mauerringen verbergen. So lud er bedeutende Heerführer wie Gottfried von Bouillon, Bohemund von Tarent und Balduin von Boulogne in seinen Palast ein, um mit ihnen zu verhandeln. Er wollte die Entwicklung zu seinen Gunsten wenden – mit Schmeicheleien, Gesten und Geschenken, vor allem aber mit taktischem Geschick. Chronisten der Westkirche sollten Alexios später einmal als nichtswürdigen und heimtückischen Menschen beschreiben, der einem Skorpion glich, auch wenn er von Angesicht zu Angesicht ganz harmlos wirkte. Die Kreuzfahrer aber benötigten die Unterstützung von Alexios, waren auf Verpflegung angewiesen; allein die Schiffe des byzantinischen Kaisers vermochten sie über den Bosporus nach Kleinasien zu bringen. Der wusste die Lage zu nutzen, forderte die Lateiner auf, ihm den Lehnseid zu leisten, und wiederholte seine Bedingung: Alle von den Kreuzfahrern eroberten Gebiete der Muslime sollten wieder an sein Reich zurückfallen. Die Heerführer des Kreuzzugs mussten einlenken, wenn sie das Heilige Land erreichen wollten. Notgedrungen leisteten sie den Eid, der von ihnen verlangt wurde.

Widerstand der Seldschuken

Doch wie lange würde das Gelöbnis der Kreuzritter Bestand haben? Wie weit würde das Bündnis der Ost- und Westchristen tragen beim Marsch ins Heilige Land? Zum ersten Mal auf die Probe gestellt wurde der Pakt beim Kampf um Nikäa, einst eine bedeutende byzantinische Metropole, nun eine Hauptstadt des seldschukischen Sultans Kilidsch Arslan. Vor den Toren der Stadt soll sich den Kreuzrittern ein entsetzlicher Anblick geboten haben: Die Gebeine Tausender bleichten in der Sonne, die kläglichen Reste des »Volkskreuzzugs« von Peter von Amiens. Wütend rannten Gottfried von Bouillon und andere Heerführer mit ihren Truppen gegen die gewaltigen Befestigungen an: 10 Meter hohe Mauern und 200 Türme. Doch dann schickte Kaiser Alexios heimlich Unterhändler, die mit den muslimischen Kommandanten Kontakt aufnehmen sollten. Der byzantinische Kaiser wollte, dass die Stadt möglichst unversehrt und ohne Plünderung in seine Hand fiel. Offensichtlich hatte er den Seldschuken versprochen, die zu allem entschlossenen Kreuzritter zu zügeln, wenn die Verteidiger rasch kapitulierten – mit Erfolg. Nikäa fiel unblutig und unzerstört an Byzanz zurück. Das Heer der Kreuzfahrer blieb außen vor, die Ritter fühlten sich von Alexios um ihre Kriegsbeute betrogen; diese Lektion würden sie nicht vergessen auf ihrem weiteren Weg nach Jerusalem.

In Kleinasien, auf dem Boden der heutigen Türkei, leisteten die Muslime Widerstand. Die bewaffnete Pilgerfahrt forderte immer mehr Menschenleben. Schon bei Doryläum in Anatolien hätte das gesamte Unternehmen 1097 scheitern können. Dort griff Kilidsch Arslan, der das Heer der Rum-Seldschuken anführte, aus dem Hinterhalt an. Der muslimische Herrscher verfügte über 50 000 hervorragend bewaffnete Krieger.

Einen Monat lang belagerten die Kreuzfahrer mit Unterstützung der Byzantiner die von Seldschuken verteidigte Stadt Nikäa.

Bohemund von Tarent und seine normannische Streitmacht, die getrennt von anderen Teilen des Heerzugs marschierte, wurden am Morgen des 1. Juli 1097 in ihrem Feldlager von den Muslimen überrascht, die Gegner hatten sie umzingelt. Bohemund befahl seinen Rittern, einen

Die Seldschuken

Das Turkvolk, von den Mongolen verdrängt, aufgebrochen aus Mittelasien unter dem Namen ihres Ahnherrn Seldschuk, beherrschte den Norden und den Osten der islamischen Welt. Auf die siegreiche Schlacht von Mantzikert gegen die Byzantiner (1071) folgte die Gründung des Seldschukenreichs von »Rum«. Es war dem Reich der Großseldschuken nach Westen hin vorgelagert. »Rum« stand für»Rom«, denn die Sultane sahen ihr Reich in der Nachfolge des oströmischen beziehungsweise byzantinischen. Hauptstadt war Ikonion (Konya). Das Turkvolk war die aufsteigende Kraft in der Welt der Muslime. Sie beherrschten nahezu ganz Kleinasien sowie große Teile Syriens und Palästinas. Den Kalifen von Bagdad akzeptierten die Seldschuken zwar als religiöses Oberhaupt, nicht aber als politischen Führer. Mit dem fatimidischen Kalifat von Kairo lieferten sie sich erbitterte Kämpfe um die Vorherrschaft im Nahen Osten und Jerusalem: ein Umstand, der den Vorstoß der Christen erleichtern sollte.

Verteidigungsring um das Lager zu bilden. Seine mit Kettenhemd, Helm, Schwert und Schild ausgerüsteten Kämpfer bildeten einen Menschenwall gegen die taktisch versierten Angreifer. Die Seldschuken vermieden den Nahkampf, ihre berittenen Bogenschützen näherten sich, feuerten ihre Pfeile ab und zogen sich dann ebenso rasch wieder zurück. Besonders stabile Bögen, die man nur im Liegen mit den Beinen spannen konnte, wurden auf eine Distanz von mehreren hundert Metern eingesetzt. Die Kräfte der Kreuzfahrer sollten dezimiert werden, bevor der Sturmangriff begann. Die Lage der Eingekesselten erschien hoffnungslos. 4000 Mann starben binnen kurzer Zeit, ein Fünftel der Streitmacht Bohemunds. Doch er hatte noch rechtzeitig Boten zu den anderen Kreuzfahrergruppen senden können, so galt es vor allem, Zeit zu gewinnen.

Gegen Mittag trafen Gottfried von Bouillon und Raimund von Toulouse mit einer großen Reiterschar ein und sprengten die Umzingelung. Bischof Adhemar führte gleichzeitig einen Angriff gegen das Lager der Seldschuken, woraufhin Kilidsch Arslan einen Teil seiner Streitmacht abzog, um es zu schützen. Von den anderen muslimischen Kämpfern wurde dies als Zeichen zum Rückzug verstanden. Ihre Linien brachen auf. Ohne dieses Missverständnis hätte die Schlacht bei Doryläum das Schicksal des ersten Kreuzzugs besiegeln können. Gottfried von Bouillon und Raimund von Toulouse hatten das Blatt gewendet, die drohende Katastrophe wandelte sich zu einem Triumph des christlichen Heeres. Der bei seinen Mitstreitern beliebte und geachtete Heerführer setzte auf dem weiteren Weg Zeichen des Dankes: Gottfried ließ am Wegesrand hölzerne Kreuze aufstellen, um den künftigen Pilgern die Richtung ins Heilige Land zu weisen.

Um weiteren Hinterhalten zu entgehen, änderten die Kreuzfahrer immer wieder ihre Route, nahmen dafür aber schwierigere Strecken in Kauf. Glühende Hitze und erbarmungslose Trockenheit setzten den »bewaffneten Pilgern« zu, immer mehr Männer und Frauen starben an Hunger, Krankheiten und Erschöpfung.

Auf dem Weg nach Jerusalem lagen auch Städte, die zwar von Muslimen bedrängt, aber immer noch von Christen gehalten wurden; zu ihnen zählte Edessa. Balduin von Boulogne versprach den Verteidigern zunächst Hilfe gegen die Seldschuken, doch als Preis dafür beanspruchte er die Herrschaft über die Stadt, die durch Gewürz- und Textilhandel reich geworden war. Balduin gewährte der Bevölkerung militärischen Schutz, ließ sich aber von Theodorus, dem Regenten der Stadt, adoptieren und zum Erben erklären, um selbst die Macht zu übernehmen. Der Adoptivvater, ein armenischer Christ, kam bald schon unter dubiosen Umständen ums Leben, und für Balduin war der Weg frei, in Edessa eine eigene Grafschaft zu errichten.

So begannen führende westliche Kreuzritter ehemals byzantinische Gebiete auf dem Weg ins Heilige Land an sich zu reißen. Das Motiv Bruderhilfe rückte mehr und mehr in den Hintergrund, materielle und machtpolitische Interessen gewannen die Oberhand. Es war der Beginn einer Entwicklung, die von den ursprünglichen Zielen des Kreuzzugs abwich, zumal Balduin nach der eigenmächtigen Staatsgründung keineswegs mehr gewillt war, nach Jerusalem weiterzuziehen. Das Hauptkontingent der Kreuzritter musste ohne ihn auskommen.

Der Eid, den die Kreuzritter Kaiser Alexios – wenn auch gezwungenermaßen – geleistet hatten, erwies sich als kurzlebig. Die Ansprüche von

Unter der Führung des Bischofs Adhemar von Le Puy erobern die Kreuzfahrer im Jahr 1098 Antiochia.

Byzanz wurden zurückgewiesen. Das zeigte sich auch bei der Einnahme Antiochias in Syrien. Der hier siegreiche Bohemund von Tarent dachte nicht daran, die Stadt wieder den Byzantinern zu überlassen, und brach damit das Wort, das er Alexios gegeben hatte. Allerdings war dieser den

Lateinern nicht zu Hilfe gekommen und hatte damit aus Sicht der Kreuzritter selbst nicht Wort gehalten.

Dass der gemeinsame Kampf gegen die Muslime dazu beiträgt, die westliche und die östliche Kirche wieder zusammenzuführen, erwies sich schon bald als Illusion. Auch andere Motive der Mission zur Rettung des Heiligen Landes gerieten ins Wanken. Unter den Kreuzfahrern wuchs die Uneinigkeit über das weitere Vorgehen; die Zahl der Heerführer, die am eigentlichen Hauptziel festhielten, der Eroberung Jerusalems, verringerte sich rapide. Mehr als drei Jahre dauerte der Zug der Kreuzritter nun bereits. Einige mächtige Gefährten Gottfried von Bouillons zogen es vor, links und rechts des Weges ihre eigenen kleinen Reiche zu errichten. Doch mit Raimund von Toulouse zählte der Herzog von Niederlothringen zu denjenigen, die nach wie vor alle Energien auf die Heilige Stadt richten wollten, auch wenn dafür nur noch ein Viertel der ursprünglichen Streitmacht zur Verfügung stand. Anfang Juni 1099 erreichten sie mit etwa 15 000 Kreuzfahrern – Rittern und Fußvolk – den Freudenberg, wie man ihn später nannte, von wo aus sie die Stadt erstmals erblickten.

Die Eroberung Jerusalems

Welche Szenen sich beim Anblick der Silhouette Jerusalems in den Reihen der erschöpften Kreuzfahrer abspielten, wurde bereits geschildert. Doch auf die Momente der Euphorie folgte bald Ernüchterung. Die Belagerung zog sich fünf Wochen ohne nennenswerten Fortschritt hin. Viele Belagerer verdursteten in der Hitze des Hochsommers, manche Wasserstellen waren verunreinigt oder gar vergiftet, es mangelte allenthalben an Nahrung. Die Bäume in der Umgebung waren gefällt, auch das kostete wertvolle Zeit. Die Heerführer mussten auf Holz von der Küste warten. Dort waren die Genueser gelandet, das Material ihrer Schiffe sollte nun zum Bau von Belagerungstürmen verwendet werden. Gottfried von Bouillon wusste, dass seine Ritter am Ende ihrer Kräfte waren. Es gab kein Zurück mehr, und auch an Verhandlungen über eine friedliche Übergabe war nun nicht mehr zu denken.

Mit Belagerungsmaschinen und Katapulten stürmen die Kreuzfahrer nach einer Prozession die Mauern von Jerusalem. Am 15. Juli 1099 fällt die Heilige Stadt in die Hände der Eroberer.

Bericht eines unbekannten Chronisten

»Bei der Belagerung quälte uns solcher Durst, daß wir Rinder- und Büffelhäute zusammennähten und darin aus einer Entfernung von fast sechs Meilen Wasser holten. Aus diesen Behältern mußten wir stinkendes Wasser entnehmen, und wegen dieses Wassers sowie wegen des Gerstenbrotes litten wir täglich großen Mangel und große Not. Denn die Sarazenen versteckten sich an allen Brunnen und Wasserstellen und lauerten uns auf. Wo sie nur konnten, töteten und verstümmelten sie unsere Leute.«

Als es hieß, es nähere sich ein fatimidisches Heer aus Ägypten zur Entsatzung Jerusalems, setzten die Kreuzritter alles daran, die Belagerungstürme an der Stadtmauer in Stellung zu bringen. Nachdem der erste Versuch einer Erstürmung Mitte Juni bereits gescheitert war, sollte nun einen Monat später der entscheidende Angriff beginnen. Die Stadt war nicht nur stark befestigt, sondern sie verfügte auch über eine zahlenmäßig mehrfach überlegene Streitmacht zur Verteidigung. In der Nacht zum 15. Juli rollten die Belagerungstürme der Kreuzfahrer auf die nördlichen Mauern zu. Die Angreifer waren gezwungen, sich auf wenige Stellen zu konzentrieren. Ein Regen aus Lanzen, Geschossen und Steinen prasselte auf sie nieder. Bald stand der südlichste Belagerungsturm in Flammen. Bei der Abwehr der Angriffe kamen auch verheerende Waffen zum Einsatz. Die Fatimiden hatten Töpfe mit einer zähen, brennbaren Flüssigkeit vorbereitet, mit denen sie kleine Katapulte bestückten, um sie dann in die Reihen der Feinde zu schleudern. Diese Brandsätze machten es den Belagerern schwer, die Mauern zu überwinden, denn die Töpfe zersprangen beim Aufschlag, und die brennende Masse ergoss sich über die Angreifer und ihr Kriegsgerät. Dazu zählten auch die Rammböcke zum Durchstoßen der Tore und Mauern. Sie waren mit einer Abdeckung aus Holz und Lederhäuten versehen und ständigem Beschuss ausgesetzt. Etwa 20 Mann ließen die Ramme, einen langen Baumstamm, der am vorderen Ende mit Eisen beschlagen war, mit pendelartigen Bewegungen gegen das Bollwerk krachen. Die dumpfen, regelmäßigen Schläge dröhnten durch die ganze Stadt.

Diese Buchmalerei aus der Mitte des 14. Jahrhunderts zeigt die Eroberung Jerusalems – mit der Passion Christi im Hintergrund.

Die Hoffnungen der Angreifer richteten sich einmal mehr auf die Truppen des Gottfried von Bouillon. Sein Belagerungsturm hatte sich im Nordwesten der Mauer genähert – ein Geschosshagel ging auf das hölzerne Monstrum nieder. Mit Enterhaken und Seilen versuchten die Verteidiger, den Turm zu Fall zu bringen, was die Angreifer mit riesigen Beilen zu verhindern wussten. Schließlich krachte die Zugbrücke des Turmes auf ein Mauerstück. Lethold, ein flämischer Ritter, überwand als

> **»Nicht nur die eigentliche Herkunft der Kreuzfahrer – die man oft schlicht als Barbaren aus dem Norden betrachtete – wurde auf muslimischer Seite häufig verkannt. Auch der spezifische Charakter ihres Zuges, das religiöse Fundament des Unternehmens also, war den Beobachtern in Kairo, Damaskus oder Bagdad anfangs vielfach nicht bewusst.«**
>
> Nikolas Jaspert, Historiker

Erster mit einem gewagten Sprung den Zinnenkranz. Gottfried von Bouillon stürmte, gefolgt von seinen Männern, die Mauerkrone. Was sich nun abspielte, war ein unerbittlicher Nahkampf, der sich, wie Chronisten berichten, zu einem fürchterlichen Blutrausch steigerte: »Sofort nach dem Überwinden der Mauer durchzogen der Herzog und die Seinen, die Schwerter gezückt, mit Schild und Helm bedeckt, die Gassen und Plätze der Stadt. Alle Feinde, die sie finden konnten, streckten sie mit der Schärfe ihres Schwertes nieder … ohne jemanden zu schonen, und erfüllten alles mit Blut.«

Die Kreuzritter entfesselten ein Massaker. Wie besessen stürmten sie durch die Gassen, drangen in Häuser und Moscheen ein, erschlugen jeden, der ihnen in die Quere kam. Drei Tage dauerte das Gemetzel, das nur wenige Einwohner Jerusalems überlebten. Männer, Frauen, Kinder starben, auch die Moscheen boten keinen Schutz: »In der Al-Aqsa-Moschee töteten die Franken mehr als 70 000 Muslime, unter ihnen viele Imame, Religionsgelehrte, Fromme und Asketen, die ihr Land verlassen hatten, um an diesem geheiligten Ort zu beten«, schrieb Ibn al-Athir, ein arabischer Chronist. Auch wenn die genannte Zahl der Opfer weit übertrieben sein dürfte, so starben doch insgesamt viele tausend Menschen, und nicht nur Muslime: Die Juden Jerusalems hatten sich in ihre Hauptsynagoge geflüchtet. Während der Felsendom und die Al-Aqsa-Moschee der Zerstörung entgingen, wurde ihr Gotteshaus in Brand gesteckt, niemand konnte entkommen. Selbst orientalische Christen blieben nicht verschont. Ein anderer Chronist schrieb über jene Tage in Jerusalem: »Die Einwohner wurden dem Schwert überliefert, und die Franken mordeten in der Stadt eine Woche lang.« Auf das Gemetzel folgte die Plünderung, viele der Überlebenden gerieten in die Sklaverei oder kamen nur durch Zahlung einer hohen Lösegeldsumme wieder frei.

Die Rückeroberung der Heiligen Stadt wird auf diesem Ölgemälde aus dem 19. Jahrhundert pathetisch in Szene gesetzt.

Welch ein drastischer Unterschied zur Eroberung Jerusalems durch die Muslime im Jahr 638: Seinerzeit war auf Anordnung des Kalifen Omar kein einziger Christ misshandelt worden. Mit ausschlaggebend dafür war, dass eine Verteidigung der Stadt durch die Christen nicht in Betracht kam. Der byzantinische Kaiser war zwei Jahre vorher besiegt worden. Die Heilige Stadt wurde kampflos übergeben.

Wie aber ist der Blutrausch 450 Jahre später zu erklären? Sicher mit den unsäglichen Strapazen und enormen Verlusten der Christen auf dem Weg nach Jerusalem, wohl auch mit der zähen, wochenlangen Belagerung und mit dem angestauten Hass angesichts des Widerstands, nicht zuletzt aber auch mit religiöser Verblendung und Verirrung, die am Ende in Andersgläubigen nur noch Feinde sehen ließen.

Aus ihrem Selbstverständnis heraus hatten die Kreuzritter offenbar keine Schuldgefühle. Sie erachteten ihren Sieg als ein Zeichen der Zustimmung Gottes. Die überaus drastischen Überlieferungen des Geschehens gerade von christlicher Seite machen keinen Hehl aus dem beispiellosen Grauen. Das Bild der Muslime von der westlichen Christenheit wurde durch das Massaker nachhaltig geprägt, der Ruf der »Franken« war im sprichwörtlichen Sinne ruiniert, sie galten als mordende Banditen.

Am 23. Juli 1099 wird Gottfried von Bouillon »Beschützer des Heiligen Grabes« und nimmt als Herrscher über Jerusalem den Davidsturm in Besitz.

Die Nachricht von der Eroberung Jerusalems verbreitete sich wie ein Lauffeuer in Europa und in der muslimischen Welt, löste Zustimmung und Entsetzen aus. Urban II., der zum Kreuzzug aufgerufen hatte, erhielt davon keine Kunde mehr. Der Papst starb am 29. Juli 1099, noch bevor ihm die Botschaft übermittelt werden konnte. Byzanz, dessen Hilferuf den Kreuzzug legitimiert hatte, reagierte verhalten, es profitierte keineswegs von den militärischen Erfolgen. Anstatt die eroberten Territorien wieder der Herrschaft von Alexios' Nachfolger Basileus in Konstantinopel zu übereignen, errichteten die westlichen Fürsten um Antiochia, Edessa und Tripolis eigene Kreuzfahrerstaaten.

Und Jerusalem?

Zunächst sollte Raimund von Toulouse zum ersten christlichen König der Heiligen Stadt gekrönt werden. Doch er hatte Skrupel – wurde hier doch einst Jesus Christus die Dornenkrone aufgesetzt. Außerdem fehlte ihm breite Unterstützung im Heer. So fiel die Wahl auf Gottfried von Bouillon, der einen Ausweg suchte und fand. Der künftige Herrscher über die Stadt verzichtete auf die Krone, nicht aber auf den Machtanspruch. Er nannte sich »Beschützer des Heiligen Grabes« (advocatus sancti sepulcri) und nahm den Davidsturm in Besitz – das Symbol der Herrschaft über die Stadt. Lange sollte sie nicht währen: Der Herzog aus Niederlothringen starb nur acht Moate später. Ob er bei Kämpfen gegen die Muslime von einem Pfeil getroffen, vergiftet oder krank wurde, ist umstritten – um seinen Tod ranken sich Mythen und Legenden. Er wurde in der Grabeskirche in Jerusalem beigesetzt, die Inschrift auf der Grabplatte lautete Überlieferungen zufolge: »Hier ruht der berühmte Gottfried von Bouillon. Er eroberte dies Land für den christlichen Kult. Dass seine Seele mit Christus regiere. Amen!«

So folgte ihm etwa ein Jahr nach dem Einzug in Jerusalem sein Bruder Balduin nach. Er ließ sich krönen und gründete das Königreich Jerusalem, das für einige Jahrzehnte zu einer festen politischen und militärischen Größe im Nahen Osten wurde. Somit war das Heilige Land unter wichtigen Heerführern des ersten Kreuzzugs aufgeteilt. Damit entstand gleichzeitig ein Sperrriegel gegen die Muslime auf dem Weg nach Jerusalem und zwischen Asien und Afrika. Italienische Handelsstädte erhielten nach und nach Stützpunkte für ihre florierenden Geschäftsbeziehungen. Die Kreuzritter errichteten Festungen und Burgen, um die Pilger zu beschützen und die Machtstellung der Christen in Palästina und darüber hinaus zu sichern. Die Herrschaftsbildung durch die Kreuzfahrer markierte eine tiefe Zäsur in der Welt des Islam. Wie ein Keil ragten ihre Befestigungen in die muslimisch beherrschten Gebiete – letztlich war die schmale Landbrücke zwischen Afrika und Asien durch die Bastionen der Christen kontrolliert. Trotz lokaler Bündnisse mit islamischen Potentaten blieben die Beziehungen zwischen »Franken« und »Sarazenen« von Misstrauen und gegenseitiger Verachtung geprägt. Zwar lernte man kulturell voneinander und trieb Handel, war aber stets bereit, die Andersgläubigen im Konfliktfall zu bekämpfen – im Namen des Glaubens.

> **»Mittelalterliche Frömmigkeit ist für uns schwer nachvollziehbar. Das unvermittelte Nebeneinander von religiöser Verzückung mit Rationalität und verbrecherischem Handeln, vom Blutrausch nach der Eroberung Jerusalems mit anschließender Prozession und Gottesdienst wirkt auf uns Heutige fremdartig.«**
>
> Gisbert Gemein, Historiker und Pädagoge

Die Ohnmacht der Besiegten

Die Christenheit fühlte sich bestätigt, dass ihr Kreuzzug und die Rückeroberung des Heiligen Landes von Gott gewollt waren, dass er damit sein Urteil gesprochen habe. Groß war hingegen die Erbitterung auf islamischer Seite, vor allem angesichts der Grausamkeiten. Heiliger Boden, heilige Stätten gingen verloren, der Felsendom und die Al-Aqsa-Moschee. Doch noch immer waren die muslimischen Fürsten untereinander zerstritten, die Schwerpunkte ihres Machtkampfs lagen nicht in Palästina. Weiterhin beargwöhnten lokale Machthaber einander, bekämpften sich Fatimiden und Seldschuken. So konnte keine Koalition zustande kommen, die womöglich hätte verhindern können, dass sich die Eroberer in Vorderasien und in der Levante festsetzten. Zur Ohnmacht der Muslime trug auch ihre Spaltung im Glauben bei. Während die Sunniten in Aleppo und Damaskus herrschten, wurde Ägypten von den Schiiten regiert. Lange blieb unverstanden, was die »Franj«, die »Franken«, wie man die (Lateinisch sprechenden) Kreuzfahrer nannte, tatsächlich im Schilde führten. Sie galten als Barbaren und kulturell unterlegen. Viele Muslime glaubten, dass die christlichen Kämpfer in räuberischer Absicht gekommen seien, dass es ihnen um Land und Güter gehe. Allenfalls einige Gelehrte begriffen, worauf die »bewaffnete Pilgerfahrt« wirklich zielte. In Damaskus versuchte ein herausragender Denker, Ali ibn Tahir al-Sulami, die Lage zu deuten, sich ein genaueres Bild zu machen. Die wichtigste Informationsquelle des Rechtswissenschaftlers waren Besucher der Großen Moschee. Al-Sulami sammelte Berichte von Muslimen, die mit den Kreuzfahrern in Berührung gekommen waren. Es dauerte mehrere Jahre, bis er auf seine vielen Fragen Antworten gefunden hatte. In der Umayyaden-Moschee von Damaskus – zu vorislamischen Zeiten eine christliche Kathedrale –, unweit des Schreins, in dem sich das Haupt Johannes des Täufers befinden soll, nahm al-Sulami im Sommer 1106 Platz und begann vor einem aufmerksamen Publikum seine Gedanken darzulegen. Emsige Schreiber notierten die Texte, die der Geistliche über mehrere Wochen aus dem Gedächtnis vortrug, zu einem vollständigen Buch: dem *Kitab al-Dschihad*. Man könnte es angesichts der Bedrohung durch die Christen als eine Art Anleitung zum »Heiligen Krieg« verstehen.

Doch gilt es, in diesem Kontext die Wahl der Begriffe zu reflektieren – gerade auch im Vergleich zur theologischen Fundierung der Kreuzzüge. Die traditionelle, eng am Koran orientierte Auslegung lehnt die Definition »Dschihad« gleich »Heiliger Krieg« grundsätzlich ab. Dafür gibt es Gründe: Das Wort geht auf das Verb »dschahada« – »sich anstrengen« – zurück, gemeint ist die Anstrengung für Gott. Der sogenannte »Große Dschihad« bezieht sich auf die körperlichen und geistigen Bemühungen des Gläubigen, ein gottgefälliges Leben zu führen und in einem inneren Kampf die eigenen Schwächen zu überwinden. Der »Kleine Dschihad« bezeichnet äußere Anstrengungen, um Allah gerecht zu werden; dazu zählen die Wahrung und Verteidigung des Glaubens als gemeinschaftliche Pflicht, die der Koran als notwendig und verdienstvoll anerkennt. Ähnlich wie beim »gerechten Krieg« im Christentum wird auch hier der Kampf gegen jene Menschen und Mächte für zulässig erklärt, die den Frieden stören. Dies jedoch »heilig« zu nennen, geht eher auf moderne, oft auch willkürliche Interpretationen zurück und nicht auf klassische Deutungen des Koran. Während der Kreuzzug des Christentums im Hochmittelalter mitunter sogar wörtlich zum »Heiligen« oder »Heiligenden Krieg«, zum »bellum sacrum«, erklärt wurde und der Papst als höchste Autorität den Christen zurief: »Gott will es!«, gibt es im Islam keine wörtliche Entsprechung. Der Dschihad ist aber im Koran und somit in einer göttlichen Offenbarung grundgelegt. Geistliche Führer oder Herrscher der Muslime vermögen allenfalls an den Gläubigen zu appellieren, da der Dschihad als persönliche Anstrengung in erster Linie auf der individuellen Entscheidung des Einzelnen beruht.

Im Ergebnis aber können sowohl der »Dschihad« der Muslime als auch die geheiligten Kriege der Christenheit zum gleichen Ergebnis führen, eben zur Sakralisierung kriegerischer Handlungen. Der aus Syrien stammende Politikwissenschaftler Bassam Tibi resümiert in diesem Zusammenhang, dass das aus dem Koran ableitbare Verständnis vom »Dschihad« zwar keine Doktrin des »Heiligen Krieges« darstelle. Doch hätten die Muslime »angesichts der Bedrohung durch die Christen in der historischen Praxis ihren Dschihad als ›Heiligen Krieg‹ – d. h. als angeblich

Die Umayyaden-Moschee in Damaskus zählt zu den ältesten und wichtigsten Gotteshäusern der Muslime.

von Gott verordnet – geführt«. Tibi kommt zu dem Schluss: »Jeder Muslim, der diese historische Tatsache mit Hinweis auf den Text verleugnet, spricht sich selbst Redlichkeit ab.«

Al-Sulami lag daran, seinen Zuhörern und Lesern begreiflich zu machen, dass der Angriff der Franken auch von Motiven ihres Glaubens getragen sei. So handle es sich nicht um einen klassischen Eroberungskrieg, vielmehr gleiche das Vorgehen dem Dschihad der Muslime – allerdings aus der Warte eines Feindes, der den Islam vernichten wolle. Der Rechtsgelehrte hatte Berichte von muslimischen Beobachtern und fränkischen Kriegsgefangenen gesammelt und die Aggression der Christen auf Merkmale eines Glaubenskriegs überprüft. Sein Fazit lautete: Ein geistlicher Führer hat den Kriegszug veranlasst. Kriegsziel ist die Verteidigung oder Verbreitung des eigenen Glaubens. Der Gegner (also die Muslime) gelte als Feind des eigenen, des rechten Glaubens. Die Kämpfer würden vor der Schlacht gesegnet und führten Zeichen der Anbetung (das Kreuz) mit sich. Sie beteten vor der Schlacht um den Beistand Gottes, und ihnen winke paradiesischer Lohn. Al-Sulami sah in der Aggression der Franken ein Zeichen dafür, dass Allah die Seinen einer Prüfung unterziehe. Der Feind werde auch weiterhin alles daransetzen, den Islam, die wahre Hingabe zu Gott, zu bekämpfen. Er forderte seine Glaubensgenossen auf, zu tun, was den Franken offenbar schon gelungen war: nämlich den Zwist und die Habgier untereinander zu beenden und sich in einer gemeinsamen Anstrengung dem Feind zu stellen. Seine Schlussfolgerung lautete sinngemäß: Wir haben unsere Pflichten gegenüber Allah vernachlässigt, haben seine Gebote nicht befolgt, befinden uns in Zwietracht und haben heiligen Boden nicht verteidigt. Wir müssen uns zunächst im Innern überwinden, uns Allah gemeinsam unterwerfen, unsere Spaltung beenden, dann werden wir die Feinde bezwingen. In der Syrischen Nationalbibliothek in Damaskus finden sich die Fragmente jenes Manuskripts, welches al-Sulami verfasste: das *Buch des Dschihad*. Der Gelehrte verknüpfte darin den Appell an die innere Überwindung und Selbstfindung, also den »Großen« Dschihad mit dem »Kleinen«, den Islam nun gemeinsam gegen seine Gegner zu verteidigen.

Spirale der Gewalt

Bis die Gedanken al-Sulamis auf fruchtbaren Boden fielen, sollten noch einige Jahrzehnte vergehen. Dennoch blieb die neu errungene Herrschaft der Christen im Heiligen Land nie unangefochten, sie galt als Fremdkörper im islamischen Raum. So war es eine Frage der Zeit, bis der Widerstand der Muslime eine Wucht entfalten würde, die den Besatzern gefährlich werden konnte. Dabei spielte auch eine Rolle, dass viele Kreuzfahrer nach Beendigung ihrer »bewaffneten Wallfahrt« wieder nach Westeuropa zurückkehrten und nur wenige hundert Ritter in der Heiligen Stadt blieben. Doch rührte die Papstkirche immer wieder die Werbetrommel, um weitere bewaffnete Streiter in den Orient zu locken, damit sie dort – mit ihren Familien – ein Leben auf Christi Spuren führen konnten. So zählte Jerusalem bald 30 000 Einwohner, was in etwa der Größenordnung des zeitgenössischen Paris entsprach. Durch Handel entstand eine blühende Metropole. Zudem errichteten die Christen ein Geflecht von Befestigun-

Krak de Chevaliers, heute im Westen Syriens auf einem Ausläufer des Alawitengebirges gelegen, ist ein herausragendes Beispiel der Kreuzritterarchitektur.

gen im Heiligen Land, um ihr Territorium zu organisieren und zu sichern. Immer mehr Siedler gelangten so auch in die Grafschaft Edessa, in das Fürstentum Antiochia und die Grafschaft Tripolis. Es wuchsen Strukturen, die zur Konsolidierung der christlichen Herrschaft führten. Zudem bildeten sich mehrere Ritterorden wie die Johanniter, die sich zunächst um Kranke und Verletzte kümmerten, dann aber mehr und mehr militärische Aufgaben übernahmen. Sie errichteten mächtige Burgen: die gewaltigste steht in Syrien: Krak des Chevaliers.

Für die muslimischen Herrscher stellten diese Bastionen christlicher Macht eine ständige Demütigung und Provokation dar. In diesem Zusammenhang wurde der Begriff »Dschihad« wieder virulent. Es war der türkische Herrscher von Mossul (heute Irak), Imad ad-Din Zengi, der sich darauf berief und das Pflichtgefühl zur Verteidigung des Glaubens gegen die Kreuzritter wachrüttelte. Mit 30 000 Mann stürmte er im Jahr 1144 gegen die Mauern des christlichen Edessa an. Knapp ein halbes Jahrhundert nach der Eroberung durch Balduin von Boulogne geriet die historisch bedeutungsvolle Stadt wieder in islamische Hand. Es war ein Sieg von eminenter psychologischer Wirkung. Mit Edessa fiel die wichtigste

Ein Pergament aus dem 15. Jahrhundert zeigt Abt Bernhard von Clairvaux in der Gegenwart von König Ludwig VII. beim Aufruf zum zweiten Kreuzzug 1146.

Hochburg der Christen in Kleinasien. Hier stand eine byzantinische Kathedrale, welche die Hagia Sophia von Konstantinopel an Größe und Glanz noch übertroffen haben soll. Als ginge es um Rache für das Massaker von Jerusalem, wurden tausende Männer, Frauen und Kinder getötet – ein Vorgang, wie ihn der Koran eigentlich verbot und der im Widerspruch zu den Regeln des Dschihad stand. Der Chronist Ibn al-Qalanisi schreibt über die Erstürmung Edessas: »Die Truppen plünderten, metzelten, nahmen gefangen, vergewaltigten und raubten. Ihre Hände füllten sich mit solchen Mengen von Geld, Möbeln, Tieren, anderer Beute und Gefangenen, daß sie frohen Herzens waren und voller Jubel.« Offenbar war Zengi jedoch daran gelegen, noch Schlimmeres zu verhindern: Er »gab den Befehl, das Töten und Plündern einzustellen und das Zerstörte wiederaufzubauen ... die Einwohner beruhigte er, indem er ihnen eine gute Behandlung und Gerechtigkeit versprach«.

Die Antwort auf die Einnahme Edessas ließ nicht lange auf sich warten. Als die Nachricht Westeuropa erreichte, rief Papst Eugen III. 1145 zum zweiten Kreuzzug auf in der Annahme, auch dieser werde zum Erfolg führen. Eine neue Generation von Rittern sollte den Spuren ihrer Väter folgen. Diesmal stellte sich sogar einer der mächtigsten Männer Europas an die Spitze, König Ludwig VII. von Frankreich, tiefgläubig, doch militärisch kaum erfahren. Mit rund 30 000 Bewaffneten im Gefolge machte er sich auf den Weg. Doch im Hochland Anatoliens holte der Winter die Kreuzfahrer ein. Die Seldschuken nutzten für ihren Angriff einen Hinterhalt – Mann gegen Mann, Schwert gegen Schwert, berichtet ein Chronist, sei das christliche Heer zugrunde gegangen. An diesem Tag, so heißt es, hätten die Franken ihren glorreichen Ruf verloren. Nur ein Teil der Streitmacht gelangte noch bis nach Damaskus, die Stadt war jedoch zu gut befestigt, der französische König scheiterte. Auch einem weiteren Monarchen wurde die Teilnahme am zweiten Kreuzzug zum Verhängnis: dem deutschen König Konrad III. Dem Abt von Cluny, Bernhard von Clairvaux, dem einflussreichsten Geistlichen seiner Zeit, war es 1146 in einer Weihnachtspredigt im Dom zu Speyer gelungen, den Staufer Konrad für die bewaffnete Wallfahrt zur Befreiung Edessas zu gewinnen. Doch auch Konrads Teilnahme konnte den Widerstand der Muslime nicht brechen. Beide Monarchen verließen erfolglos das Heilige Land. So wuchs in der

Die Ritterorden

Die Vorstellung, dass auch Christen in einen berechtigten Verteidigungskrieg ziehen dürfen, prägte das Bild vom christlichen Krieger, dem Ritter. Der einst sehr raue gegenseitige Umgang sollte einer feineren Kultur weichen, die geprägt war von Zucht, Treue, Milde, Glaube und Dienstbereitschaft. Die Ritterweihe erfolgte im Rahmen einer rituellen Feier. Der Auserwählte sollte sein Schwert nicht gebrauchen, um »ungerecht zu verwunden, sondern stets nur zur Verteidigung des Rechtmäßigen und Gerechten« – so das Idealbild, das durch Exzesse wie in Jerusalem immer wieder getrübt wurde. Die klarste Verkörperung der Kreuzzugsidee waren die Ritterorden, die im Laufe des 12. Jahrhunderts gegründet wurden und dem Ethos ihres Standes besonders verpflichtet waren: die Johanniter (mit dem weißen Kreuz), die Templer (mit dem roten Kreuz) und der Deutsche Orden (mit dem schwarzen Kreuz). Ihre Angehörigen

Kapitelversammlung des Ordens der Tempelherren in Anwesenheit Papst Eugens III. im April 1147.

legten ein Gelübde ab zu persönlicher Armut, Keuschheit und Gehorsam. Ging es zunächst um die Versorgung von Verwundeten und Krankenpflege im Heiligen Land, so übernahmen die Ordensritter im Lauf der Zeit zum Schutz der Pilgerzüge immer mehr militärische Pflichten und beteiligten sich an Kampfhandlungen gegen die Muslime. Als Besatzung im Heiligen Land wurden sie zum bedeutenden Machtfaktor. Doch die Ritterorden vermochten ihre Stellungen im Heiligen Land nur so lange zu behaupten, wie die islamischen Gegner zerstritten waren.

muslimischen Welt die Gewissheit, dass die »Franken« keineswegs unbezwingbar waren. Nun waren sie es, die sich in ihrem Glauben bestärkt sahen – in der Überzeugung, dass Allah auf ihrer Seite stand.

Saladin

Ein legendärer Herrscher sollte den Wunsch al-Sulamis erfüllen: Salah ad-Din Yusuf bin Ayyub, genannt Saladin, einte muslimische Kräfte und führte sie 1187 in die Schlacht gegen die Kreuzritter. Der gebürtige Kurde diente als Feldherr und Wesir des Fatimiden-Kalifen in Kairo, bevor er als Sultan von Ägypten, Palästina und Syrien eine eigene Dynastie gründete. Unter ihm wurde bis zum Ende des 12. Jahrhunderts auch die sunnitische Dominanz im islamischen Herrschaftsgebiet wieder hergestellt. Saladin war gelungen, was al-Sulami als die wichtigste Voraussetzung für den Sieg über die Kreuzfahrer erachtete: Rückbesinnung auf den Glauben und Einigung der Gläubigen gegen ihre Feinde. Vor allem aber verfügte er über ein professionell geführtes Heer, zu dem neben Söldnertruppen auch Mamluken gehörten, ursprünglich turkstämmige und kaukasische Militärsklaven.

Am Anfang stand die Provokation durch die Lateiner. Hatten die christlichen Herrscher jahrzehntelang die muslimischen Händler auf den Routen zwischen Ägypten und Syrien passieren lassen, so wurde der Friede nun leichtfertig aufs Spiel gesetzt. Rainald von Chatillon, der in der mächtigen Festung Kerak residierte, war der wohl berüchtigtste unter den Adligen im Königreich Jerusalem. Er hatte ein Abkommen mit Saladin geschlossen und es Ende 1186 durch mehrere Überfälle auf Handelsrouten wieder gebrochen. Ein besonders eklatanter Vertragsbruch war der Angriff auf eine große Karawane, bei der sich auch Saladins Schwester befand. Als der empörte Bruder von König Guido von Jerusalem die Bestrafung des Täters forderte, erhielt er nur leere Ausflüchte. Daraufhin entschloss sich Saladin zur Ausrufung eines Angriffskriegs im Zeichen des Dschihad. Es gelang dem Sultan, 20 000 Kämpfer für einen entscheidenden Angriff ge-

In der Schlacht von Hattin 1187 fügte Saladin den Kreuzrittern ihre bis dahin schwerste Niederlage zu. Der Sultan führte den Krieg gegen die Eroberer im Zeichen des Dschihad.

Eigenhändig soll Saladin nach der Schlacht von Hattin seinem skrupellosen Widersacher Rainald von Chatillon den Kopf abgeschlagen haben.

gen die Franken zu mobilisieren. Im Sommer des Jahres 1187 stellte Saladin dem christlichen Heer eine Falle. An dessen Spitze ritt ein Bischof mit dem »Wahren Kreuz«, der wertvollsten Reliquie des Königreichs Jerusalem. Am See Genezareth wollten die gepanzerten Reiter ihren Durst stillen, woraufhin Saladin ihnen mit 10 000 berittenen muslimischen Kämpfern den Weg versperrte. In der Nähe des Sees, auf dem Hügel von Hattin, kam es am 4. Juli 1187 zur entscheidenden Schlacht, die mit einer verheerenden Niederlage der Christen endete. Während er Guido von Lusignan, den König von Jerusalem, am Leben ließ, soll Saladin selbst Rainald von Chatillon erschlagen haben. Das gleiche Schicksal traf mehrere hundert Ordensritter, damit von ihnen nie wieder eine Gefahr ausgehe. Obwohl der muslimische Feldherr ansonsten seine Gefangenen unbehelligt ließ, setzte er nach dieser Schlacht ein grausames Fanal, was mit der Forderung des Koran, Wehrlose zu schonen, sicher nicht vereinbar war.

Nun war der Weg nach Jerusalem frei. Nur drei Monate später zogen seine Truppen vor die Heilige Stadt. Zunächst spielte der siegreiche Heerführer mit dem Gedanken, die christliche Besatzung zu vernichten, die Erinnerung an die blutige Eroberung 1099 war noch lebendig. Doch hatten die Christen in der Heiligen Stadt ein Faustpfand: Sie drohten, die Al-Aqsa-Moschee zu zerstören und 3000 gefangene Muslime umzubringen. Zudem boten sie den Belagerern Lösegeld an. Nach langem Verhandeln ließ der Eroberer 18 000 Menschen für 30 000 Dinare (je vier Gramm Goldwert) ziehen. So konnte Saladin am Ende seinen größten Triumph ohne Blutvergießen feiern: die Rückeroberung Jerusalems. Er wandte nun getreu dem Vorbild Mohammeds strenge Richtlinien für die Kriegführung an. Christliche Gebäude blieben unbeschädigt, weder Zivilisten

Der Baron Balian Ibelin übergibt Saladin den Schlüssel zum »Davidstor«. Die Eroberung Jerusalems durch den Sultan im Oktober 1187 verlief daraufhin ohne Blutvergießen.

noch Kriegsgefangene wurden getötet. Ein Massaker, wie es ein Jahrhundert vorher noch die Kreuzritter verübt hatten, blieb aus. Als die Zerstörungen in der Stadt beseitigt waren, ordnete Saladin an, man möge den christlichen Pilgern wieder die Tore öffnen. Bis heute gilt der legendäre Feldherr für viele Muslime als Held – hatte er doch die heiligen Stätten zurückerobert, einen mächtigen Feind bezwungen und zerstrittene Glaubensbrüder geeint. Innerhalb der Christenheit hingegen wirkte die Nachricht von der Besetzung Jerusalems durch die Muslime wie ein Schock.

Der Verlust der Heiligen Stadt führte jedoch keineswegs zu einem Einlenken. Die Spirale der Gewalt drehte sich weiter. Papst Gregor VIII. rief in einem leidenschaftlichen Appell zum dritten Kreuzzug auf. Kein Geringerer als der 66 Jahre alte Stauferkaiser Friedrich Barbarossa machte sich in echter Kreuzzugsbegeisterung im Mai 1189 von Regensburg aus mit einem Heer aus 20 000 Rittern auf den Weg. Er war der mächtigste Mann Westeuropas, der Imperator des Heiligen Römischen Reiches. Beistand erhielt er vom Franzosen Philipp II. Augustus und vom Engländer Richard I. – beide Monarchen wollten über das Meer ins Heilige Land gelangen, während Barbarossa nach sorgfältiger Vorbereitung den Landweg wählte. Das wurde ihm zum Verhängnis: Wie muss es auf die christlichen Zeitgenossen gewirkt haben, als der Kaiser beim Baden im Fluss Saleph in Kleinasien ertrank – nachdem er bei Ikonion (Konya) einen glänzenden Sieg über ein weitaus stärkeres seldschukisches Heer errungen hatte? Es war ein herber Rückschlag für die Verfechter des Kreuzzugsgedankens.

Nach dem Tod Barbarossas war der englische König der mächtigste Anführer der Kreuzfahrer. Richard hatte in seiner Heimat eine Sondersteuer eingeführt, den sogenannten Saladin-Zehnten, um seine Kriegskasse zu füllen. Man sagte ihm nach, er hätte notfalls sogar London verpfändet, um nach Palästina zu gelangen. Bei Akkon griffen er und der französische König im Juni 1191 in die Belagerung ein. Die Hafenstadt mit ihrer starken Mauer war von besonderer strategischer Bedeutung. Vier Jahre zuvor war sie von Saladin erobert worden, nun gewannen die Christen wieder die Oberhand. Allein Richards mutiges Erscheinen vor der Küstenstadt soll die muslimischen Angreifer abgeschreckt haben. Der englische König erhielt nicht zuletzt deshalb den Beinamen »Löwenherz«. Wenig von Edelmut war jedoch zu spüren, als er nach einer gescheiterten

Philipp II. Augustus von Frankreich und Richard I. von England empfangen das Kreuz für die Reise ins Heilige Land. Buchmalerei aus dem 14. Jahrhundert.

Lösegeldübergabe 3000 gefangene Muslime hinrichten ließ – ein weiterer grausamer Akt in den Annalen der Kreuzzüge. Dennoch zollten die beiden historischen Kontrahenten einander Respekt. Saladin ließ dem englischen König ein neues Pferd bringen, als dessen Streitross im Pfeilhagel zu Boden gegangen war. Er schloss mit Richard Löwenherz einen Vertrag, bei dem dieser den Küstenstreifen zwischen Tyros und Jaffa erhielt, der den Christen zu Pilgerbesuchen den Zugang nach Jerusalem ge-

Angriff der Kreuzfahrer auf die Hafenstadt Akkon während des dritten Kreuzzugs (1189–1192). Buchmalerei, Ende des 15. Jahrhunderts.

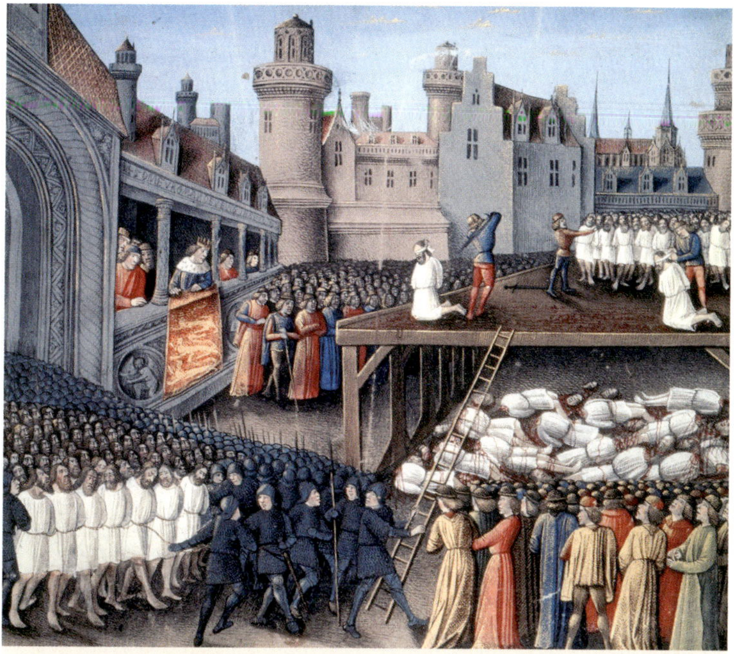

Richard »Löwenherz« lässt 1189 nach dem Sieg von Akkon 3000 muslimische Gefangene hinrichten.

währte. Hintergrund des Vertrags war, dass Richards Macht in England infrage stand und Saladin immer wieder Konflikte mit seinen Emiren auszutragen hatte. Der Engländer verließ das Heilige Land im Jahr 1192, wenige Monate später starb Saladin. In einem prachtvollen Mausoleum in Damaskus bestattet, wird er von vielen Muslimen bis heute als Heiliger verehrt, seine Grabstätte wurde Wallfahrtsort. Dass ihm Goldmünzen gewidmet wurden, die ihn als »Sultan des Islam und aller Muslime« darstellten, zeigt, wie es ihm gelungen war, den Dschihad-Gedanken nach innen und außen zu verkörpern, indem er an die Selbstüberwindung und Selbstfindung der Muslime appellierte und sie in die Lage versetzte, als Gemeinschaft im Glauben den Gegner zu bezwingen.

Der Kreuzzug der Kinder

Ein weiteres Beispiel für fehlgeleitete Religiosität war der sogenannte Kinderkreuzzug. Tatsächlich war dieser Zug weder päpstlich sanktioniert, noch nahmen daran nur Jugendliche teil, sondern neben Jungen und Mädchen auch alte Menschen, Frauen, Mittellose und Geistliche. Im Jahr 1212 brach die ärmlich anmutende und völlig unorganisierte Schar aus Deutschland und Frankreich in Richtung Heiliges Land auf. Fast ohne Ausrüstung, Proviant und unbewaffnet zogen sie über die Alpen, wollten von Genua per Schiff nach Palästina gelangen. Es war ein hoffnungsloses Unterfangen, das zahlreiche Opfer forderte. Ein Teil starb, viele kehrten in die Heimat zurück oder ließen sich in Italien nieder. Einem Chronisten zufolge wurden etliche Jugendliche »von den Bewohnern des Landes als Knechte und Mägde zurückbehalten«. Wie viele letztlich auf den Sklavenmärkten im Mittelmeerraum endeten oder an Hunger und Entkräftung starben, ist ungewiss. Das Gelobte Land erreichte der »Kinderkreuzzug« jedenfalls nie.

Der Kinderkreuzzug erreichte nie das Heilige Land.

»Das Staunen der Welt« – der Staufer Friedrich II.

In den Konflikt zwischen Kreuzfahrern und Muslimen griff der römisch-deutsche Kaiser Friedrich II. auf ungewöhnliche Weise ein. In seiner süditalienischen Heimat, die durch Heirat Teil des staufischen Imperiums geworden war, hatten lange Zeit die Sarazenen das Geschehen bestimmt. Ihnen gegenüber zeigte der deutsche Monarch, der zugleich die Krone von Sizilien trug, ein gewisses Wohlwollen. Er zog Muslime in der Garnisonsstadt Lucera zusammen, sie wurden seine treuesten Untergebenen. Anlässlich seiner Krönung zum deutschen König 1215 in Aachen hatte Friedrich öffentlich einen Kreuzzug zur Befreiung Jerusalems gelobt. Aber als die Streitmacht des fünften Kreuzzugs im Jahr 1217 gen Ägypten zog, machte der Staufer nicht mit. Auch die Hilferufe aus dem christlichen Heer, das bei Mansurah im Nildelta in eine militärisch aussichtslose Lage geriet, ließen ihn ungerührt. Als er sich im Jahr 1227 schließlich mit eigenen Truppen auf den Weg nach Palästina machen wollte, zwang ihn eine Epidemie zur Rückkehr. Papst Gregor IX. belegte Friedrich daraufhin mit dem Kirchenbann. Als der Staufer im folgenden Jahr zum zweiten Mal mit seinem Heer ins Heilige Land aufbrach, tat er dies als vom römischen Pontifex Geächteter. Das Kirchenoberhaupt fürchtete einen Machtverlust. Ein Sieg im Heiligen Land hätte die Position des Kaisers gegenüber dem Papst erheblich gestärkt. Auf die papsttreuen Ritter in Palästina konnte der Staufer deshalb nicht zählen. So machte der Monarch aus der Not eine Tugend. Er legte es gar nicht erst darauf an, die Heilige Stadt mit Waffengewalt zu erobern – schon deshalb, weil ihm dazu das militärische Potenzial fehlte. Der Wanderer zwischen den Welten setzte auf Verhandlungen mit den muslimischen Herrschern, gelangte angeblich bei einem Schachspiel zu einem Kompromiss mit dem Sultan von Kairo, al-Kamil. Dieser soll den Staufer während der fünfmonatigen Verhandlungen sogar nach Jerusalem eingeladen haben. Als dort der Muezzin aus Rücksicht auf den Gast auf den morgendlichen Ruf zum Gebet verzichtete – so die Legende –, habe der christliche Kaiser reklamiert, die Nacht in Jerusalem verbracht zu haben, »um dem Gebetsruf der Muslime und ihrem Lob Gottes zu lauschen«.

Das Ergebnis der Gipfeldiplomatie konnte sich sehen lassen. Am 18. Februar 1229 unterzeichneten der Stauferkaiser und der ägyptische Sultan einen Vertrag, der die Städte Jerusalem, Bethlehem und Nazareth sowie die Pilgerstraßen, die dorthin führten, für die nächsten zehn Jahre unter christliche Herrschaft stellte. Der Friede von Jaffa war einmalig im Verhältnis von Orient und Okzident. Nach jahrzehntelanger Feindschaft siegte die Diplomatie. Bis zuletzt hintertrieb Papst Gregor IX. Friedrichs Bemühungen. Es wird sogar von einem Brief aus Rom berichtet, in dem Gregor – wohl wegen des Bannes – den Sultan bittet, dem deutschen König die heiligen Stätten nicht zu überlassen.

Nach dem spektakulären Friedensschluss suchte Friedrich II. die symbolträchtigen Orte persönlich auf und krönte sich am 18. März 1229 in der Grabeskirche selbst zum König von Jerusalem. Auch von den muslimischen Heiligtümern ließ er sich beeindrucken. In seinen Bauwerken hat er die kulturellen Errungenschaften verschiedener Welten vereint. Auch sein Beamtenstaat im Königreich Sizilien orientierte sich an orientalischen und normannischen Vorbildern. Das Leben an seinem Hof war geprägt von griechischer, byzantinischer und arabischer Kultur. Friedrich gilt als großer Visionär des 13. Jahrhunderts. Er hatte Jerusalem friedlich erobert – und erntete dafür wenig Dank von den Scharfmachern im eigenen Lager. Der Papst war empört. Hatte der Staufer die Sache der Christen verraten? Seine Gegner verunglimpften den Friedensstifter als Ausgeburt des Teufels, in einer zeitgenössischen Polemik wurde Friedrich als vielköpfiger Drache dargestellt. Sein Triumph als Grenzgänger zwischen Abend- und Morgenland verschaffte dem Staufer nur eine kurze Pause im Ringen mit dem römischen Pontifex. Der päpstliche Bann wurde immer wieder erneuert, bis mit dem Tod Konradins 1268 der letzte Stammhalter der Staufer ausgelöscht war.

Eine Miniatur des »Codex Chigi« zeigt den Staufer Friedrich II. mit dem ägyptischen Sultan Malik-al-Kamil. Beide schlossen 1229 den bedeutenden Frieden von Jaffa.

Franziskus von Assisi

1219 reiste der aus wohlhabenden Verhältnissen stammende Mönch und Ordensgründer aus Assisi als Missionar nach Nordafrika und Palästina. Bei der Belagerung von Damiette an der Nilmündung durch ein Kreuzfahrerheer erkannte Franziskus, wie sehr die Ritter selbst eine Bekehrung nötig hatten. Er sah die Mission mit dem Schwert zum Scheitern verurteilt. Allein und waffenlos suchte er das Lager der muslimischen Verteidiger auf. Franziskus predigte mehrere Male vor Sultan al-Kamil in der Absicht, diesen zum Christentum zu bekehren oder zumindest einen Friedensvertrag zu erreichen. Der Sultan war offenbar beeindruckt von der Begegnung mit dem Bettelmönch und schenkte ihm ein Signalhorn (das heute in der Schatzkammer von Assisi zu bewundern ist). Bekehren ließ er sich allerdings nicht. Die Initiative des Franziskus zeigt einen anderen als den gewaltsamen Weg, mit dem Islam umzugehen. Der spätere Heilige bezeichnete auch die eigene Handlungsweise als Kreuzzug, jedoch als einen »Kreuzzug des Geistes«.

Franziskus von Assisi versucht Sultan al-Kamil zu bekehren.

Abwege der Kreuzzugsidee

Schon im 12. Jahrhundert weitete sich der Kreuzzugsgedanke immer weiter aus. Er fand im Westen Anwendung bei der sogenannten Reconquista, den Bemühungen, die Muslime aus Spanien zu verdrängen, aber auch bei den Feldzügen, die christliche Fürsten (etwa Heinrich der Löwe) zur Unterwerfung der heidnischen Slawen führten. Wie am Beispiel der Staufer ersichtlich, richtete sich der päpstlich verordnete militärische Kampf im Namen Gottes auch gegen politische Gegner in den eigenen Reihen. Des Weiteren dienten die Kreuzzüge zur Durchsetzung eigener Macht- oder Handelsinteressen: Venedig ließ nicht nur ungarische Konkurrenz durch Kreuzfahrer ausschalten, sondern auch Konstantinopel geriet ins Visier.

Der vierte Kreuzzug Anfang des 13. Jahrhunderts sollte der byzantinischen Metropole zum Verhängnis werden. Zunächst sollte auch diese Heerfahrt in den Nahen Osten führen, um das Heilige Land für die Christenheit zu sichern. Doch von Anfang an bereitete die Frage der Finanzierung des Unternehmens große Probleme. Venedig bot sich an, die Mittel für die Überfahrt vorzustrecken und auch eine riesige Flotte bereitzustellen.

Doch es trafen weniger Kreuzfahrer als zugesagt in Venedig ein. Wie wollten sie die Schulden jemals begleichen? Vor diesem Hintergrund gewannen Streitigkeiten im byzantinischen Kaiserhaus Bedeutung. Eine der Parteien suchte Hilfe bei den Kreuzrittern. Der byzantinische Prinz Alexios Angelos verhieß reichen Lohn, wenn man ihn nur in Konstantinopel zur Macht verhelfe. So bestand zumindest die Aussicht, den Kredit an den Dogen von Venedig, Enrico Dandolo, zurückzahlen zu können.

Notfalls wollte das Kreuzfahrerheer die Thronansprüche des jungen Alexios mit Waffengewalt durchsetzen. Doch nach dem erzwungenen Machtwechsel sahen sich die neu eingesetzten Herrscher außerstande, die hohen Summen aufzubringen. Sowohl die Kreuzfahrer als auch die venezianischen Geldgeber waren düpiert und forderten ihren Tribut von Byzanz. Die Lage eskalierte und führte zur Eroberung Konstantinopels – eine denkwürdige historische Zäsur. Die Einnahme der Metropole am Bosporus im Jahr 1204 manifestierte die Spaltung zwischen Ost- und Westkirche

Belagerung Konstantinopels durch das Heer des vierten Kreuzzugs. Nach der Eroberung (1204) wurde die Stadt geplündert.

mit dem Schwert. Drei Tage wurde die Stadt zur Plünderung freigegeben. Wie heulende und brüllende Wilde sollen sich die Ritter aus Westeuropa – Franzosen, Deutsche und Flamen – gebärdet haben. Die Venezianer hatten es vor allem auf die wertvollen Kunstschätze abgesehen, während die anderen raubten, was ihnen in die Hände fiel. Doch es wurde nicht nur geplündert, sondern auch zerstört, geschändet und vergewaltigt. Selbst vor Kirchen, Klöstern und Bibliotheken hatten die Eroberer keinen Respekt. Ein solches Verhalten hätte man nicht einmal den Sarazenen zugetraut. Zwar kam es nicht zu einem Massaker wie dereinst in Jerusalem, doch war niemandes Leben sicher. Welch eine Wendung der Kreuzzugsidee, die ihren Anfang genommen hatte, als der byzantinische Kaiser Alexios den

Papst Innozenz III., der zum vierten Kreuzzug aufrief. Fresko (frühes 13. Jahrhundert) des Klosters San Benedetto in Subiaco.

Papst um Hilfe ersuchte und auf Unterstützung durch Ritter aus dem Westen hoffte. Nun raubten sie sein Land aus. Weite Gebiete des Oströmischen Reiches – vor allem in Griechenland – teilten abendländische Grafen unter sich auf, der Thron des Kaisers und der Sitz des Patriarchen wurden vorübergehend mit Lateinern besetzt, die östliche Kirche hatte sich in die westliche einzufügen. Der Kreuzzugsbegriff richtete sich hier nicht gegen die »Feinde« Gottes oder »Heiden«, sondern gegen die angeblichen »Schismatiker«, gegen Byzanz, dem die Schuld an der Kirchenspaltung zugewiesen wurde. Zwar verurteilte Papst Innozenz III. die Plünderung Konstantinopels – er hatte versucht, sie zu verhindern –, doch war gerade er ein resoluter Verfechter des römischen Primats innerhalb der Christenheit. Um die Neuordnung im Byzantinischen Reich zu festigen, entband er die Kreuzfahrer sogar von ihrer Pflicht, nach Jerusalem zu ziehen. Dass sich nach all diesen Wirren auch im Westen die Kritik an den Kreuzzügen verstärkte, durfte kaum überraschen: Habgier und Machtstreben wurden einigen Päpsten und Regenten vorgehalten, und selbst Dichter und Sänger in Frankreich und Deutschland prangerten die Zustände an. Die Gottgefälligkeit des Kreuzzugs stand wie nie zuvor infrage – auch weil das eigentliche Ziel, das Heilige Land zu sichern, offenbar in den Hintergrund rückte.

Die friedlichen Jahre nach dem Abkommen, das der Staufer Friedrich II. geschlossen hatte, gingen vorüber. Im Sommer 1244 wurde Jerusalem wieder von etwa 10 000 türkischen Reiterkriegern zurückerobert. Es gab keine Gnade für die Einwohner der Stadt. Die Grabeskirche wurde gestürmt, die Königsgräber wurden aufgebrochen; Priester und Gläubige, die dort ausharrten, verloren ihr Leben.

Ob auf dem Land- oder dem Seeweg: Im Laufe von fast 200 Jahren machten sich sieben Kreuzzüge auf den Weg ins Heilige Land. Manche erreichten nie ihr Ziel.

Nun versuchte der französische König Ludwig IX. (der »Heilige«), durch Einfälle in Ägypten Entlastung für die Kreuzfahrerstaaten der Levante zu schaffen. Doch beim siebten und letzten Kreuzzug 1270 verstarb der Monarch an einer Krankheit.

Während Saladin bei der Rückeroberung Jerusalems gegenüber den Besiegten Milde hatte walten lassen, kannten die mamlukischen Herrscher, die der Ära der Kreuzritter im Heiligen Land in den folgenden Jahren ein Ende setzten, keine Gnade. In Akkon, Tripolis und Antiochia kam es zu Gewaltexzessen, die auch islamische Chronisten nicht verschwiegen, wie Imad Abul al-Fida, der sogar eine historische Parallele zeichnete: »Das Massaker von Antiochia von 1268 erscheint wie eine Wiederholung des Massakers von 1098« – die Kreuzfahrer hatten dort seinerzeit auf dem Weg nach Jerusalem ein Blutbad angerichtet. Auch von der Rückeroberung der Grafschaft Tripolis im Jahr 1289 berichtet Abul al-Fida: »Die meisten Männer wurden niedergemetzelt, die Frauen und Kinder gefangengenommen.« Zwei Jahre später fiel Akkon, auch dort seien die Franken »gefangengenommen und getötet« worden, die Stadt wurde »dem Erdboden gleichgemacht«. Die Exzesse standen »im völligen Widerspruch zu der im Koran vorgeschriebenen Dschihad-Regel«, konstatiert Bassam Tibi, »ebenso wie die Taten der Kreuzzügler gegen die religiösen Lehren des Christentums verstießen«.

Kreuzzug und Dschihad

So ist die Bilanz der Kreuzzüge ins »Heilige Land« frappierend. Insgesamt starben viele hunderttausende Kreuzfahrer, aber auch eine große Zahl islamischer Krieger sowie Zivilisten – Christen, Juden und Muslime. Die Ereignisse sollten das Verhältnis der Religionen auf lange Sicht beeinflussen: »Die Kreuzzüge auf europäischer Seite und der Dschihad auf islamischer Seite haben den Orient-Okzident-Beziehungen eine historische, bis in unsere Zeit andauernde Belastung aufgebürdet«, so Tibi, »jene hasserfüllten kriegerischen Begegnungen überwiegen im kollektiven Gedächtnis leider noch heute die positiven historischen Momente der wechselseitigen Faszination.« Doch immerhin gab es neben dem Gegeneinander auch ein Miteinander, selbst in der Zeit der Kreuzzüge. Wie davor und danach schlossen Christen Bündnisse mit Muslimen und umgekehrt, selbst gegen eigene Glaubensbrüder. Während der Herrschaft der Christen im Heiligen Land fand ein reger wirtschaftlicher und kultureller Austausch statt. Das Abendland profitierte nicht nur vom kulturellen Vorsprung der Byzantiner, sondern auch vom Fortschritt in der islamischen Welt. Feinere Sitten, mehr Wissen, mehr Bildung – literarisch, architektonisch, wissenschaftlich und technisch – gelangten über das Heilige Land, Spanien und Italien während des gesamten Mittelalters nach Zentraleuropa. Das über den Orient vermittelte klassische griechische Erbe bereitete den Boden für die spätere Renaissance.

Doch wurde der Islam von den meisten abendländischen Gelehrten weiterhin abgelehnt und als Religion angefeindet. Auch die kollektive Erinnerung der Muslime an die Kreuzzüge wurde im Lauf der Jahrhundert immer wieder neu belebt, vor allem im imperialen Zeitalter: während der kolonialen Eroberungen der Europäer. Positive Erfahrungen und Momente der Begegnung wurden dabei überlagert. Die neuzeitliche Expansion der europäischen Großmächte galt als Fortsetzung des Geschehens fast tausend Jahre zuvor. Und auch im 20. Jahrhundert wurden Konflikte mit dem Westen immer wieder mit der Erfahrung der Kreuzfahrerzeit in Verbindung gebracht. Der ägyptische Präsident Gamal Abdel Nasser, der nicht in religiösen Dimensionen, sondern in den Kategorien eines panarabischen Nationalismus dachte, stilisierte sich in den eigenen Reihen zu einem »neuen Saladin«, nicht ohne Erfolg. Als 1956 französische und britische Streitkräfte in alter Kolonialmanier – und dazu noch im Bündnis mit Israel – die Kontrolle über den Sueskanal zurückerobern wollten, feindete sie Nasser als die »neuen Kreuzritter« an.

> **»In der Tradition von Dschihad und Kreuzzug sowie gegenseitiger Befruchtung sind Europa und der Islam gleichermaßen alte Feinde und alte Freunde.«**
>
> Bassam Tibi,
> Politikwissenschaftler

Der islamische Fundamentalismus der Gegenwart zieht eine direkte Linie von den Kreuzzügen über die Zeit des Kolonialismus bis hin zu den Golfkriegen. »Dies ist keine Schlacht zwischen Irak und Amerika, sondern zwischen dem Islam und den Kreuzrittern«, behauptete ein radikaler Islamistenführer in Jordanien 1991. Wo immer diese Denktradition wieder aktualisiert und ins Feld geführt wird, kommt meist auch der radikalisierte Dschihad-Gedanke ins Spiel: »Alle satanischen Mächte und Lebensformen zu vernichten«, auch das sei Grund, »den Dschihad zu erklären«, schreibt Sayyid Qutb (1906–1966), der Theoriker der ägyptischen

Muslimbruderschaft, in seinem einflussreichen Werk *Meilensteine*. Hier findet sich eine Interpretation des Dschihad, die willkürlich und skrupellos ist und das Abschlachten von missliebigen Glaubensbrüdern ebenso rechtfertigt wie das von Ungläubigen. Aus seinem Denken schöpfen auch die Terrorkrieger des 21. Jahrhunderts. Al-Qaida nennt sich offiziell »Welt-Islam-Front für den Dschihad gegen Juden und Kreuzzügler«. Im Dezember 2004 verübten Islamisten vor dem US-Konsulat in Dschidda/Saudi-Arabien einen Bombenanschlag – sie nannten dies einen »Angriff auf eine der Burgen der Kreuzzügler auf der Arabischen Halbinsel«.

Nur selten gibt der Westen wirklich Anlass, ihm zu unterstellen, er habe sich noch nicht von der unheilvollen Tradition gelöst. »Kreuzzug« wider den Terrorismus«? Mit solchen Formulierungen im Kampf gegen den Terror hat George W. Bush eher unbedacht selbst moderate Muslime aufgeschreckt und auch in den christlichen Kirchen des Westens für mancherlei empörte Reaktion gesorgt. Sein Vorgänger Bill Clinton konstatierte im November 2001 an der Georgetown-Universität: »Ich kann Ihnen versichern, dass die Geschichten von den Kreuzzügen noch heute im Nahen Osten erzählt werden und wir immer noch dafür bezahlen.«

So prägt die historische Erfahrung das Verhältnis von Christen und Muslimen bis heute. Ob bei Hilfsmissionen in Afghanistan, bei Militäreinsätzen in der arabischen Welt, bei Maßnahmen zur Unterstützung Israels und selbst bei wohlmeinender Integrationspolitik – immer wieder malen selbst ernannte Heilsbringer, vor allem aus den Reihen radikaler Islamisten, das Gespenst der Kreuzzüge oder Kolonisierung an die Wand. Der Westen täte gut daran, alles zu vermeiden, was solche Ängste schüren könnte. Und was von christlicher Seite beizutragen ist, dafür hat Papst Johannes Paul II. in seiner viel beachteten Vergebungsbitte »Mea Culpa« am 12. März 2000 ein Beispiel gegeben und vor aller Welt bekannt: »... oft haben die Christen das Evangelium verleugnet und der Logik der Gewalt nachgegeben. Die Rechte von Stämmen und Völkern haben sie verletzt, deren Kulturen und religiöse Traditionen verachtet: Erweise uns deine Geduld und dein Erbarmen! Vergib uns!« Es ist das Gebet eines Papstes, der sich wie kaum ein Pontifex vor ihm um Aussöhnung bemüht hat; er richtete seine Bitte an den gemeinsamen Gott der Christen, Juden und Muslime.

Die Türken vor Wien

Der Traum des Osman Bey

Am Anfang steht ein Traum. Der junge Osman träumt ihn, als er die Nacht im Haus eines befreundeten Scheichs, des Oberhaupts eines muslimischen Ordens, verbringt: Ein Mond versinkt in Osmans Brust. Dann wächst ein Baum aus seinem Nabel. Seine Äste breiten sich über alle Länder und Meere aus, über alle Berge und Flüsse. Als Osman am nächsten Morgen seinem Gastgeber von dem seltsamen Traum erzählt, antwortet der Scheich nach kurzem Schweigen: »Heil dir, mein Sohn Osman! Allah der Erhabene hat dir und deinem Geschlecht Herrschertum zugedacht! Gesegnet sei es euch!«

So berichtete es eine osmanische Legende aus dem 15. Jahrhundert. Osmans Traum wurde hier zum Gründungsmythos für ein Reich, das zu einem der größten Imperien der neueren Geschichte aufsteigen sollte.

Ihre Kriege führten die Osmanen nicht nur mit dem Anspruch auf Weltherrschaft, sondern auch »im Namen Gottes«. Jeder neue militärische Erfolg war auch ein Sieg des Islam. Es schien nur eine Frage der Zeit, bis der islamische Glaube sich auf der ganzen Welt durchsetzen würde.

> **»Im 16. Jahrhundert hätte ein Besucher vom Mars sehr leicht zu dem Schluss kommen können, dass die Menschenwelt kurz davorstand, islamisch zu werden.«**
>
> Marshall Hodgson, Islamwissenschaftler

Auf dem Höhepunkt seiner Macht erstreckte sich das Osmanische Reich über drei Kontinente: von Nordafrika bis nach Persien, von Ungarn bis zum

Dynastiegründer Osman I., europäische Darstellung des 18. Jahrhunderts.

Rossschweife, Zeichen der Würdenträger im Osmanischen Reich.

Roten Meer – eine Erfolgsgeschichte, die zu Zeiten von Osmans Traum mehr als unwahrscheinlich klingen musste.

Denn noch im 13. Jahrhundert stellten die Osmanen nur eine unbedeutende Gruppe unter den türkischen Reiternomaden dar, die seit dem 11. Jahrhundert aus Mittel- und Zentralasien nach Anatolien zugewandert waren. Die türkischen Stämme eroberten nach und nach das Gebiet, wurden sesshaft und gründeten »Beyliks« (Fürstentümer). Sie gingen Bündnisse untereinander ein, führten auf dem anatolischen Flickenteppich aber auch häufig Krieg gegeneinander. Von dem kleinen Beylik der Osmanen und ihrem Fürst Osman Bey war in dem Gewirr von Krieg und Diplomatie für lange Zeit keine Rede. Doch das sollte sich ändern.

Das osmanische Beylik besaß gegenüber seinen Konkurrenten einen großen strategischen Vorteil: Es lag in direkter Nachbarschaft zum reichen Byzanz. Das einst glanzvolle Imperium war im 14. Jahrhundert nur noch ein Koloss auf tönernen Füßen. Von der Eroberung und Plünderung durch ein Kreuzritterheer im Jahr 1204 hatte sich die Hauptstadt Konstantinopel nie mehr ganz erholt. Zerrissen von Thronkämpfen und Bürgerkriegen, büßte Byzanz sein ehemaliges Gebiet rings um das östliche Mittelmeer ein. Nur mit dem Verlust des anatolischen Vorlands zur Hauptstadt Konstantinopel konnten und wollten sich die byzantinischen Kaiser nicht so einfach abfinden. Wechselnde Allianzen mit den türkischen »Barbaren« sollten den letzten Besitz in Kleinasien retten.

Um die Wende zum 14. Jahrhundert, vielleicht 1299, erklärte Osman seine Unabhängigkeit als Herrscher. Auf eigene Faust unternahm er von nun an Raubzüge in das byzantinische Gebiet, plünderte Dörfer und erpresste Städte. Immer mehr Krieger, angelockt von der Aussicht auf Beute, schlossen sich dem erfolgreichen Befehlshaber an. Der Beutekrieg wurde zur Haupteinnahmequelle des Osmanen-Beyliks. Doch es war nicht Profitsucht allein, die das Heer zusammenhielt. Zur Rechtfertigung seiner Raubzüge bediente sich Osman einer gefährlichen ideologischen Waffe: der Idee des Dschihad. Zwar waren die türkischen Bewohner der Grenze oft nur relativ oberflächlich islamisiert, doch beim Kampf gegen das christliche Byzanz leistete die Rhetorik des Glaubenskriegs gute Dienste.

Streiter für die »wahre Religion«

Im Grenzgebiet zum christlichen Byzanz hatte der »Kampf auf dem Weg Gottes« bereits Tradition. Hier, an der Schnittstelle der beiden Weltreligionen, siedelten die muslimischen Gazi schon seit Jahrhunderten und kämpften gegen den christlichen Feind. Ein byzantinischer Beamter beschrieb sie als »Menschen, die unerbittlichen Hass auf die Römer [gemeint sind die Byzantiner] haben, die ihre Plünderungen genießen und sich an der Kriegsbeute erfreuen«. Doch auch das christliche Byzanz hatte seine Glaubenskrieger: die Akriten.

Sie sahen sich ebenfalls als Streiter für die »wahre Religion«. Im Land der »Ungläubigen« gingen die Krieger beider Seiten auf Beutezug, raubten und mordeten – im Namen Gottes.

»Bekämpfe die Ungläubigen und die Heuchler und behandle sie hart«, fordert der Koran. Die Verschmelzung religiöser und militärischer Motive passte perfekt zu den osmanischen Zielen.

Doch obwohl die Osmanen sich schon früh zu »Gazi« (»Glaubenskriegern«) stilisierten, kämpften von Anfang an christliche Söldner für Lohn und Beute in den osmanischen Heeren; später verstärkten Soldaten aus den christlichen Vasallenstaaten des Balkans die Armee des Sultans. Erforderte es die Lage, so führten die Osmanen Krieg gegen ihre Glaubensbrüder und waren zeitweilig bereit, Bündnisse mit den »Ungläubigen« einzugehen. Sie praktizierten damit eine Form von »Realpolitik«, so der Historiker Klaus Kreiser, die ein typisches Element für die osmanische Herrschaft werden sollte.

Im Jahr 1301 berichtet eine byzantinische Chronik von dem Gefecht zwischen einer byzantinischen Truppe und einem Heer türkischer Reiter, das von »Ataman« angeführt wurde. Es ist die erste historische Erwähnung des mythenumrankten Dynastiegründers Osman. Der Bey hielt sich in diesem Jahr für stark genug, um Byzanz selbst herauszufordern. Der renommierte türkische Historiker Halil Incalcic vermutet, dass eine osmanische Quelle aus späterer Zeit die türkische Reiterattacke auf die byzantinischen Truppen schildern könnte: »Die Gazi, den Namen Allahs rufend und sich Ihm anvertrauend, führten einen Überraschungsangriff aus, indem sie mit ihren Pferden, den Kopf voran, in die Reihen der Ungläubigen preschten. Indem sie viele mit dem Schwert töteten, lösten sie eine solche Panik unter den feindlichen Truppen aus und sorgten für ein solches Massaker, dass nur Gott die Zahl der Toten weiß.« Es war ein großer Sieg für Osman, der seinen Ruf als Heerführer und Streiter für den Glauben festigte.

Als Osman 1324 starb, hatte er die Grundlagen für den, wie es der Historiker Josef Matuz formuliert, »kometenhaften Aufstieg« des Osmanischen Reiches geschaffen. Es umfasste jetzt ein Territorium von 18 000 Quadratkilometern, ein schlagkräftiges Heer, die Ansätze eines bürokratischen Systems – und Bauern, deren Arbeit all das ermöglichte. Auch die Idee der Expansion »im Namen Gottes« war bereits etabliert: »Erweitere ständig die Herrschaft durch den Dschihad«, gab Osman seinem Nachfolger mit auf den Weg. Die Osmanen waren bereit, den Kampf um das Erbe des dahinsiechenden Byzantinischen Reiches aufzunehmen.

Vom Beylik zum Imperium

Es ist ein Abend, an den sich byzantinische wie osmanische Soldaten lange erinnern werden. Für die Hochzeit seiner Tochter fährt der Kaiser von Byzanz, Johannes VI., noch einmal alles auf, was das alte imperiale Zeremoniell zu bieten hat: Vor den Toren der Stadt Selybria entsteht eine riesige hölzerne Bühne, verhüllt von einem Schleier aus goldbestickter Seide. Bei Einbruch der Nacht beginnen Trompeten und Flöten ihr Spiel, dann fallen die Vorhänge. Zum Vorschein kommt Theodora, die strahlend schöne Kaiserstochter, in ihrem prächtigen imperialen Ornat. Zu ihren Füßen knien Eunuchen, die mit Fackeln die feierliche Szene beleuchten. Die besten Redner des Reiches huldigen Theodora, dann wird für die griechischen und türkischen Gäste das Bankett eröffnet. Drei Tage und Nächte dauert der Festschmaus.

Das prunkvolle Hochzeitsfest im Jahr 1346 hatte nur einen Schönheitsfehler (wie der Historiker Anthony Bryer annimmt): Der Bräutigam fehlte. Orhan, der Sohn des Dynastiegründers Osman, hielt es wohl nicht für nötig, bei der Trauung mit seiner neuen Hauptfrau persönlich anwesend zu sein, obwohl diese Vermählung einen Höhepunkt in seinem Leben und einen Wendepunkt in der osmanischen Geschichte markierte. Denn in dem Machtkampf, der unter den türkischen Beyliks um die Konkursmasse des Byzantinischen Reiches herrschte, besaß die familiäre Verbindung mit dem Kaiserhaus für Orhan unschätzbaren Wert. Seit längerer Zeit schon war Johannes VI. von der militärischen Macht der Osmanen abhängig, regelmäßig hatte er ihnen Tribut in Gold zu entrichten. Noch im Jahr zuvor hatte Orhan mit seinen Soldaten dem Kaiser aus der Klemme geholfen. Vielleicht sollte seine Abwesenheit vor Augen führen, wer in dieser Allianz das Sagen hatte.

»Koexistenz und Kompromiss zwischen verschiedenen Glaubensbekenntnissen und religiösen Praktiken ist eines der dauerhaften Motive der osmanischen Geschichte.«

Caroline Finkel, britische Historikerin und Turkologin

Entschlossen beschritt Orhan weiter den Weg, den sein Vater einge-

Orhan I. stellte die Weichen für die Zukunft. Stich aus dem 18. Jahrhundert.

schlagen hatte. Mit militärischen und diplomatischen Mitteln vergrößerte er das osmanische Gebiet. Nach der Eroberung von Bursa machte Orhan die Stadt zum Regierungssitz des jungen Staates. Doch er regierte in erster Linie vom Pferderücken aus. Der marokkanische Weltreisende Ibn Battuta schrieb über Orhan: »Er hat die reichsten Schätze, die meisten Städte und Soldaten. Er besitzt beinahe hundert Festungen, die er ohne Unterbrechung aufsucht. Er bekämpft die Ungläubigen und belagert sie.«

Dass Orhan mit dem Schutzherrn der orthodoxen Christenheit verbündet war, erwähnte der Bericht allerdings nicht.

Seit seiner Hochzeit mit der Kaiserstochter mischte Orhan mehr denn je in den byzantinischen Angelegenheiten mit. 1352 errichteten die Osmanen einen Brückenkopf im europäischen Thrakien, um die kaiserlichen Truppen im byzantinischen Bürgerkrieg zu unterstützen. Zwei Jahre später eroberte Orhan den ersten europäischen Hafenort für die Osmanen: Gallipoli an den Dardanellen, der südwestlichen Einfahrt in das Marmarameer. Als aber der Kaiser verlangte, dass die osmanischen Truppen nach Anatolien zurückkehren, weigerte Orhan sich, seine europäischen Eroberungen aufzugeben. Der Balkan lockte mit wohlhabenden Städten, mit reichen Gold- und Silberminen – und mit der Aussicht auf »ungläubige« Gefangene. Denn anders als Muslime durften sie problemlos versklavt werden.

Als Orhan 1362 starb, waren die Weichen für die Zukunft gestellt. Die Herrschaft in Anatolien war gesichert, die Tür nach Europa stand offen. In einer Inschrift aus seinem Todesjahr ließ Orhan sich zum ersten Mal als »Sultan« (»Machthaber«) bezeichnen. Die Sultanswürde sollte

Die Derwische

Mit Orhan betritt die osmanische Dynastie die Bühne der Geschichte. Aus seiner Zeit stammt das erste erhaltene Dokument der Osmanen. Es handelt sich um eine Stiftungsurkunde, mit der Orhan Land an einen muslimischen Derwischorden verschenkte. Die verschiedenen Gemeinschaf-

Derwische des Mevlevi-Ordens, die sich durch wirbelnde Drehungen in einen Zustand spiritueller Trance versetzen.

ten der Derwische gehörten einer Strömung des Islam an, die in Askese und Versenkung die Unmittelbarkeit zu Gott suchte. Viele Derwische lebten unter ärmlichen Umständen in streng organisierten Gemeinschaften. Im Volk wurden sie geachtet für ihre Weisheit und Bescheidenheit. Die Osmanen förderten die Orden der Derwische. Berühmt bis heute ist in der Türkei die Gemeinschaft der Mevlevi, der »tanzenden Derwische«, die in ihrem Ritus die spirituelle Vereinigung mit Gott suchen.

> **»Innerhalb von wenigen Jahrzehnten war das osmanische Beylik neben Byzanz zur wichtigsten Macht im Marmararaum aufgestiegen.«**
>
> Klaus Kreiser, Historiker und Turkologe

den Machtanspruch der Osmanen artikulieren und ihren Anspruch auf politische Souveränität in der muslimischen Welt begründen. Beinamen wie etwa »Gottes Schatten auf Erden« unterstrichen zugleich den unantastbaren Anspruch des Sultans auf ein Mandat des Himmels.

Orhans Sohn Murad I. erwies sich wie seine Vorgänger als fähiger Militär und Organisator. Er setzte eine Militärreform fort, die bereits sein Vater begonnen hatte: die Bildung eines stehenden Heeres. Mit Soldaten, die nicht in die alten Stammesstrukturen eingebunden, sondern nur dem Herrscher gegenüber loyal waren. Diese Verbände, »Janitscharen« – »Neue Truppe« – genannt, setzten sich zuerst aus christlichen Kriegsgefangenen zusammen, die vom europäischen Kampfplatz, dem »Haus des Krieges«, stammten. Auf dem Schlachtfeld verbreitete die »Neue Truppe« rasch Furcht und Schrecken unter ihren Feinden.

Der Bedarf nach den kampfstarken Janitscharen war bald so groß, dass die Sultane eine neue Form der »Rekrutierung« erfanden: die Knabenlese. Regelmäßig suchten Janitscharen die christlichen Dörfer des Balkans, später auch Anatoliens, auf. Alle männlichen Kinder und Jugendlichen mussten sich auf dem Dorfplatz versammeln. Im Beisein des Geistlichen wurden sie vorgeführt und untersucht. Die ausgewählten Knaben aber mussten die Janitscharen für immer nach Konstantinopel begleiten – für die Zurückgebliebenen eine traumatische Erfahrung: »Welche Leiden hätte ein Mensch nicht durchkostet, der den Knaben, den er geboren hat, wegen dessen er so häufig geweint hat und für den er immer nur das höchste Glück gewünscht hat, plötzlich gewaltsam von fremden Händen weggerafft und in sonderbare Sitten zu fallen gezwungen sieht?«, klagte ein griechischer Kirchenmann.

In ihrer neuen Heimat wurden die Knaben als Erstes unter Zwang zum Islam bekehrt, dann zumeist bei Bauern erzogen, einige ausgewählte auch am Hof behalten. Ihr weiteres Schicksal schildert eine osmanische Quelle: »Sowie sie zu Muslimen geworden waren, wurden sie von Türken

Murad I. auf Wolfsjagd. Osmanische Darstellung aus dem 16. Jahrhundert.

Ein Janitschar mit der »Ketsche«, der typischen Kopfbedeckung aus Filz.

viele Jahre lang zum Dienst verwendet und dann wieder an den Hof gebracht. Dort setzte man ihnen die weiße Ketsche [Filzhaube] auf und gab ihnen den Namen Janitscharen.«

In Friedenszeiten lebten sie in Kasernen, wo sie strenger Disziplin unterstanden und für den Kampf gedrillt wurden. Da die Janitscharen wurzellos in der Gesellschaft waren und nicht heiraten durften, bildete sich unter ihnen ein ausgeprägter Korpsgeist. Gefürchtet für ihren Todesmut und ihren Siegeswillen, wurden die Janitscharen zur Eliteeinheit der osmanischen Armee. Im Gegenzug beanspruchten sie die besondere Gunst des Herrschers und Privilegien im Staat. Bewährte Kämpfer konnten mit Landgütern ausgezeichnet werden, bald stellten die Rekruten der Knabenlese den größten Teil der militärischen und politischen Elite des Reiches.

Mit diesen Elitetruppen nahm Murad I. 1365 die byzantinische Stadt Hadrianopel ein und machte sie zu seiner neuen Hauptstadt. Es war ein

Die Schlacht auf dem Amselfeld 1389 trägt heute legendäre Züge. Europäischer Stich aus dem 19. Jahrhundert.

deutliches Zeichen dafür, dass Europa inzwischen bedeutsamer für die Osmanen wurde als Asien – zum Schrecken der Europäer. Nach einem Sieg Murads über die Serben 1371 schrieb ein griechischer Chronist: »Von nun an begannen die Muslime das Reich der Christen zu überrennen.« Eine weitere Schlacht, die unter Murad I. geschlagen wurde, sollte bald legendäre Züge erhalten und heute als Nationalmythos des serbischen Volkes gelten: die Schlacht auf dem Amselfeld 1389. Sie hatte keinen wirklichen Sieger, doch die Herrscher beider Seiten verloren bei den Kämpfen ihr Leben. Der Serbenführer fiel im Kampf, Sultan Murad wurde im Lager von einem Attentäter ermordet. Spätere osmanische Chroniken feierten ihn dafür als »Märtyrer«.

Murad hatte in seiner knapp 30-jährigen Herrschaft ein Imperium errichtet, das fünfmal größer war als das Reich seines Vaters – ein Vielvölkerstaat, in dem neben den muslimischen Untertanen auch viele christliche lebten und der von einem Ring christlicher Vasallenstaaten umgeben war. Ein wesentlicher Faktor, denn »die Tribute christlicher Staaten bildeten von Anfang an einen wichtigen Posten im osmanischen Budget«, so der Turkologe Klaus Kreiser. Nichts schien mehr den kometenhaften Aufstieg der Osmanen stoppen zu können – und doch sollte genau das passieren.

Phönix aus der Asche

Der Käfig hängt an einer schweren Eisenkette von der Decke herab. Seine Größe ist so konstruiert, dass der Gefangene weder richtig stehen noch sitzen kann. Dem Käfiginsassen wird eine karge Mahlzeit gereicht: ein Stück Brot und ein abgenagter Knochen. Doch die Demütigung des osmanischen Sultans hört damit nicht auf. Er muss mit ansehen, wie seine Gemahlin als Sklavin ihrem neuen Herrn zu Diensten ist. Nur mit ihrer Unterwäsche bekleidet, kredenzt sie Timur die erlesensten Früchte. An einem einzigen Tag hatte Sultan Bayezid I. alles verloren: seine Freiheit, seine Frau – und sein Reich. Als gebrochener Mann wird er wenige Monate nach seiner Gefangennahme in der Haft von Timur sterben.

Die Szene ist reine Fantasie, festgehalten auf einem europäischen Stich aus der Mitte des 19. Jahrhunderts. Und doch besitzt sie einen wahren historischen Kern: Tatsächlich erlitt 1402 der Osmanensultan Bayezid I. in der Schlacht von Ankara die »womöglich schwerste Niederlage in einer einzelnen Schlacht in der ganzen osmanischen Geschichte«, so der Münchener Turkologe Christoph Neumann. Der Sultan aber geriet in Gefangenschaft, in der er bald darauf verstarb.

Sultan Bayezid I. blieb als tragische Figur im kollektiven Gedächtnis. Dabei begann auch seine Regierung wie die seiner Vorgänger als Erfolgsgeschichte. Auch er war von Sieg zu Sieg geeilt, hatte seinem Reich in Anatolien und Europa neue Gebiete hinzugefügt und Byzanz offen die Stirn geboten.

In Europa waren die Osmanen unter Bayezid I. bis an die Grenze Ungarns vorgestoßen. Noch hatte die katholische Welt kaum realisiert, in welch kritischer Lage sich die christlichen Länder Südosteuropas befanden. Erst ein Hilferuf des ungarischen Königs veranlasste den Papst 1394, die Idee des »Heiligen Krieges« wiederzubeleben: Er rief zum Kreuzzug auf. Vor allem in Frankreich stieß der päpstliche Appell auf große Resonanz. Es sei eine Pflicht für jeden »Mann von Wert«, an diesem Krieg im Namen Gottes teilzunehmen. Über seinen Gegner wusste der europäische Adel dabei so gut wie nichts. Doch der Optimismus war groß: Nach dem Sieg über die Osmanen sollte der Kreuzzug bis nach Jerusalem fortgesetzt werden. 1396 sammelte sich ein französisch-ungarisches Heer, zu dem Ritter aus ganz Europa gestoßen waren, an der Donau. Ihnen rückte Bayezid I. mit seiner kampferprobten Streitmacht entgegen.

Bei Nikopolis in Bulgarien kam es am 25. September 1396 zur Schlacht. Das europäische Heer bestand aus schwer gepanzerten Rittern, die, wie schon seit Jahrhunderten, auf ihren Schlachtrössern der Taktik einer geschlossenen Reiterattacke vertrauten. Die Truppen des Sultans dagegen waren bunt gemischt, sie umfassten schwere und leichte Infanterie, Kavallerie, Bogenschützen und Pioniereinheiten. Es waren gut ausgebildete

Der »deutsche Marco Polo«

Unter den Kreuzfahrern kämpfte auch ein 16-jähriger Knappe aus Bayern, Johannes Schiltberger. Er verfasste einen Bericht über die Schlacht bei Nikopolis, worin er beschrieb, wie das Heer der Kreuzritter besiegt und in die Flucht geschlagen wurde. Und wie nach der Schlacht »ein groß Blutvergießen« begann: Sultan Bayezid ließ viele gefangene Christen enthaupten.

Nur seine Jugend rettete Schiltberger das Leben, seine Heimat sollte er aber erst 31 Jahre später wiedersehen. Seine Schrift *»Ein wunderbarliche und kürtzweylige Histori, wie Schildtberger, einer auß der Stat München in Bayern, von den Türcken gefangen, in die Heydenschaft geführet und wieder heym kommen« war* einer der frühesten Berichte über die Osmanen. Schiltberger wurde als »deutscher Marco Polo« bekannt.

Die Schlacht von Nikopolis wurde als »letzter Kreuzzug« bekannt. In der unteren Bildhälfte wird die Enthauptung christlicher Gefangener dargestellt.

Brutale Brudermorde

Um in Zukunft Bürgerkriege und die territoriale Aufsplitterung des Reiches zu vermeiden, etablierte sich unter den Osmanen eine brutale Sitte: der Brudermord. Schon Mehmed I. erklärte: »Ein Reich kann nicht zwei Herrscher beherbergen. Die Feinde, die uns umgeben, warten nur auf eine Gelegenheit.« Und sein Enkel auf dem Sultansthron bestätigte: »Zur Wahrung der Weltordnung ist es zweckmäßig, wenn derjenige meiner Nachkommen, der das Sultanat erlangt, seine Brüder töten lässt.« Tatsächlich sollte die Regelung dafür sorgen, dass die Dynastie mehrmals kurz vor dem Aussterben stand. Später wurde der grausame Brauch etwas gemildert, der Brudermord durch die lebenslange Inhaftierung möglicher Konkurrenten im »goldenen Käfig« des Palastes ersetzt.

Soldaten, die flexibel eingesetzt werden konnten. Im Zentrum standen die Janitscharen, die hinter ihren Feldbefestigungen den Angriff erwarteten. Doch unter den Christen herrschte Streit: Wem sollte die Ehre der ersten Attacke gebühren? Die französischen Ritter stürmten schließlich auf eigene Faust vor, rannten sich aber an der Stellung der Janitscharen fest und wurden vom Hauptheer abgeschnitten. Für die europäischen Kreuzfahrer endete die Schlacht von Nikopolis in einer totalen Niederlage, die als »letzter Kreuzzug« berühmt werden sollte. In Europa aber begründete Nikopolis den »Nimbus von der Unbesiegbarkeit der Türken«, so der Leipziger Historiker Klaus-Peter Matschke.

Auch gegen Byzanz führte Sultan Bayezid I. Krieg. Mehrmals belagerte er die Hauptstadt, erpresste die Zahlung von Tributen und erzwang sogar den Bau einer Moschee in der Stadt. Es schien nur noch eine Frage der Zeit, bis die Metropole, »gegen Ende des 14. Jahrhunderts eine von Schwermut erfüllte, sterbende Stadt«, wie sich der englische Historiker Steven Runciman ausdrückte, endgültig seine Hoheit an das Osmanische Reich verlieren würde. Doch unerwartet erhielt Byzanz Hilfe aus dem Osten. Timur, im Westen auch bekannt als Tamerlan, Anführer einer riesigen mongolisch-muslimischen Reiterarmee, forderte die Osmanen heraus. Er sah sich als Erbe Dschingis-Khans und wollte das mongolische

Weltreich wiedererrichten. Binnen weniger Jahrzehnte eroberte er das ganze Gebiet von Indien bis nach Persien. 1402 prallten in Anatolien zwei der größten muslimische Reiche ihrer Zeit aufeinander.

Bei Ankara stellten sich die Heere Bayezids und Timurs am 20. Juli zur Schlacht. Doch waren es die sieggewohnten Osmanen, die diesmal eine schwere Niederlage einstecken mussten. Der Sultan wurde gefangen genommen, die »schlimmste Krise seit der Entstehung des Osmanischen Reiches«, so Klaus-Peter Matschke, nahm ihren Lauf. Zwar zog Timur ein Jahr nach seinem Sieg wieder nach Osten, doch unter den Söhnen Bayezids brach ein Streit um die Thronfolge aus, der einen zwölfjährigen Bürgerkrieg zur Folge haben sollte. Das Osmanenreich geriet an den Rand des Zusammenbruchs. Als Sieger aus den Bruderkämpfen ging schließlich Mehmed I. hervor. Er einte ein zerrissenes Reich, das große Gebiete verloren hatte und von den Kriegen ausgeblutet war. Und das sich doch erstaunlich schnell von dieser existenziellen Krise erholen sollte.

Der »goldene Apfel«

Am späten Nachmittag zieht Mehmed II. auf seinem Schimmel in die verwüstete Stadt ein. Begleitet wird der junge Sultan von seinen Janitscharen und den Hofbeamten. Sie beobachten, wie die siegreichen osmanischen Truppen die Häuser Konstantinopels plündern – und wie sie Jagd auf die Bewohner machen. Vor der Hagia Sophia steigt der Sultan von seinem Pferd und streut sich als Zeichen der Demut etwas Erde auf den Turban. Dann betritt er die ausgeraubte Kirche. Den Zivilisten, die immer noch furchtsam in den Winkeln des Gotteshauses kauern, gewährt der Sultan freien Abzug. Wie auch den orthodoxen Priestern, die sich jetzt aus ihrem Versteck hervortrauen. Als Ruhe in der Kirche einkehrt, ruft der Muezzin von der Kanzel zum Gebet. Sultan Mehmed II. und seine Männer fallen auf die Knie. Die Hagia Sophia, bis dahin die wichtigste Kirche der Christenheit, ist nun eine Moschee.

Konstantinopel mit der Hagia Sophia und nach ihrer Umwandlung in eine Moschee. Europäische Darstellung aus dem 16. Jahrhundert.

Mit der Eroberung Konstantinopels am 29. Mai 1453 durch Mehmed II. schien eine Prophezeiung in Erfüllung zu gehen, die Mohammed vor seinen Gefährten gemacht hatte: »Habt ihr von einer Stadt vernommen, deren eine Seite Land ist und die anderen beiden Meer sind? Konstantinopel wird erobert werden. Gesegnet sei der Befehlshaber, der es einnehmen wird, und gesegnet seien seine Truppen.« Für muslimische Krieger war die Hauptstadt der orthodoxen Christenheit von früher Zeit an ein lockendes Ziel. Bereits im 7. und 8. Jahrhundert hatten arabische Gazi vergeblich versucht, Konstantinopel einzunehmen. In den nächsten Jahr-

Das byzantinische Bollwerk

Die Landseite der Stadt schirmte ein 20 Kilometer langes, dreifach gestaffeltes Befestigungswerk ab, die Theodosianische Mauer. Sie bestand aus einem 20 Meter breiten Wassergraben, hinter dem sich ein dreifacher Mauerring aus Stein erhob. Die dritte und größte Mauer erreichte eine Höhe von 12 Metern und wurde von fast 100 steinernen Türmen verstärkt.

Bis zum Zeitalter der Feuerwaffen war die Theodosianische Mauer unüberwindbar. Die einzige Eroberung der Stadt durch die Kreuzritter 1204 gelang deshalb auch nur von der Seeseite aus.

hunderten wurde die Stadt mehrmals von muslimischen Heeren belagert. Doch Konstantinopel trotzte allen Angriffen, bis die Osmanen kamen. Ihnen galt die Stadt am Bosporus als der »goldene Apfel«, Symbol für das wichtigste Angriffsziel.

»Mein höchstes Trachten geht dahin, die Ungläubigen niederzuwerfen. Wenn wir auf Gott vertrauen und zum Propheten beten, werden wir die Stadt einnehmen.«

Mehmed II.

Der junge, ehrgeizige Sultan Mehmed II. saß gerade einmal zwei Jahre auf dem Thron, als er mit seiner Streitmacht vor Konstantinopel auftauchte. Die Eroberung der Stadt sollte seinen Namen mit einem Schlag in der ganzen muslimischen Welt berühmt machen – laut dem afghanisch-amerikanischen Historiker Tamim Ansary ein »genialer Propagandacoup«. Doch der Sultan war auch von nüchternen strategischen Überlegungen geleitet. Konstantinopel lag genau im Zentrum des wachsenden Reiches, hier trafen Asien und Europa, Mittelmeer und Schwarzes Meer zusammen. Solange die Stadt nicht unter eigener Kontrolle war, bohrte sie sich wie ein Stachel in das Herz des Osmanischen Reiches. Mit ihrer Einnahme aber wäre auch der Rücken frei für weitere Eroberungen in Europa.

In bester osmanischer Tradition verstand der junge Sultan es, seine expansionistischen Ziele mit religiöser Propaganda zu überhöhen. Mehmed erklärte es zu seinen Pflichten als frommer Muslim, gegen Byzanz in den Heiligen Krieg zu ziehen.

Doch der Sultan stützte sich nicht auf Gottvertrauen allein. Akribisch ließ er die Belagerung vorbereiten, legte Vorräte an, füllte die Rüstkammern und zog in Thrakien ein riesiges Heer zusammen. Dass in seinen Reihen auch christliche Kontingente vom Balkan kämpften, störte den Glaubenskrieger dabei nicht.

Mehmed ließ 1452 an der engsten Stelle des Bosporus eine Festung errichten und mit Kanonen bestücken, »Halsabschneider« wurde sie genannt. »Die Zeit des Antichristen ist gekommen«, erschauerte ein griechischer Beobachter, als der Bau der Festung begann. Im Frühling 1453 brach das Heer Mehmeds von Edirne aus auf, symbolträchtig am geheiligten Freitag. »Wenn es marschierte, erschien die Luft wie ein Wald wegen sei-

Sultan Mehmed II., Porträt eines venezianischen Malers.

ner Lanzen, und wenn es lagerte, war die Erde nicht zu sehen vor Zelten«, staunte ein Augenzeuge. Als der Sultan am 6. April sein Zelt vor Konstantinopel aufschlug, war die Stadt zu Land und zu Wasser abgeschnitten. »Gegen die Gewalt der Türken konnte keine Macht mehr helfen außer Gott selbst«, schrieb einer der Belagerten. Den 80 000 türkischen Soldaten standen gerade einmal 6000 Verteidiger gegenüber. »Ich schließe die Tore meiner Hauptstadt und werde mein Volk bis zum letzten Tropfen meines Blutes verteidigen«, erklärte der byzantinische Kaiser Konstantin XI. Die einzige Hoffnung, die den Belagerten jetzt noch blieb, war, dass ihnen die christlichen Glaubensbrüder im Westen zu Hilfe kämen.

Bei denen aber hielt sich das Interesse an einem teuren und riskanten Kreuzzug in Grenzen. Zu weit weg war das byzantinische Kaiserreich, zu oft waren christliche Heere von den Osmanen besiegt worden, und zu lange war die katholische Kirche über die »Häretiker« des orthodoxen Glaubens hergezogen. Da half es auch nicht viel, dass Byzanz nach endlosen Verhandlungen 1452 endlich zu einer Glaubensunion unter Vorrang der katholischen Kirche bereit war. Dieses Zugeständnis war allerdings in Konstantinopel auf wenig Gegenliebe gestoßen. »Lieber den Turban des Sultans als den Hut des Kardinals«, soll ein byzantinischer Minister gesagt haben.

Nach Beginn der Belagerung schrieb ein Gegner der Kircheneinigung: »Diese Union war schlecht und hat Gott missfallen. In Wirklichkeit ist sie die Ursache all unserer sonstigen Misslichkeiten.« In Europa dagegen verhallte der Kreuzzugsaufruf des Papstes weitgehend ungehört. Nur eine kleine Flotte kam zusammen, die mit Soldaten, Waffen und Proviant an

Bord zu den Belagerten durchbrechen sollte. Doch ihr Auslaufen verzögerte sich immer wieder. Die kaiserliche Hauptstadt stand allein.

Und sie sah sich einem Feind gegenüber, der eine neue Superwaffe besaß: Kanonen, darunter ein acht Meter langes Geschütz aus Bronze, »ein schreckliches und furchteinflößendes Ungeheuer«, das von einem Waffenmeister aus Ungarn konstruiert und aus Kirchenglocken gegossen worden war. Am 12. April 1453 begann aus 69 Kanonen der laut dem englischen Publizisten Roger Crowly »erste konzentrierte Artilleriebeschuss der Geschichte«. An die Feuerkraft der Riesenkanone erinnerte sich ein Verteidiger: »Sie pulverisierten die Mauer damit, und obwohl sie extrem dick und stark war, brach sie unter dem Beschuss durch dieses schreckliche Gerät zusammen.« Trotzdem gelang es den Verteidigern, sämtliche Angriffe abzuwehren, nachts wurden die Breschen in der Mauer mit Holzpalisaden wieder notdürftig geschlossen.

Sechs Wochen nach Beginn der Belagerung fasste Mehmed II. den Entschluss, mit einem Großangriff alles auf eine Karte zu setzen: »Diese Leiden dienen dem Ruhme Gottes. Das Schwert des Islam liegt in eurer Hand«, wurden die Soldaten an ihrer Gazi-Ehre gepackt: Bei einem Scheitern wäre nicht nur der Kampf um Konstantinopel verloren, sondern der junge Sultan müsste auch um seinen Thron, wenn nicht um sein Leben fürchten. Die Verteidiger wussten ebenfalls, was sie erwarten würde gegen die »wilden und unmenschlichen Türken«. Kaiser Konstantin setzte zur Hebung der Kampfmoral auf bewährte Rhetorik: »Wenn ihr auch nur einen Blutstropfen vergießt, so ist euch eine Märtyrerkrone im Himmel gewiss.«

Am 29. Mai 1453 um zwei Uhr morgens begann der osmanische Großangriff. »Das Weinen und Schreien, die Schreie und Schluchzer der Menschen, das Brüllen der Kanonen und das Läuten der Glocken verbanden

»Wenn du darauf bestehst, mir den friedlichen Einzug in die Stadt zu verweigern, werde ich mir gewaltsam den Weg bahnen und werde dich und deine Edelleute niedermetzeln. Ich werde alle Überlebenden töten und meinen Truppen freie Hand zur Plünderung geben. Die Stadt ist alles, was ich wünsche, selbst wenn sie leer sein sollte.«

Mehmed II., Kapitulationsaufforderung an Konstantin XI.

Kanonen wie diese trugen maßgeblich zur Eroberung Konstantinopels 1453 bei.

29. Mai 1453: Die Erstürmung. Europäische Illustration aus dem 15. Jahrhundert.

sich zu einem Geräusch, das dem Donner glich«, schrieb einer der Belagerten. Mehrere Angriffe konnten die Verteidiger zurückschlagen, doch dann erlagen sie der Übermacht. Auch Kaiser Konstantin war beim Kampf an den Mauern gefallen. »Ich bin entschlossen, mit euch zu sterben«, hatte er seinen Leidensgenossen zuvor erklärt. Jetzt war die Stadt auf Gedeih und Verderb den Eroberern ausgeliefert.

Konstantin XI., der letzte Kaiser von Byzanz.

Nach islamischem Recht wurde eine Stadt geschont, die sich kampflos ergab. Doch die Verteidiger von Konstantinopel hatten jede Kapitulation abgelehnt und viele osmanische Soldaten getötet. Mehmed musste die dreitägige Plünderung der Stadt erlauben, die Einwohner waren vogelfrei. »Die ganze Stadt war voll mit Menschen, die töteten oder getötet wurden, die flohen oder verfolgt wurden«, so ein Augenzeuge. Viele Zivilisten wurden ermordet, noch mehr gefangen genommen und versklavt. Die Häuser standen zur Plünderung frei, doch längst nicht die ganze Stadt wurde ausgeraubt und verwüstet, antike Denkmale und Kirchen stellte der Sultan unter seinen Schutz. Von nun an würde Mehmed II. auch den Titel »Padişah« führen, der in etwa dem Kaisertitel entsprach. Er sah sich als legitimen Nachfolger der römischen Kaiser, seinen griechischen Untertanen bot er einen Platz in seinem Reich. Er setzte sogar einen Patriarchen ein. Die orthodoxe Kirche war eine staatliche Institution des Osmanischen Reiches. Bald nach der Eroberung ließ er die Stadt nicht nur von Türken, sondern auch von vielen Griechen wieder besiedeln.

In Europa löste die Nachricht von der Eroberung Konstantinopels einen Schock aus. Niemand hatte ernsthaft damit gerechnet, dass die Stadt, die schon so oft belagert worden war, diesmal wirklich fallen würde. Kaiser Friedrich III. soll in Tränen ausgebrochen sein. Ein Zeitgenosse klagte: »An dem Tag, an dem die Türken Konstantinopel einnahmen, verdunkelte sich die Sonne.« Es war der Beginn der »Türkenangst« in Europa, die von der Kirche kräftig mitgeschürt wurde: Ein tägliches »Türkenläuten«

Von »Byzantion« bis »Istanbul«

Ursprünglich hieß die erste griechische Siedlung am Goldenen Horn »Byzantion«, ein Name thrakischen Ursprungs. Nach der Neugründung der Stadt durch Kaiser Konstantin I. 324 n. Chr. erhielt sie den Namen »Nova Roma« (»Neues Rom«). Später wurde sie »Konstantinopel« (»Stadt des Konstantin«) genannt. Die Osmanen machten »Kostantiniye« daraus. Doch bereits vor der Eroberung durch Mehmed II. gab es noch eine andere Bezeichnung für die Stadt, wie etwa Johannes Schiltberger bezeugt: »Constantinopel hayssen die Christen Istimboli und die Thürken hayssends Stambol« – ein Name, der sich möglicherweise vom griechischen »eis tin polin« (»in die Stadt«) ableitet. Noch lange nach der Einnahme durch das osmanische Heer wurden beide Namen weiterverwendet, im 18. Jahrhundert zeitweise durch die Kunstschöpfung »Islambol« (»Vom Islam erfüllt«) ersetzt. Auch »Dersaadet« (»Pforte des Heils«) nannten die Osmanen ihre Hauptstadt. Erst 1930 wurde »Istanbul« der offizielle und einzige Name für die Stadt am Bosporus.

»Angst, von den Türken unterjocht zu werden, gehörte zu den Traumata der spätmittelalterlichen und frühneuzeitlichen Christenheit.«

Klaus Schreiner, Historiker

sollte an die ständige Bedrohung erinnern, »Türkenpredigten« wurden so üblich wie Bittgebete an die »Türkenmadonna«. Eine »Reichstürkenhilfe« sollte den Krieg gegen die »Heiden« finanzieren, die Landesfürsten erhoben dafür den »Türkenpfennig«.

Für viele Europäer schien sich die biblische Endzeit anzukündigen. Der Astrologe Johannes Lichtenberger sah in den Türken die »Zuchtrute Gottes« und sagte den Weltuntergang voraus. Und für den Humanisten Philipp Melanchthon waren die Türken das Endzeitvolk, das ganz Europa überrennen würde.

Noch einmal rief der Papst zum Kreuzzug auf: »Ihr Deutsche, die ihr den Ungarn nicht beisteht, hofft nicht auf die Hilfe der Franzosen! Und ihr Franzosen rechnet nicht auf den Beistand der Spanier, sofern ihr den Deutschen nicht helft. Nachdem Mehmed die Herrschaft im Osten erlangt hat, will er nunmehr die im Westen erringen.« Doch die Zeit der Kreuzzüge war vorbei, trotz aller Beteuerungen verfolgten die lateineuropäischen Staaten ihre eigenen Ziele – und die hatten zumeist nichts mit dem Balkan, Byzanz oder den Osmanen zu schaffen. »Die Monarchien des Westens waren nicht interessiert«, bestätigt denn auch der Historiker Steven Runciman.

»Die Osmanensultane haben keine planmäßigen Versuche gemacht, die christliche oder jüdische Bevölkerung zum Islam zu bekehren. Doch gab es für die Untertanen nicht wenige Anreize, Muslime zu werden.«

Suraiya Faroqhi,
Historikerin und Turkologin

In Religionsfragen zeigte sich Mehmed II. für damalige Verhältnisse vergleichsweise tolerant. Die jüdische Gemeinschaft und die orthodoxe Kirche genossen im Osmanischen Reich Privilegien. Die orthodoxen Patriarchen und Metropoliten wurden durch den Sultan bestallt und finanziell kontrolliert, aber auch mit Rechten ausgestattet. Alle Geistlichen waren steuerbefreit. Das galt ebenfalls für die armenisch-apostolische Kirche und bald auch für die katholischen Gemeinschaften auf dem westlichen Balkan. Unter dem Schutz des Sultans konnten sie ihre Religion praktizieren, wenngleich mit einigen Einschränkungen: So duften sie nicht missionieren und keine neuen Kirchen errichten (eine Regel, die wohl in der Praxis nicht so genau beachtet wurde, wie zahlreiche Neubauten von Kirchen im Osmanischen Reich belegen).

> **»Die Flüchtlingsströme nach der Einnahme Konstantinopels bewegten sich größtenteils in eine Richtung: von den christlichen Ländern ins Osmanische Reich.«**
>
> Roger Crowley, Publizist

»Die Türken zwingen niemanden, seinem Glauben abzuschwören, versuchen niemanden zu missionieren«, so ein Zeitzeuge aus dem 15. Jahrhundert. Zwar mussten die jüdischen und christlichen Untertanen eine Extrasteuer bezahlen und verschiedene Diskriminierungen in Kauf nehmen: So durften Christen sich nur in Schwarz, Violett und Blau kleiden; ihre Häuser durften nicht so hoch sein wie die ihrer muslimischen Nachbarn; sie durften nur bestimmte Reittiere benutzen. Und doch waren viele mit ihrem Los im Osmanischen Reich zufrieden. »Hier, im Land der Türken, können wir uns nicht beklagen«, bemerkte ein aus Spanien vertriebener Jude – was sich in Europa, wo die Zeit der religiösen Verfolgungen gerade begonnen hatte, herumsprach.

Nach seinem Sieg über Byzanz setzte Mehmed II. seine Eroberungen auf dem Balkan, in Griechenland und auf der Krim fort. »Es darf nur ein Reich geben, einen Glauben und einen Herrscher in der Welt«, lautete sein Credo. Konstantinopel wurde zur neuen Hauptstadt ausgebaut, um die absolute Macht des Sultans zu bekräftigen. Allein in seinen Händen sollte die Lenkung des Staates liegen, der alle wichtigen wirtschaftlichen Ressourcen kontrollierte. Mit Sultan Mehmed II., der laut Josef Matuz »bedeutendsten Herrschergestalt der osmanischen Geschichte«, begann die Epoche des »Klassischen Osmanischen Reiches«.

Jüdische Ärzte genossen im Osmanischen Reich ein hohes Ansehen. Sogar die Sultane griffen auf ihre Kunst zurück.

Osmanische Händler versuchen in einem Basar, mit Waren aller Art Kunden anzulocken.

Das klassische Zeitalter

Auf dem Basar in Konstantinopel herrscht reger Betrieb. Kisten werden geschleppt und Fässer gerollt, Männer im »Dolman«, dem türkischen Leibrock, und mit Turban flanieren zwischen den Ständen; es wird gefeilscht und bezahlt, die Händler sitzen auf Truhen und stellen ihre Waren zur Schau: Teppiche, Sättel und Waffen, Turbane und Geschirr, Gewürze und Rosinen, Medizin und Kräuter, Vögel in Käfigen. Zur Erfrischung bieten mobile Verkäufer eisgekühltes Sorbet an, gebannt sieht das Publikum den Darbietungen des Schattentheaters zu. Unter den Basarbesuchern fällt ein Europäer kaum auf, der von osmanischen Wachen begleitet wird. Es ist Ogier Ghislain de Busbecq, der kaiserliche Gesandte des Heiligen Römischen Reiches in Konstantinopel. Fasziniert bleibt er vor einem Stand stehen, an dem Blumen verkauft werden. »Die Türken pflegen die Blumen sehr«, berichtet er in die flandrische Heimat, »so eine, welche sie Tulipan nennen. Ihr Vorzug liegt in Reichtum und Schönheit der Farbe.« Er wird einige Zwiebeln dieser Blume mit nach Hause nehmen. Hundert Jahre nach Busbecq werden die Tulpen in seiner Heimat zu einem wahren »Fieber« führen und den ersten Börsencrash der Geschichte auslösen.

Ogier Ghislain de Busbecq.

Süleyman der Prächtige.

Denkmal des osmanischen Hofarchitekten Sinan vor einer Moschee in Edirne.

Die Aufzeichnungen Busbecqs über den Osmanenstaat in seiner Blütezeit, hundert Jahre nach dem Fall Konstantinopels verfasst, fanden im 16. Jahrhundert weite Verbreitung und gehören heute zu den wichtigsten europäischen Quellen über diese Epoche der osmanischen Geschichte. Der Flame Busbecq lebte für insgesamt acht Jahre in einem Imperium, das auf dem Gipfel seiner Macht stand. Eine Glanzzeit, die mit einem Namen besonders verbunden ist: Sultan Süleyman I., von den Europäern »der Prächtige«, von den Osmanen »der Gesetzgeber« genannt. Süleyman vergrößerte nicht nur in zahlreichen Kriegen den territorialen Bestand des Reiches, sondern machte sich auch einen Namen als Kunstmäzen und Bauherr. Unter seiner Herrschaft fand die osmanische Kultur zu Formen, die noch lange als Ausdruck einer Blütezeit verstanden wurden.

Konstantinopel war zu Süleymans Zeiten eine florierende Metropole, die von Händlern, Gesandten und Reisenden aus der ganzen Welt besucht wurde. 1477 lebten bereits 80 000 Menschen hier, im 16. Jahrhundert war Konstantinopel die »weitaus größte Stadt Europas«, meint die Münchener Historikerin Suraiya Faroqhi. An allen Ecken und Enden wurde gebaut – eine Demonstration imperialer Macht. Süleymans Hofarchitekt Sinan, ein ehemaliger Janitschar, war der genialste osmanische Baumeister. Seine Architektur prägt bis heute das Stadtbild Istanbuls. Neben Zweckbauten wie Brücken und Schulen errichtete der »Michelangelo der

Die Süleymaniye auf einem Foto von 1905. Im Osmanischen Reich durften nur die Sultane vier Minarette vor einer Moschee errichten.

Osmanen«, so der Orientalist Franz Babinger, allein in Konstantinopel 48 Moscheen und 50 kleinere islamische Gebetshäuser. Unter ihnen eine der bedeutendsten der Welt: die Süleymaniye.

Sinans Zeitgenossen galt sie als »Heiligtum« und »zweite Kaaba«. Wie alle großen Moscheen umfasste die Süleymaniye neben dem Gebetshaus Nebengebäude, in ihrem Fall mehrere Medresen (Lehranstalten), eine Koran- und eine Grundschule, eine Bibliothek, ein Hospital, eine Karawanserei, eine öffentliche Küche, Läden und ein Hamam (Badehaus). Vier Minarette schmückten die Süleymaniye, ebenso viele, wie sie die Hagia Sophia besaß. Verwundert berichtete Busbecq von der fremdartigen Sitte des islamischen Gebetsrufs: »Ihre Tempeldiener erheben ihren Ruf von der Höhe eines eigens dazu erbauten Turmes; hier mahnen und laden sie die Menschen zur Verehrung Gottes.«

Der Besuch eines Badehauses gehörte bei den Türken zu den Alltagsnormalitäten. Europäische Darstellung aus dem späten 16. Jahrhundert.

Der Botschafter beobachtete auch viele andere Merkwürdigkeiten in der Hauptstadt der Osmanen. Sein Urteil über die türkische Badekultur fiel dabei eher zwiespältig aus: »Sie hassen Köperschmutz wie einen Makel, mehr als geistige Unreinheit.« Einige Bäder aus der Zeit Süleymans stehen heute noch in Istanbul. Ob Busbecq auch seinen ersten Kaffee in Konstantinopel gekostet hat? Möglich ist es, denn das erste Kaffeehaus der Stadt hatte bereits 1554 eröffnet. Der Botschafter erwähnt aber nur ein anderes exotisches Getränk: »Eine Art saure Milch nennen sie Jugurtha, die sie mit eiskaltem Wasser verdünnen und Brot hineinkrümeln.«

Aquädukte sicherten die Versorgung der Hauptstadt mit Trinkwasser. Sie waren zu Süleymans Zeit in einem ebenso guten Zustand wie das Netz der Fernstraßen, welches das Osmanische Reich überspannte: »Seit dem Untergang des Römerreiches hatte kein Staat in Europa seinem Straßenwesen eine solche Pflege angedeihen lassen«, bestätigte denn auch der tschechische Experte Konstantin Jireček. Besondere Kunstfertigkeit bewiesen die osmanischen Baumeister bei der Errichtung von Brücken. Berühmt wurde die Brücke von Mostar, erbaut von einem Schüler Sinans. Sie stellt ein Meisterwerk der Ingenieurkunst dar und ist heute ein Symbol für die Verständigung zwischen christlicher und islamischer Welt.

Die berühmte Brücke von Mostar in Bosnien-Herzegowina wurde von einem Schüler Sinans errichtet.

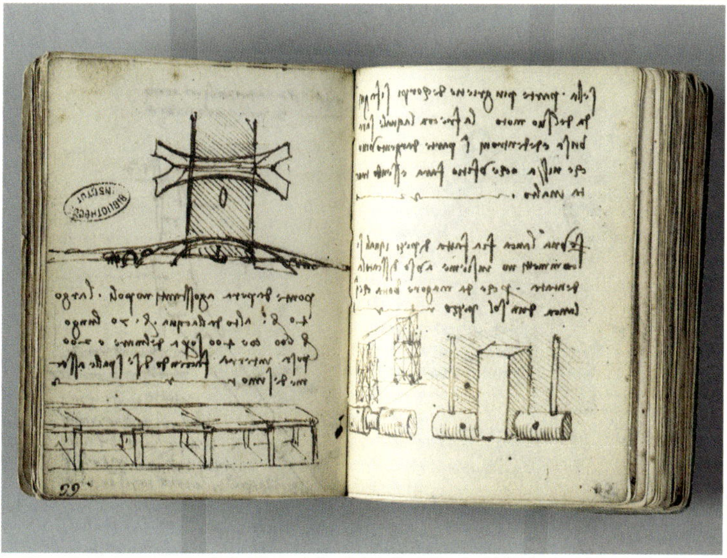

Skizzenbuch Leonardo da Vincis mit seinem Entwurf für die Galata-Brücke über das Goldene Horn.

Denn die Brücke verbindet den muslimischen Ostteil der Stadt mit dem katholischen Westteil.

In der klassischen Zeit waren die osmanischen Sultane große Förderer der Künste und der Wissenschaften. Die Buchmalerei erlebte in ihrem Reich eine Blüte, ebenso die Kalligrafie. Dichter und Musiker waren so hoch angesehen wie Mathematiker, Astronomen und andere Forscher. Der Enkel Süleymans, Sultan Murad III., ließ in Konstantinopel ein Riesenobservatorium errichten, ein Meisterwerk der Technik. Die Weltkarte des Piri Reis, eines osmanischen Admirals, entstand 1513 in Konstantinopel. Sie zeigt, dass der Transfer von Wissen aus Europa zu dieser Zeit gut funktionierte, denn Amerika ist auf ihr bereits verzeichnet. Doch die Osmanen förderten nicht nur Künstler und Forscher aus ihrem Reich. Einige Sultane begeisterten sich auch für die europäische Kultur. Mehmed II. sprach fließend Griechisch und war mit den Werken Homers vertraut. Gerne ließen sich die Osmanen-Sultane von europäischen Malern wie Bellini und Tizian Porträts anfertigen. Die Pläne für eine Brücke über das Goldene Horn stammten von keinem Geringeren als dem italienischen Künstler und Wissenschaftler Leonardo da Vinci.

»Kaum ein anderes Volk wehrt sich so wenig gegen die guten Erfindungen anderer.«

Ogier Ghislain de Busbecq, Gesandter am Hof des Sultans

Süleyman herrschte über einen, so Josef Matuz, »nahezu perfekten Ordnungsstaat«, der in mancher Hinsicht seinen europäischen Konkurrenten überlegen war. Unter Süleyman schritten Zentralisierung und Rationalisierung der Bürokratie voran, wurden das Steuersystem vereinheitlicht und das Recht überarbeitet. Im Osmanischen Reich gab es keinen erblichen Adel: »Geburt unterscheidet hier keinen von den andern. Nach seiner Tugend wird ein jeder ausgezeichnet«, staunte Busbecq. Für das tägliche Regierungsgeschäft war der Großwesir verantwortlich, während der »großherrliche Diwan«, der Reichsrat, sich um Verwaltungsabläufe, Ernennungen und Gerichtsurteile kümmerte. Über allen aber thronte der Sultan als absoluter Herrscher.

> **»Die Türken halten es nicht nur für erlaubt, Christen zu beleidigen und zu beschimpfen, sie halten das für ein Werk der Frömmigkeit.«**
>
> Ogier Ghislain de Busbecq, Gesandter am Hof des Sultans

Jede gesellschaftliche Gruppe hatte ihre Rechte und Pflichten in diesem Staat. Die Last der Steuern trug die Landbevölkerung, zu der 90 bis 95 Prozent der osmanischen Untertanen zählten, die osmanische Elite blieb von allen Abgaben befreit. Doch anders als ihre Standesgenossen in Europa waren die osmanischen Bauern keine Leibeigenen, befanden sie sich in keinem persönlichen Abhängigkeitsverhältnis zu ihrem Grundherrn. Es war ein multiethnischer und multikonfessioneller Staat, in dem neben Türken auch Araber, Juden, Griechen, Armenier, Kurden, Roma und Slawen lebten: »Nichtmuslime waren im Osmanischen Reich kein Randphänomen«, erklärt Christoph Neumann. Eine wichtige Einnahmequelle für die Staatskasse war die Kopfsteuer, die von den christlichen und jüdischen Untertanen bezahlt wurde. Dennoch gehörten Schikanen gegenüber »Ungläubigen« zum Alltag, blieben sie laut Suraiya Faroqhi »Untertanen zweiter Klasse«.

Und doch lebten die Andersgläubigen im Osmanischen Reich zu dieser Zeit bedeutend besser als die religiösen Minderheiten in den meisten europäischen Ländern. Es gab keine Verfolgung und keine Vertreibung. Von der Politik der Toleranz etwa gegenüber den Juden zeugt bis heute die Ahrida-Synagoge in Istanbul. Als Erinnerung daran, dass sie aus dem christlichen Europa über das Meer geflohen waren, setzten die Juden ein schiffsbugförmiges Podest für die Thora-Rezitation, die »Bimah«, in ihr Gotteshaus.

Herrschaftszentrum des Osmanischen Reiches war der Topkapı-Palast in Istanbul – auch er ein Symbol imperialer Macht.

Abgeschottet und zumeist unsichtbar für sein Volk, regierte der Sultan von hier aus sein Imperium. 5000 Personen lebten zur Zeit Süleymans im Topkapı-Palast. Die Anlage war in drei Hofbereiche gegliedert: Der erste Hof war der Öffentlichkeit zugänglich, im zweiten Hof saßen der Großwesir und der Diwan, hier wurden Gesandte und Emissäre empfangen. Dem Herrscher mit seiner Familie blieb der dritte, innere Hof

Der Topkapı-Palast mit Blick auf die Dächer des Harems, des Wohnbereichs des Sultans und seiner Familie.

vorbehalten, der Harem. Es war kein zügelloser Sündenpfuhl, wie viele Europäer glaubten und glauben, im Gegenteil: Durch die Anwesenheit des Sultans, des »Schatten Gottes auf Erden«, galt der Harem als sakraler Ort; hier wurden auch die wichtigsten Heiligtümer des Islam aufbewahrt.

Im Harem lebte der Sultan mit seiner Familie, den Ehefrauen und Kindern, seiner Mutter, den unverheirateten Schwestern und seinen Konkubinen. Das erotische Leben des Sultans stand dabei unter strikter Aufsicht, denn die Frage der Nachkommenschaft war für die Erbdynastie fundamental. Da die Sklavinnen des Harems nicht-islamischen Glaubens sein durften, stammten sie hauptsächlich aus dem Kaukasus, von der Krim und aus Europa, von wo sie gekauft oder geraubt worden waren. Im Harem unterstanden sie strengen Regeln, es gab eine feste Hierarchie mit der Sultansmutter an der Spitze. Und doch waren Fehden und Intrigen in der isolierten Welt des Harems an der Tagesordnung. Die Skla-

Der Sultan trifft sich mit seiner Favoritin. Osmanische Miniatur aus dem 16. Jahrhundert.

vinnen des Palastes konkurrierten darum, es zur Zofe des Sultans, zu seiner Konkubine und vielleicht eines Tages zur Sultansmutter zu bringen.

Zum inneren Kreis gehörten neben der Sultansfamilie und den Sklavinnen noch die Eunuchen, die als Wachen des Harems dienten und sich um die persönlichen Angelegenheiten des Sultans kümmerten. Da sie alles für den Herrscher bis hin zu seinen Finanzen regelten, wurde auch ihr Einfluss im Staat immer größer, bildeten sie einen eigenen Machtfaktor. Für alle anderen Personen war der Harem ein unzugänglicher Ort, über den zahllose Gerüchte kursierten.

Hinter den Kulissen des Palastes aber begann seit der Zeit Süleymans ein Wandel, der das Osmanische Reich nachhaltig verändern sollte. Politisch begabte Sultansmütter und Ehefrauen gelangten mehr und mehr zu Macht und Einfluss. »Alles Gute und alles Schlechte kam von der Königinmutter«, notierte etwa der Gesandte Venedigs 1583. Es begann die Zeit des, wie der türkische Historiker Ahmed Refik es formuliert, »Sultanats der Frauen«, das zu einem langsamen Wandel im Osmanischen Reich führte: von einem expansiven Imperium mit einem »Kriegersultan« an der Spitze zu einem bürokratischen Staat mit einem »Palastsultan«, der in der Mitte seines Harems lebte, so die englische Historikerin Leslie Peirce. Eine bürokratisch verankerte Politik ersetzte mehr und mehr die Willkürakte der Sultane.

Am Anfang dieser Entwicklung stand Hürrem Sultan, Ehefrau Süleymans des Prächtigen, von den Europäern Roxelane genannt. Wahrscheinlich stammte sie aus Osteuropa, wo sie von Krimtataren geraubt und an den Harem des Sultans in Konstantinopel verkauft worden war. Melchior Lorichs, ein Begleiter Busbecqs in Konstantinopel, fertigte eine Zeichnung von ihr an, doch es ist unwahrscheinlich, dass er sie selbst zu Gesicht bekam.

Im Beisein seiner Gattin Roxelane verurteilt Süleyman einen seiner Söhne zum Tod. Europäischer Stich aus dem 18. Jahrhundert.

Roxelane war die erste Konkubine überhaupt, die nicht nur die Freiheit erhielt, sondern sich sogar mit dem Sultan vermählte. Ihre Beziehung zu Süleyman soll ungewöhnlich eng gewesen sein, ihr Einfluss bei Hof war beträchtlich. Um ihrem Sohn den Weg zum Sultansthron zu bahnen, ließ Roxelane Mitbewerber und kritische Hofbeamte hinrichten. Die Erfüllung ihres großen Traumes sollte sie aber nicht mehr erleben. Roxelane war bereits acht Jahre tot, als 1566 ihr Sohn als Selim III. den Thron bestieg.

Zuerst Konkubine, dann Ehefrau des Sultans: Roxelane.

Süleyman, der Kriegsherr

Nur langsam kommt die Armee des Sultans voran, denn die unbefestigten Wege Ungarns haben sich im Herbst 1529 in Schlammpisten verwandelt. »Tag und Nacht unaufhörlicher Regen«, hält das osmanische Kriegstagebuch fest. Von seinem Pferd aus beobachtet Süleyman, wie seine Soldaten vergeblich versuchen, die schweren Kanonen aus dem tiefen Morast zu befreien. Er ordnet an, sie am Wegesrand zurückzulassen. 300 kleine Geschütze müssen genügen, um das Ziel des Feldzugs zu erreichen: die Eroberung Wiens, »des riches houptstat zu Osterrich«. 120 000 Mann hat Süleyman für diesen Feldzug zusammengebracht. 75 Jahre nach der Einnahme Konstantinopels ist Wien der neue »goldene Apfel« für die Osmanen.

Im 16. Jahrhundert schien die osmanische Macht unanfechtbar, der osmanische Staat war zu dieser Zeit »vermutlich das mächtigste Reich der Welt«, meint Tamim Ansary. Grundlage dieser Macht war die kampfstarke Armee der Osmanen. Die gut ausgebildeten und modern bewaffneten

»In den Augen der Osmanen selbst und auch in denen zeitgenössischer europäischer Gegner und Beobachter war das Osmanische Reich zuerst und vor allem eine Angst einflößende militärische Maschinerie.«

Christoph Neumann,
Historiker und Turkologe

osmanischen Soldaten waren den Heeren der Europäer jener Jahre weit überlegen. Doch um die Truppen unterhalten zu können, um ihnen Ruhm und Beute zu sichern, war der Osmanenstaat zur ständigen Expansion verdammt.

Insgesamt 13 Feldzüge führte Süleyman persönlich an. In seiner Regierungszeit wurden der Jemen und Bagdad besetzt, Tripolis unterworfen, Rhodos und Belgrad erobert. 1526 fielen nach dem Sieg von Mohacs weite Teile Ungarns unter osmanische Herrschaft. Jetzt konnte Süleyman ein lang gehegtes Ziel ins Auge fassen: den Angriff auf Wien.

Einer der Feldzüge Süleymans. Miniatur aus dem 16. Jahrhundert.

Süleymans Sieg bei Mohacs, 1526. Nun war der Weg nach Wien frei.

Für seine Expansionspläne hinsichtlich des »ungläubigen« Europa setzte Süleyman auch auf die religiöse Karte. Als Sultan und Gazi-Kämpfer musste es sein Ziel sein, das Reich der Muslime bis an die Grenzen der besiedelten Welt auszudehnen. »Die Religion und ihre Bräuche hütet er aufs strengste und begehrt, sie nicht weniger auszubreiten als sein Reich«, schrieb Busbecq über Süleyman. Der Sultan beanspruchte außerdem den Titel des Kalifen für sich, des spirituellen Oberherrn in der muslimischen Welt. Süleyman berief sich dabei auf das Erbe seines Vaters Selim I., der in blutigen Kriegen den Konkurrenzkampf der Muslime für sich entschieden hatte. Seitdem befanden sich die heiligen Stätten des Islam in Mekka, Medina und Jerusalem unter osmanischer Herrschaft. Der Konflikt mit Persien und Ägypten aber stand an Heftigkeit den Kämpfen mit den christlichen Gegnern in nichts nach.

Seit 1501 herrschte in Persien die Dynastie der Safawiden, radikale Anhänger der Schia, der Strömung im Islam, die den Anspruch des Prophetencousins Ali auf dessen Nachfolge vertritt. Auch sie betrieben eine expansive Politik. Im östlichen Anatolien trafen persische und osmanische Machtsphären aufeinander. Sultan Selim I. war zum Krieg entschlossen. Doch da im islamischen Recht alle von Muslimen bewohnten Gebiete zum »Haus des Islam« gehörten, musste zunächst eine theologische Legitimation für den Kampf gegen die Glaubensbrüder gefunden werden. Die Lösung: Die Safawiden wurden als »Häretiker« diffamiert: »Ihr habt die ehrenhafte Gemeinschaft Mohammeds eurem unaufrichtigen Willen unterworfen und das feste Fundament des Glaubens untergraben.« Die osmanische Propaganda kam deshalb zu dem Schluss: »Es ist eine Notwendigkeit und eine heilige Pflicht, dass sie niedergemetzelt und ihre Gemeinden zerschlagen werden.« Dank des Einsatzes von Feuerwaffen besiegte Selim 1514 den östlichen Rivalen – der Auftakt für einen 200 Jahre währenden Konflikt mit dem Persischen Reich.

Der Krieg gegen die Safawiden war für Selim I. ein willkommener Anlass, um danach den persischen Verbündeten im Süden anzugreifen: den Staat der Mamluken, die über Syrien, Ägypten und die heiligen Stätten herrschten. Allerdings schien die religiöse Rechtfertigung für diesen Angriff noch schwieriger, waren die Mamluken doch rechtgläubige Sunniten und sogar die Schutzherren der heiligen Stätten von Mekka und Medina.

Osmanische Truppen im Kampf gegen die persischen Safawiden. Europäischer Holzschnitt aus dem 16. Jahrhundert.

Doch ein theologisches Alibi war von den osmanischen Glaubensgelehrten auch hier bald gefunden: »Wer einem Häretiker hilft, ist selbst ein Häretiker.« Der Krieg konnte beginnen, und 1517 war das Mamlukenreich zerschlagen.

Unangefochten war Sultan Selim I. nach diesen Kriegen der mächtigste Herrscher der islamischen Welt. Medina und Mekka gehörten jetzt zu seinem Reich, was einen ungeheuren Prestigegewinn bedeutete. Der Sultan führte von nun an den traditionellen islamischen Titel »Diener der zwei erhabenen Heiligtümer«. Aus Kairo wurde der amtierende Kalif mitsamt seinen Insignien, dem Schwert und dem Umhang des Propheten, nach Istanbul verschleppt. Zukünftig schmückte sich Selim I., wenn es ihn danach gelüstete, auch mit der Würde eines Kalifen.

> **»Der Besitz der heiligen Stätten konnte der osmanischen Dynastie nur noch größere Legitimität geben.«**
>
> Caroline Finkel, britische Historikerin und Turkologin

Als »Nachfolger des Propheten« würden die osmanischen Sultane ab jetzt ihre Autorität mehr denn je auf den islamischen Glauben stützen, ihre imperiale Macht mehr denn je mit religiösem Eifer zur Schau stellen, auch wenn die Herrscher es selbst nicht immer so genau mit dem Glauben nahmen: Die zahlreichen Porträts etwa, die sie von sich anfertigen ließen, setzten sich über das islamische Bilderverbot hinweg, und auf den – mitunter reichlichen – Genuss von Wein wollten die wenigsten Sultane verzichten.

Die Eroberungen Selims I., der 1520 starb, veränderten den Staat der Osmanen nachhaltig. Ägypten barg unermessliche Reichtümer und wurde zur Kornkammer des Imperiums. Von nun an herrschten die Osmanen auch über zahlreiche arabische Untertanen, erst jetzt war die muslimische Bevölkerung deutlich in der Mehrheit im Reich. Außerdem hatte sich das Osmanische Reich zu einer mediterranen Großmacht entwickelt.

Süleyman wollte als »Nachfolger des Propheten« und »Befehlshaber der Gläubigen« im Herbst 1529 mit einem Sieg über die christlichen Habsburger auch das Herrschaftsgebiet des Islam in Europa erweitern. Wien schien dabei eine leichte Beute, denn die Stadt war nur bedingt verteidigungsfähig. Die Mauern stammten aus dem 13. Jahrhundert, sie waren kaum zwei Meter dick und in desolatem Zustand. Und gerade einmal 20 000 Verteidiger standen der osmanischen Übermacht gegenüber. Mit Hilfe von außerhalb war nicht zu rechnen. Wien schien verloren, als sich am 27. September 1529 der Belagerungsring um die Stadt schloss und der osmanische Angriff begann.

In den folgenden Wochen wehrte sich die Wiener Besatzung verzweifelt. »Die niedrigen Ungläubigen feuern in einem fort Kanonen von der

Die Belagerung Wiens, 1529 die Süleyman wegen des Wintereinbruchs abbrechen musste. Ausschnitt eines Plans von Niclas Meldemann (1530).

Belagerungsgeschütze der Türken nehmen Wien unter Feuer. Europäisches Gemälde aus dem 17. Jahrhundert.

»Türkengräuel« – Bilder wie dieses waren im 16. Jahrhundert Teil des Propagandkriegs gegen die Osmanen.

Vermanunge
zum Gebet
wider den Türcken.
Mart. Luth.
M. D. XLI.

Dank des Buchdrucks mit beweglichen Lettern fand auch Martin Luthers Ermahnung zum »Gebet wider den Türcken« in den lesekundigen Bevölkerungskreisen weite Verbreitung.

Ein nicht eingeplanter Rückzug

»Da dem Sultan vermeldet wurde, daß der König Ferdinand nicht mehr in der Burg sei, so wurden den Leuten der Festung Gnade gewährt und ihnen mit aller ihrer Familie und Habe die Freiheit geschenkt; er befahl auch, dass die in den Schanzen befindlichen Janitscharen vom Kampfe ablassen sollten. Die Ungläubigen, die aus der Festung kamen, nahmen, ehe man sich's versah, zwei Pferde und drei Kamele weg. Der Beschluß, nach Constantinopel zurückzukehren, stand jetzt fest.«

Süleyman, Tagebucheintrag über den Abbruch des Feldzugs

Festung ab«, bemerkte das osmanische Kriegstagebuch. Die osmanischen Soldaten legten Gräben an und schaufelten Tunnel unter die Stadtmauer, um sie mit Minen in die Luft zu jagen.

»Also hat der Türck die stat hefftiglich mit Schiessen / graben vnd sprengen / tag vnd nacht on unterlas geengstet«, war in einer christlichen Flugschrift zu lesen, die kurz nach der Belagerung verbreitet wurde. Die Kämpfe waren grausam, »mehr als 500 Köpfe werden abgeschnitten«, hielt das osmanische Tagebuch etwa am 6. Oktober fest. Es schien nur eine Frage der Zeit, bis die Verteidiger dem Ansturm erliegen würden. Nur eines konnte die Wiener jetzt noch retten: das Wetter. Denn im Winter mussten die Osmanen den Kampf einstellen und feste Quartiere beziehen. Und tatsächlich stand das Glück aufseiten der Verteidiger: Der Wintereinbruch machte den Osmanen einen Strich durch die Rechnung – bereits im Oktober begann es zu schneien. Süleyman musste die Belagerung abbrechen.

Die Wiener hatten noch einmal Glück gehabt. Süleyman aber sah im Abbruch der Belagerung keine Niederlage. Das Land des christlichen Rivalen, des »verfluchten Ferdinand«, war ausgeplündert und verwüstet, das Heer kehrte »siegreich« zurück. Die Machtdemonstration vor den Toren der Hauptstadt des größten christlichen Feindes galt als gelungen, die Entscheidungsschlacht nur als vertagt.

Tatsächlich verfehlte der osmanische Vormarsch seine Wirkung nicht. Wieder ging das »türkische Gespenst« um in Europa. Dank des Buchdrucks mit beweglichen Lettern war es nun möglich, mittels Verbreitung von Flugschriften eine »öffentliche Meinung« zu schaffen. Wobei damals schon die gleichen Mechanismen in den Medien griffen wie heute. »Flugschriften, die besonders spektakulär grauenvolle Details der Belagerung wiedergaben, erfreuten sich großer Beliebtheit, beachtliche Verkaufserfolge waren ihnen sicher«, bestätigt denn auch die Historikerin Isabella Wasner-Peter.

»Des names Christi / vnd vnser aller Erbfeind… Es sollt ein steinern herz darob brechen / ob der Tyrannischen handelung die sie vben / Sie haben etliche Kinder an die Zeun gespist / etliche gebraten / verhoff Gott sol es nicht vngerochen lassen.«

Flugschrift von 1529

Entsprechende Illustrationen sollten auch die Mehrheit der leseunkundigen Bevölkerung erreichen. Der Kampf gegen die Türken aber sei »ein nötiges / ein heiliges und seliges kriegen« predigten die Theologen bald von den Kanzeln.

Doch trotz aller religiösen Rhetorik blieben die europäischen Mächte bei ihrer nüchternen Interessenpolitik. Frankreich, das im 16. Jahrhundert gegen die Hegemonie der Habsburger in Europa kämpfte, schloss im Jahr 1536 sogar einen Handelsvertrag mit dem Reich der Osmanen. Es war der Auftakt für eine Beziehung zwischen den Großmächten, die mit Unterbrechungen für 250 Jahre Bestand haben sollte. In »Kapitulationen« (die Vertragstexte waren in »Kapitel« eingeteilt) räumte der Sultan gegen Tribut oder Waffenhilfe französischen Händlern Privilegien in seinem Reich ein. Damit hatten die Diplomaten des Königs von Frankreich anerkannt, dass die Osmanen eine Macht in Europa waren – und bleiben würden. Sie erteilten so jeder christlich-europäischen Union gegen die Osmanen eine klare Absage.

Das Haus Habsburg blieb nach dem Wien-Feldzug von 1529 neben den persischen Safawiden der Dauerfeind des Osmanischen Reiches. 1532 marschierte »der grausam Tyran und Erbfeind des Christennlichen glawens Türckischer Kayser Sulltan Selleyman genannt« erneut gegen Wien, doch diesmal stellte sich ihm ein 80 000 Mann starkes Heer entgegen. Kaiser Karl V. hatte sich im selben Jahr im Nürnberger Religionsfrieden erstmals mit den Protestanten arrangiert. Im Gegenzug erhielt er ein Reichsheer zum Schutze Wiens. Jahrzehnte eines zermürbenden Klein-

Karl V. zwingt die Türken 1529 vor Wien zum Rückzug – ein Ereignis, das tatsächlich nie stattfand: Süleyman brach aus eigenem Entschluss die Belagerung ab.

kriegs folgten an der habsburgisch-osmanischen Grenze. Schließlich erklärte Süleyman sich zu einem Waffenstillstand bereit – wenn Habsburg die Oberhoheit des Sultans anerkennen und ihm für das ungarische Gebiet Tribut entrichten würde. Es war Busbecqs Aufgabe, dieses Abkommen zu schließen. Die Verhandlungen fanden in eisigem Klima statt. »Der Sultan hat weder unsere Botschaft noch unsere Gründe, noch die Aufträge mit sonderlich wohlwollender Gesinnung und Stirne aufgenommen«, vermerkte er in seinen Aufzeichnungen. Ein Beamter des Sultans drohte ihm offen: »Wenn mein Kaiser für das Heil und Gedeihen seiner Völker sorgen wolle, so dürfe er den ruhenden Löwen nicht neuerlich auf den Kampfplatz rufen.« Mit 10 000 Goldstücken konnte Busbecq den Löwen zumindest kurzfristig ruhigstellen.

»Eine politische und militärische Einheit des europäischen Westens um den römischen Kaiser und seine Dynastie gegen die Osmanen wurde selbst angesichts der dramatischen Vorstöße Süleymans nach Mitteleuropa immer deutlicher zu einer Fiktion.«

Klaus-Peter Matschke, Historiker

Der Kampf um das Mittelmeer

»Es war ein jämmerlicher anblick. Dann das Schiff und das Meer lag voller Todten Cörper und entferbet sich von dem vergossenen blut.« Das berichtet Michael Heberer, ein Abenteurer aus der Pfalz, der Ende des 16. Jahrhunderts auf einer Galeere des Malteserordens anheuert, um osmanische Handelsschiffe im Mittelmeer zu kapern. Doch der Jäger wird selbst zum Gejagten. Heberer gerät in osmanische Gefangenschaft und findet sich auf einer Galeere wieder.

Bart und Haare wurden ihm abrasiert, dann ketteten ihn die Wärter an eine Ruderbank. Das Leben an Bord war hart. Die Gefangenen mussten bis zu zehn Stunden am Tag rudern, sie wurden schlecht verpflegt und mit Schlägen angetrieben. »War also unser ordentliche tractation, verdorben Brot und desselben wenig stinckend Wasser und Streich genug«, schreibt Heberer. Die hygienischen Zustände an Bord waren katastrophal, eine Galeere kündigte sich schon von Weitem durch ihren Gestank an. Doch Heberer weiß auch von Akten der Menschlichkeit an Bord zu berichten. So weigerte sich einmal ein Wärter, die Ruderer auszupeitschen: »Die arme Chiaven [gemeint sind wohl Sklaven] seind menschen. Ich bin auch ein mensch und begere menschlich mit menschen zu handeln und nicht viehisch.« Auch die osmanische Bevölkerung in den Hafenstädten zeigte oft Mitleid, manchmal bekamen die Gefangenen Essen oder etwas Geld zugesteckt. Die Todesrate war dennoch hoch unter den Galeerensklaven; der Hunger, Krankheiten oder der »Kummer« rafften sie dahin, wie Heberer sich erinnert. Er selbst wurde nach drei Jahren Galeerendienst freigekauft. Zurück in der Heimat, verfasste er einen Bericht über seine Erlebnisse.

Seit der Eroberung Konstantinopels führte der osmanische Sultan auch den Titel »Herrscher der beiden Meere« – des Schwarzen und des »Weißen« Meeres (im Türkischen der Name für das Mittelmeer). Das Reich besaß damit eine neue Front: die See. Das Schwarze Meer war nach Einnahme der Krim ein »osmanischer Binnensee« geworden, so der Historiker Klaus Kreiser.

»Die Rekrutierung von Seesoldaten und Ruderern (ab 1500 ging niemand mehr freiwillig auf die Galeeren) bildete für alle Kriegsparteien ein ernsthaftes Problem, während der Bau von Schiffen verhältnismäßig problemlos zu organisieren war.«

Klaus Kreiser, Historiker

Ganz anders im Mittelmeer: Hier wurde erbittert um die Vorherrschaft gekämpft – ein »Heiliger Krieg« mit eigenen Regeln. Im 16. Jahrhundert erlangten die Osmanen nach und nach die Kontrolle über die nordafrikanischen »Barbareskenstaaten«, die ihre Existenz in erster Linie der Piraterie verdankten. Von Algier, Tunis und Tripolis aus stachen ihre schlagkräftigen Flotten von jetzt an auch im Namen des Sultans in See, kämpften, kaperten und raubten Menschen. Berühmt wurde der Korsar Hayreddin, in Europa als »Barbarossa« bekannt, der als osmanischer Großadmiral nicht nur den Flottenbau modernisierte und forcierte, sondern auch ein fähiger Kommandant zur See war. Mit seiner Hilfe entschloss Süleyman sich zur Offensive im Mittelmeer, gegen das Habsburgerreich und gegen Venedig. Hayreddin eroberte zahlreiche griechische Inseln, überfiel die Küsten Europas und kaperte

Admiral Hayreddin (links), dem einer seiner Soldaten den abgeschlagenen Kopf eines Christen präsentiert. Darstellung des 16. Jahrhunderts.

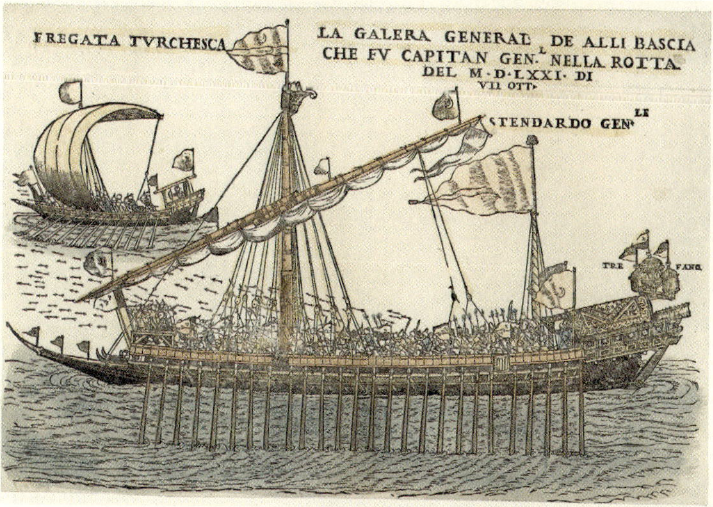

Zwei der Galeeren, bei deren Anblick die christliche Bevölkerung an den Küsten des Mittelmeers in Angst und Schrecken versetzt wurde.

christliche Schiffe. Eine »Heilige Liga«, die sich auf Veranlassung des Papstes zusammengefunden hatte, stellte sich 1538 dem osmanischen Großadmiral. In der Seeschlacht von Preveza schlug Hayreddin die vereinte christliche Flotte vernichtend – und sicherte damit die Vorherrschaft der Osmanen im östlichen Mittelmeer für Jahrzehnte.

Der wichtigste Schiffstyp beim Kampf um das Mittelmeer war die Galeere, ein wendiges, schnelles Kriegsschiff, das einen Rammsporn am Bug besaß und neben einem Segel von Ruderern angetrieben wurde. Auf dem Höhepunkt des Krieges zur See besaß allein die osmanische Flotte über 500 Galeeren. Damit stieg aber auch der Bedarf an Rudersklaven, den die osmanische wie die christliche Seite

»Ich sehe die Pfeile zu unserm Verderben schon geschliffen; und ich fürchte, es wird kommen, wenn wir es für den Ruhm nicht mögen, dass wir für unser Leben kämpfen müssen.«

Ogier Ghislain de Busbecq, Gesandter am Hof des Sultans

Konstantinopels Sklavenmarkt, auf dem mitunter ein »Warenüberangebot« herrschte. Europäischer Stich aus dem 17. Jahrhundert.

durch Menschenraub in immer größerem Umfang deckte. Die Galeeren wurden auf solche Weise »zugleich Mittel und Zweck der Kriegführung«, erläutert Roger Crowley. Für die Bevölkerung an der Küste aber stellten die Überfälle der osmanischen und christlichen Flotten im 16. Jahrhundert eine ständige Gefahr dar, die Einwohner ganzer Siedlungen wurden verschleppt. Ein besonders lukratives Geschäft für die Piraten war die Jagd nach Lösegeldern. Fiel ihnen eine hochgestellte Person in die Hände, so spielte der Glaube keine Rolle mehr – solange kräftig abkassiert werden konnte.

Nach erfolgreichen Raubzügen kam es auf dem osmanischen Markt zu einer Schwemme von Sklaven. Für eine Zwiebel könne man einen Christen kaufen, hieß es dann. Und Busbecq schrieb aus Konstantinopel: »Keine Ware begegnet so häufig in der Stadt wie arme Christensklaven. Als ich die Unglücklichen sah, hielt ich nur mühsam die Tränen zurück.« Zumindest einige von ihnen konnte der Gesandte loskaufen. Durch die Piraterie aber waren die »Türkenkriege« in allen Ländern Europas präsent. »Gott bewahre dich vor den Galeeren von Tripolis«, lautete ein verbreiteter Abschiedsgruß unter den christlichen Seefahrern. Eine »Sklavenkasse« wurde eingeführt, eine frühe Personenversicherung, die Geld für den Freikauf der Gefangenen zur Verfügung stellte.

Erstmals fand im Krieg um das Mittelmeer eine gemeinsame christlich-osmanische Militäraktion statt. In dem französisch-türkischen Abkommen von 1536 war auch ein koordinierter Angriff gegen den gemeinsamen Feind Habsburg verabredet worden. »Ich kann es nicht leugnen, daß ich mich danach sehne, den Türken allmächtig und kriegsbereit zu sehen. Nicht um seiner selbst willen – weil er ein Ungläubiger ist und wir sind alle Christen –, sondern um die Macht des Kaisers zu schwächen«, gestand König Franz I. Und der Sultan nannte den französischen König gar seinen »kleinen Bruder«, den er nicht im Stich lassen werde. Bei der Belagerung des habsburgischen Nizza durch französische Truppen 1541 kam eine osmanische Flotte unter dem Kommando Hayreddins zum Einsatz. Sie überwinterte anschließend in Toulon, das Franz I. weitgehend von der Bevölkerung räumen ließ. Die Kathedrale der Stadt wurde für diese Zeit sogar in eine Moschee umgewandelt. Ein Beobachter wunderte sich damals: »Bein Anblick Toulons kommt es einem vor, als wäre man in Konstantinopel.« Natürlich ließen es sich die Gegner Frankreichs nicht nehmen, gegen diese »unheilige Allianz« einen Propagandakrieg zu führen.

Doch auch die Nachfolger Franz' I. auf dem französischen Königsthron scheuten sich nicht, die Hilfe der Osmanen im Kampf gegen Habsburg in Anspruch zu nehmen.

Andere europäische Nationen, die Habsburg feindlich gesonnen waren, ließen sich ebenfalls nicht davon abhalten, mit dem Osmanischen Reich in mehr oder weniger enge Beziehungen zu treten. Den Protestanten in Flandern versicherte Sultan Süleyman in einem Brief seine Verbundenheit, da sie »keine Idole anbeten, an einen Gott glauben sowie gegen Papst und Kaiser kämpfen« würden. Im Unabhängigkeitskrieg der Niederlande gegen das spanische Habsburg kam gegen Ende des 16. Jahrhunderts die

»Das Osmanenreich, bisher als ein barbarischer Fremdkörper angesehen, wurde nunmehr zu einem regelrechten Bestandteil der Politik der europäischen Staaten.«

Josef Matuz, Historiker und Turkologe

»Lieber Türke als Papist« ist in diese niederländische Medaille aus dem Unabhängigkeitskrieg gegen Spanien eingraviert.

Parole auf: »Lieber Türke als Papist«, die auf halbmondförmige Medaillen geprägt wurde.

Auch die Niederlande schlossen »Kapitulationen« mit dem Osmanischen Reich, ebenso England. Die englischen Kaufleute exportierten Zinn und Blei für die Produktion von Kanonen in das Reich der Osmanen. Nach dem Ausbruch des Krieges mit dem habsburgischen Spanien 1585 erwog Königin Elizabeth I. sogar die Möglichkeit gemeinsamer Militäroperationen. Englische Schiffe beteiligten sich jahrelang an den Raubzügen der osmanischen Piraten im Mittelmeer.

1566 starb Sultan Süleyman, nachdem er 46 Jahre an der Spitze des Staates gestanden hatte. Ihm war als »Eroberer von Provinzen, Vernichter von Armeen, schrecklich zu Land und zur See« gehuldigt worden. Er hatte die Grenzen erweitert, das »Haus des Islam« vergrößert – am Ende seiner Regierung war er der Gebieter über etwa 20 Millionen Menschen – und den osmanischen Anspruch auf Universalherrschaft untermauert. Schon bald nach seinem Tod wurde die Epoche Süleymans als »Goldene Zeit« verklärt. Und doch hatten sich bereits am Ende seiner Regierung erste dunkle Wolken gezeigt, deutete sich das Ende der Expansionen an, begann der Reichtum zu versiegen, nahm die Last für die Untertanen zu. In Süleymans To-

Ein Symbol der Macht

Der Machtanspruch der Sultane war universal.

»In Bagdad bin ich der Schah, im Byzantinischen Reich der Kaiser und in Ägypten der Sultan«, rühmte Süleyman sich. Seit Mehmed II. nach der Einnahme von Konstantinopel sich als Nachfolger der römischen Kaiser betrachtet hatte, erhoben die osmanischen Sultane auch einen Führungsanspruch in der lateinischen Welt. Mehrmals war Rom das Ziel osmanischer Angriffe. Um seinen Vorrang gegenüber allen europäischen Herrschern zu betonen, ließ Süleyman in Venedig eine goldene Krone anfertigen, welche die Form der päpstlichen Tiara hatte.

Während diese jedoch nur drei Kronreifen besaß – sie symbolisierten die geistliche Vorherrschaft über alle weltlichen Monarchen –, ließ Süleyman an seine Krone noch einen vierten Reif anbringen: eine unmissverständliche Botschaft an die christliche Welt. Der Sultan trug die Krone wohl nie, aber er platzierte sie demonstrativ neben seinem Thron, wenn er ausländische Gesandte empfing.

Die Tiara des Sultans, Symbol seines universalen Machtanspruchs.

desjahr wies der Staatshaushalt erstmals ein Defizit auf. Kriege begannen mehr zu kosten als einzubringen, der Widerstand der Habsburger beim Kampf um Ungarn war ungebrochen, Persien blieb ein Dauerfeind.

Vier Jahre vor Süleymans Tod war Busbecq aus Istanbul abgereist. Auch wenn er erfolgreich einen Waffenstillstand ausgehandelt hatte, fiel seine Prognose für die Zukunft der osmanisch-habsburgischen Beziehungen düster aus: »Notwendig müssen die einen siegen, die andern untergehen; gewiss können nicht beide unversehrt bleiben.« Er sollte recht behalten.

»Auff, auff, ihr Christen!«

Über die gesamte Ebene erstreckt sich das Feldlager der Osmanen, das riesige Zelt des Befehlshabers thront auf einer Anhöhe. Durch ein Fernrohr begutachtet der Großwesir Kara Mustafa die modernen Festungsanlagen der Stadt. Vor ihm liegt Wien, »das Ziel der Sehnsucht aller großen Herrscher«, wie das Tagebuch des Dolmetschers in osmanischen Diensten, Alexandros Mavrokordatos, vermerkte. Der Großwesir lässt seine Offiziere rufen und zeigt ihnen, wo sie ihre Kanonen postieren und wo sie Schanzgräben anlegen sollen. Seine Instruktionen beendet er mit den Worten: »Wohlan denn, man bringe also die Geschütze in Stellung, und der Kampf möge beginnen!« Die Belagerer sind voller Siegeszuversicht. »Möge Allah der Allerhabene dem Heere des Islam Kraft und Sieg verleihen und die Feinde des Glaubens mit Niederlage und Vernichtung schlagen«, so das Kriegstagebuch des osmanischen Zeremonienmeisters. Doch der Kampf im Sommer 1683 sollte unbarmherzig und verlustreich werden – und weit reichende Folgen haben.

Die Schwierigkeiten, die bereits zur Zeit Süleymans erkennbar waren, sollten später zu mehreren Krisen im Osmanischen Reich führen. Ab der zweiten Hälfte des 17. Jahrhunderts verschob sich langsam, aber stetig das Gewicht der militärischen Überlegenheit auf die Seite der europäischen Mächte. Niederlagen zu Lande und zu Wasser blieben nicht aus. Für den osmanischen Militärstaat begannen damit zwei wichtige Einnahmequellen zu versiegen: Beute und Tribute. Zugleich nahmen die Kosten für die Kriege im 17. Jahrhundert stetig zu. Die Finanzen des Osmanenreichs gerieten in eine gefährliche Schieflage.

Zugleich erschütterten Aufstände im Inneren das Imperium. Perspektivlose Medresestudenten und unzufriedene Soldaten machten in marodierenden Banden das Land unsicher, mitunter bildeten sie sogar schlagkräftige Rebellenarmeen. Viele Bauern verließen in diesen unsicheren Zeiten ihre Höfe und schlossen sich den aufständischen Gruppen an. In manchen Regionen kam die Landwirtschaft komplett zum Erliegen. In den Provinzen verfiel die Staatsmacht zusehends. Nur mit brutaler Gewalt konnten die Aufstände von den Gouverneuren, zumeist mit ihren eigenen Truppen, niedergeschlagen werden.

Doch auch die Sultane nach Süleyman beharrten auf ihrem absoluten Machtanspruch, obwohl – oder gerade weil – sie immer abhängiger von ihrer Umgebung im Palast wurden. Auch die Janitscharen, die vom Sultan persönlich aufgestellte Elitetruppe, waren inzwischen eine eigenständige politische Kraft. Längst hatten sie das Heiratsverbot verworfen und die erbliche Zugehörigkeit zum Korps durchgesetzt. Jeder Sultan musste sich ihre Gunst erkaufen: So lautete ein Gebot, das der junge Herrscher Osman II. missachtete. Er hatte nach einem sieglosen Feldzug die Janitscharen öffentlich der Feigheit bezichtigt – eine schwere Demütigung. Außerdem hegte der Sultan andere Pläne, die den Janitscharen missfielen. Als er aber auch noch einen neuen, loyalen Truppenverband aufstellen wollte, kam es zum Aufstand eines Teils der Janitscharen. Sie setzten Osman II. 1622 gefangen und strangulierten ihn mit einer Seidenschnur zu Tode. Es war die erste Hinrichtung eines Sultans in der Geschichte des Osmanischen Reiches – ein Ereignis, das die Grundfesten des Staates erschütterte.

Osman II. hoch zu Ross. Seine Hinrichtung löste eine Staatskrise aus.

Mit der politischen Instabilität ging die Besinnung auf konservative Werte einher. Das Reich kapselte sich ab, »eine Welt für sich, deren Austausch mit der Außenwelt geringeres Gewicht hatte als die innerosmanische Dynamik«, erläutert der Historiker Christoph Neumann. Während in Europa in der zweiten Hälfte des 17. Jahrhunderts die Grundlagen für die Epoche der Aufklärung geschaffen wurden, klammerten sich viele Gelehrte im Osmanischen Reich an vermeintlich göttliche Gewissheiten. Sie

> **»Schwere und gewaltsame politische Krisen traten vor allem dann auf, wenn die Staatseinnahmen nicht zur Deckung der Ausgaben reichten oder es militärische Niederlagen gab.«**
>
> Christoph Neumann, Historiker und Turkologe

propagierten ein Weltbild, das in Traditionen erstarrte – und schufen damit ein geschlossenes System, in dem Originalität und Fortschritt kaum eine Chance hatten.

Es gab keine mediale Revolution und kaum technologischen Fortschritt im Osmanischen Reich, es entstanden kein Bürgertum und kein Bankenwesen. Das Zeitalter der Entdeckungen fand ohne die Osmanen statt. Sie gründeten keine Überseekolonien, während Europa die Welt unter sich aufteilte und ausbeutete. Und doch waren die Auswirkungen des europäischen Kolonialismus auch im Osmanischen Reich deutlich spürbar. Der Zufluss von spanischem Silber aus Amerika trieb die Inflation in die Höhe. Die Seidenstraße und das Mittelmeer büßten ihre wirtschaftliche Ausnahmestellung ein. Die findigen europäischen Kaufleute, die dank ihrer »Kapitulationen« blendende Geschäfte im Osmanischen Reich machten, überfluteten den Markt mit Billigwaren und beuteten dafür die Ressourcen des Riesenreichs aus.

Großwesir Kara Mustafa wollte 1683 unbedingt Wien erobern.

In dieser schwierigen Lage war jede Gelegenheit willkommen, um mit einem großen außenpolitischen Erfolg die Lage im Innern zu verbessern. Ende des 17. Jahrhunderts, unter der Herrschaft des schwachen Sultans Mehmed IV., schien sich eine solche Gelegenheit zu bieten – in Ungarn.

Seit 150 Jahren lagen sich das

Habsburgerreich und der osmanische Staat im geteilten Ungarn an einer Militärgrenze gegenüber. Dritte Kraft war der ungarische Adel, der sich weitgehend zum Protestantismus bekannt hatte. Als aber die Habsburger damit begannen, ihren Teil Ungarns zu rekatholisieren, weckten sie den erbitterten Widerstand des ungarischen Adels, der die Osmanen zu Hilfe rief.

»Allah sei Lob und Preis, daß dank der segensreichen Gottergebenheit des sieghaften Großwesirs nun die Hand auf ein solches Land gelegt worden und dieses zum Tummelplatz der Pferde des islamischen Heeres geworden ist!«

Zeremonienmeister des türkischen Heeres, Tagebucheintrag zu Beginn der Belagerung

Ein Feldzug gegen Habsburg mit dem Ziel, ganz Ungarn dem Reich einzuverleiben, war »im Rahmen der osmanischen Staatsräson durchaus vernünftig«, so der Historiker Walter Leitsch. Der Kaiser schien schwach, er wurde nicht einmal mit den ungarischen Aufständischen fertig – wie sollte er da der gesamten osmanischen Streitmacht trotzen? Sein Sonderemissär in Konstantinopel erschien wie ein Bittsteller, als er in türkischer Kleidung vor den Sultan trat, um über die Verlängerung des Waffenstillstands zu verhandeln. »Wenn wir Türken Frieden haben wollten, so würden wir ihn immer haben«, prahlte ein osmanischer Beamter. Im August 1682 versammelte der Großwesir Kara Mustafa die Entscheidungsträger des Reiches, um über Krieg und Frieden zu beraten. Der Janitscharen-Oberst erklärte, die Soldaten wünschten Krieg, der Schatzmeister versicherte, das Geld für einen Feldzug ließe sich aufbringen.

Doch Kara Mustafas Ehrgeiz ging über einen ungarischen Feldzug hinaus. Würde er Wien erobern, so wäre nicht nur Ungarn gewonnen, sondern dann stände auch das Tor nach Deutschland offen. Ruhm und Ehre wären ihm nach der Eroberung des »goldenen Apfels« Wien ebenso sicher wie seine Macht im osmanischen Staat unantastbar. Und in Wien lagerten, so glaubte man, ungeheure Schätze. Im April 1683 zog die osmanische Armee von Edirne, der alten Hauptstadt, nach Westen.

Auf ihrem Marsch wurde sie von den christlichen Verbündeten aus Ungarn und von Krimtataren verstärkt, 150 000 Soldaten zählte schließlich die »in ihrer unendlichen Zahl dem Sternenmeer vergleichbare Streitmacht des Islam«, so das Kriegstagebuch.

Der lokale ungarische Konflikt nahm jetzt europäische Ausmaße an. »Auff, auff, ihr Christen!«, heizte der katholische Prediger Abraham a Sancta Clara im Juli 1683 noch einmal zum Heiligen Krieg an. »Greifet ganz beherzt zu den Waffen. Die Hand Gottes und der Christen Faust werden ungezweifelt die ottomanische Gewalt zurück treiben, ihm den großen Übermuth stutzen, seinen blutgierigen Säbel zertrümmern und der gesamten Christenheit eine trostvolle Viktorie erwerben!« Habsburg konnte Polen, das ebenfalls vom Osmanischen Reich bedroht wurde, als Verbündeten gewinnen im Kampf »wider den türkischen Blut-Egel«. Papst Innozenz XI., noch heute von der Kirche als »Verteidiger des christlichen Abendlandes« gefeiert, bezuschusste das Bündnis mit 1,5 Millionen Gulden. Auch das Reichsheer würde den Kaiser beim Kampf gegen die Invasoren des Heiligen Römischen Reiches Deutscher Nation unterstützen.

Die größte Angst Habsburgs aber war, dass die Osmanen von ihrem alten europäischen Verbündeten Frankreich Hilfe erhalten könnten. Würde Ludwig XIV. im Westen eine zweite Front errichten, so müsste der Kaiser seine Kräfte aufspalten. Zum Glück für Habsburg lehnte der Sonnenkönig aber jedes französisch-osmanische Zusammenwirken ab – aus Sorge um sein Ansehen in Europa. Erst später würde er den habsburgisch-osmanischen Krieg nutzen, um den Westen des Reiches anzugreifen.

Nach der Belagerung durch das Heer Süleymans waren die Verteidigungsanlagen der Stadt von Grund auf erneuert worden. 1683 gehörte Wien zu den modernsten Festungen Europas. Nahezu ebenerdig gebaut, bot die Stadt dem immer wirkungsvolleren Artilleriefeuer möglichst wenig Trefferfläche. Die sternförmige Befestigung wurde nach strengen mathematischen Regeln konstruiert und hatte keine toten Winkel mehr. Jeder Angreifer, der Graben und Mauer überwinden wollte, konnte von allen Seiten unter Feuer genommen werden.

Doch die Osmanen beeindruckte das nicht weiter: »Die Stadt schien stark, ihre Verteidiger dagegen schwach«, notierte ein Belagerer. Aus 200 Kanonen wurde Wien seit dem 14. Juli unter Feuer genommen. Mit Laufgräben schaufelten sich die Angreifer wie Maulwürfe durch das

Osmanischer Plan von der zweiten Belagerung Wiens, das 1683 aufgrund seiner neuen Verteidigungsanlagen zu den modernsten Festungen Europas zählte.

freie Vorfeld an die Stadt heran. Dann gruben sie sich unter die Erde. Die osmanischen Pioniere sollten durch Sprengminen die Mauern Wiens zum Einsturz bringen. In der Stadt zeigten mit Wasser gefüllte Eimer am Rand der Mauer den Verteidigern die unterirdischen Erschütterungen an. Gegenstollen wurden angelegt, um die Tunnel der Angreifer zu zerstören.

»Die kampfbegierigen Glaubensstreiter gingen wie die ausgehungerten Wölfe zum Angriff über«, bemerkte der osmanische Chronist. Für Wochen lieferten sich osmanische und habsburgische Soldaten an den Schanzen der Stadt und in den unterirdischen Stollen einen Kampf bis

Johann III. Sobieski führte das Entsatzheer zur Rettung Wiens an.

aufs Messer. Ein Kampf, der infolge der Glaubenspropaganda besonders brutal geführt wurde. Gefangene wurden kaum gemacht. Der Wiener Stadtkommandant verweigerte den Türken eine Waffenpause, um ihre Toten aus den Gräben zu bergen. Die »schwarzen Seelen« der Feinde würden zu den »Folterknechten der Hölle« niederfahren, prophezeite ihnen der osmanische Zeremonienmeister.

Immer wütender wurden die Angriffe, immer stärker die Minen, die unter der Stadtmauer gezündet wurden. »Der Allmächtige ließ die Flamme seines Zornes hell lodern und kannte keine Milde und kein Erbarmen mehr«, vermerkte das Tagebuch. Unter den Verteidigern machten sich die Verluste, der Hunger und die Erschöpfung bemerkbar. Nur ein Gedanke gab ihnen noch Mut: Kaiser Leopold hatte Entsatztruppen versprochen, um die Hauptstadt des Reiches zu retten.

»Gott wird uns führen«

»Meine Generäle: Heute stoßen wir bis zum Lager der Türken vor. Wir werden sie überraschen. Sie haben sich nicht in unsere Richtung verschanzt. Wir werden also kaum auf konzentrierte Kräfte stoßen. Da ich Ihre Tapferkeit kenne, bin ich guten Mutes. Meine Herren, erwarten Sie keine weiteren Befehle von mir. Gott wird uns führen. Wir sollten ihn gemeinsam um seinen Beistand bitten.«

Tagesbefehl des polnischen Königs am 12. September 1683.

Auf den Festungsmauern von Wien wurden erbitterte Kämpfe geführt. Zeitgenössischer Stich.

Und tatsächlich eilte durch den Wienerwald ein kaiserlich-polnisches Heer unter dem Kommando des polnischen Königs Jan Sobieski der belagerten Stadt zu Hilfe. »Ihr streitet nun für Gott, nicht für den König«, so hatte Sobieski seine Männer auf den Kampf eingeschworen. Es wurde ein Wettlauf gegen die Zeit. Denn Kara Mustafa versuchte in einem letzten verzweifelten Sturmangriff, doch noch die Stadt zu erobern, bevor ein weiterer Feind auf dem Kampfplatz erschien. Ohne Unterlass bestürmten die Osmanen die Befestigungen Wiens. »Die Unseren gewinnen immer mehr an Boden, und zwar nicht Schritt für Schritt, sondern Klafter um Klafter! Die Ungläubigen merken jetzt, welches Unheil ihnen bevorsteht, und setzen sich aus Leibeskräften zur Wehr«, schrieb der Chronist.

Am Morgen des 12. September griff das Entsatzheer vom Kahlenberg die Belagerer an. »Es war, als wälzte sich eine Flut von schwarzem Pech bergab, die alles, was sich ihr entgegenstellt, erdrückt und verbrennt«, so das Kriegstagebuch des Zeremonienmeisters. Kara Mustafa hatte nur einen Teil seiner Truppen von Wien abgezogen, um den Angreifer im Rücken der Türken aufzuhalten. Die Reihen der Osmanen begannen zu wanken, die 10 000 polnischen Reiter schlugen sie endgültig in die Flucht. Wien war befreit.

Nur mit knapper Not entkam Kara Mustafa der polnischen Kavallerie, die heilige Fahne des Propheten konnte er retten. Das riesige Lager aber mit den Waffen, der Ausrüstung und dem Kriegsschatz fiel in die Hände der christlichen Koalition. »Bei Gott. Nie hat es so einen Triumph gegeben. Nie hat ein Sieg von solcher Bedeutung so wenig Blut der Unsrigen gekostet. Und nie hat sich eine Besatzung tapferer gehalten als diesmal die Wiener«, so die Stimmungslage unter den Siegern. »Veni, vidi, Deus vicit.« – »Ich kam, sah, und Gott siegte«, ließ der polnische König an den Papst übermitteln. Bis heute hält die katholische Kirche die Erinnerung an diesen Sieg lebendig: Am 12. September feiert sie jedes Jahr das Fest Mariä Namen – in Gedenken an das Wiener Entsatzheer, das an diesem Tag im Jahr 1683 das Banner Mariens vor sich hergetragen hatte.

Für die Osmanen war die Niederlage ein Desaster. Das riesige Heer brach auseinander, Ungarn war schutzlos, das osmanische Prestige verloren. Der sieglose Großwesir wurde schließlich hingerichtet. Auch Mehmed IV. verlor vier Jahre später seinen Thron. Interne Machtkämpfe und Aufstände in den Provinzen schwächten das Reich – während der Gegner zum Gegenschlag ausholte.

Nachdem die »Türkenbeute« aufgeteilt und die Siegesparaden abgehalten waren, schlossen sich die Sieger von Wien zu einer »Heiligen Liga« zusammen. Worum der Papst sich lange vergeblich bemüht hatte, war nun durch den osmanischen Angriff auf Wien zustande gekommen: eine christliche Koalition zum gemeinsamen Kampf gegen die Osmanen. Nutznießer im »Großen Türkenkrieg« waren jedoch in erster Linie die Habsburger, die weite Teile des von den Osmanen eroberten Gebietes für sich behielten.

> **»Der größte Dienst, den Kara Mustafa den Habsburgern erweisen konnte, war, gegen Wien zu marschieren.«**
>
> Walter Leitsch, Historiker

Die Niederlage vor Wien aber sollte ein Wendepunkt in der osmanisch-europäischen Geschichte werden.

Das kaiserlich-polnische Entsatzheer erobert das türkische Lager vor den Toren Wiens und macht dabei reiche Beute.

Kara Mustafa wird nach seiner Rückkehr erdrosselt. Europäischer Holzschnitt aus dem 17. Jahrhundert.

Das Osmanische Reich 1326–1683.

Türkenbeute und Beutetürken

Es ist eine seltsame Ware, die auf der Leipziger Neujahrsmesse 1684 feilgeboten wird: »gedörrte Türkenköpfe«. Sie sollen von osmanischen Soldaten stammen, die beim Kampf um Wien im Jahr zuvor getötet worden waren. In Fässern

sind sie von dort bis in die sächsische Handelsmetropole transportiert worden. Besonders teuer sind die Köpfe von osmanischen Beamten oder Offizieren. »Zum fortwährenden Andencken des herrlich erfochtenen Sieges« wird eine große Zahl dieser Schaustücke von Kunstkammern und Bibliotheken in ganz Europa erworben, wo sich die Spuren der »Türkenköpfe« verlieren.

Eine makabre Geschichte, die vom neuen Selbstbewusstsein der Europäer nach dem Sieg von Wien zeugt. Der gefürchtete »Erbfeind« hatte viel von seinem Schrecken verloren. Von nun an verdrängte die »Heilige Liga« die osmanische Armee Schritt für Schritt aus Ungarn. Bei dem »Roll-Back« machte aufseiten der Habsburger bald ein Offizier von sich reden: Prinz Eugen von Savoyen.

Der »edle Ritter« hatte seine Feuertaufe als Leutnant vor Wien erlebt; 1697 fügte er den Osmanen bei Zenta ihre bis dahin schwerste Niederlage

Prinz Eugen, der »edle Ritter«, führte gegen die Osmanen mehrere siegreiche Feldzüge.

in Europa zu. Nicht nur die Beute in Form von 6000 Wagen, Kamelen, Ochsen, Pferden, Zelten, 140 Geschützen, Hunderten von Fahnen und der Kriegskasse mit drei Millionen Gulden fiel den Siegern in die Hände, sondern auch das Siegel Mustafas II., das »diesen ganzen Krieg über bei allen Victorien noch niemals bekommen worden ist«.

Das Siegel Mustafas II., das in der Schlacht von Zenta erbeutet wurde, mit dem Vertragstext von Karlowitz.

Dem Sultan blieb nach dieser Niederlage keine Wahl: Er musste Habsburg um Frieden bitten – zum ersten Mal überhaupt einen christlichen Staat. Der Friede von Karlowitz 1699 legte die neuen Machtverhältnisse fest: Zentralungarn und Siebenbürgen wurden Teil des von den Habsburgern kontrollierten Territoriums. Die Osmanen aber mussten erkennen,

»Der Friedensvertrag von Karlowitz markierte nach dem Desaster von Wien 1683 eine weitere wichtige Etappe des Niedergangs der osmanischen Macht.«

Josef Matuz, Historiker und Turkologe

dass sie ihre Überlegenheit von einst verloren hatten.

Im serbischen Karlowitz nahmen die Osmanen 1699 Abschied von einem Grundpfeiler ihrer Außenpolitik, dem islamischen Konzept vom »Haus des Krieges«. Die Welt der »Ungläubigen« stellte sich von nun an nicht mehr als ein rechtloses Gebiet, dessen Eroberung per se legitim war. Das Osmanische Reich musste die europäischen Staaten als gleichberechtigt anerkennen – wurde damit umgekehrt aber auch ein Teil eines neuen europäischen Gleichgewichts. Der ehemalige Erbfeind der Christen war endgültig in Europa angekommen. Und trotz der Serie militärischer Rückschläge seit 1683 war der Osmanenstaat nicht zusammengebrochen.

Das Bild, das sich Europa vom Osmanischen Reich machte, verlor von nun an mehr und mehr die religiösen Bezüge. Die Vorstellungen von Kreuzzug, Antichrist und Weltuntergang konnten im Zeitalter der Rationalität und Aufklärung keine Kräfte mehr mobilisieren. Die Epoche der Kriege »im Namen Gottes« ging zu Ende. Dafür wurden im Westen neue Stereotypen geprägt. Der Osmanenstaat galt von nun an als »Musterbeispiel eines despotischen Regimes«, so der Historiker Matthias Pohlig, der Sultan als Inbegriff für Willkür und Allmacht. Die »Türkenfurcht« aber, die für Jahrhunderte Europa beherrscht hatte, wich der Verniedlichung des ehemaligen »Erbfeindes«. Wurde lange Zeit das Bild des »grausamen Türken« gepflegt, so richtete sich die Aufmerksamkeit nun auf die »Verlockungen« des Orients. Fremde Genüsse wie Türkischer Honig und Kaffee standen hoch im Kurs, die Märchen von *Tausendundeiner Nacht* und die vermeintlich erotischen Verheißungen des Harems beschäftigten die Fantasien der Zeitgenossen.

Besonders der Adel lebte die Türkenmode aus. In »Türckischen Cammern« wurde stolz die Beute aus den Feldzügen präsentiert. Gerne ließen sich Adlige »in türkischer Manier« porträtieren, etwa als Großwesir, als Zauberin oder gemeinsam als Sklavenpaar. Auch bei Aufzügen und Feiern war türkische Verkleidung sehr beliebt. Für die rauschenden Feste, die

Venezianische Gesandte am Hof des Sultans. Seit dem 18. Jahrhundert waren die Osmanen Teil des europäischen Gleichgewichts.

der Sachsenkönig August der Starke in den Elbauen feierte, ließ er sein prachtvolles Beutezelt aufschlagen. Bei der Hochzeit seines Sohnes mit der Tochter des Habsburgerkaisers marschierten sogar 300 verkleidete »Janitscharen« und eine echte osmanische Kapelle auf. Die Meißener Porzellanmanufaktur brachte eine eigene Serie mit türkischen Figuren heraus.

Bauwerke im orientalischen Stil schmückten die Parkanlagen, im Schwetzinger Schloss entstand für den »Türkischen Garten« eine Moschee mit zwei Minaretten. Wolfgang Amadeus Mozart feierte mit seiner »Entführung aus dem Serail«, einer Oper »alla turca«, Triumphe.

Alles Türkische war schick – mehr aber auch nicht. Ein ernsthafter Diskurs mit dem Fremden fand nicht statt. Die türkischen Motive wurden nur äußerlich übernommen und hatten ausschließlich einen Zweck bei Hofe: sich selbst zu feiern. Das galt auch für die »Beutetürken«: gefangene os-

Ein Höhepunkt der Türkenmode in Deutschland ist die Rote Moschee im Türkischen Garten von Schloss Schwetzingen.

manische Soldaten und Zivilisten. Die Männer wurden bei Hofe als Stallknechte, Lakaien, Kutscher oder Förster beschäftigt, die Frauen als Küchenhilfen, Zofen und Mätressen. Vor allem in Süddeutschland dienten hunderte osmanische Kriegsgefangene in den Residenzen. Es war eine Frage des Prestiges, sich mit exotischen jungen Türken zu umgeben. Etliche dieser Gefangenen dürften Schlimmes mitgemacht haben, von einem hieß es etwa, man habe ihn »nach Massacrierung seiner Eltern pardonnieret«.

Doch nicht nur bei Hofe lebten die »Beutetürken«. Auch viele Soldaten brachten von den Kriegszügen osmanische Gefangene mit zurück in die Heimat, wovon Einträge in Kirchenbüchern und Inschriften auf Grabsteinen zeugen. Ein Grabstein in Rügland erzählt die ganze Lebensgeschichte eines »Beutetürken«: »Hier ruht in Gott Carl Osman, ward geb. in Constantinopel 1655 / vor Belgrad gefangen 1688 / zu Rügland getauft 1727 / in diensten gestanden 47 Jahr, starb 1735 alt 80Jahr.« Immerhin 39 Jahre konnte dieser Osmane noch seinen alten Glauben in Gefangenschaft behalten, bevor er getauft wurde.

Von den meisten anderen der muslimischen »Ungläubigen« erwarteten ihre Herren einen schnelleren Religionswechsel. Die »Türkentaufen« fanden unter großer öffentlicher Anteilnahme statt, musste der Täufling während der Zeremonie doch erklären, »wie die Türken von Gottes Wesen irren« und der »verdamblichen greuel der Mahometischen Gotteslästerung« abschwören, bevor er »Erlösung« durch die christliche Taufe fand. Beliebte Namen für die neuen Christen trugen Imperativformen wie Gottlob oder Fürchtegott. Nach der Taufe aber war der Neuchrist ein »gewester Türk« und konnte sich als weitgehend akzeptiertes Mitglied der Gesellschaft ansehen. Viele heirateten und bestritten als Bäcker, Schuster oder Winzer ihren Lebensunterhalt. Einer wurde Branntweinbrenner, ein anderer gründete ein Kaffeehaus. Mit der Zeit aber gingen diese »Beutetürken« in der deutschen Gesellschaft auf. Sogar der deutsche Nationaldichter Johann Wolfgang von Goethe soll einen osmanischen Vorfahren in seinem Stammbaum haben.

Nach dem Ende des »Großen Türkenkriegs« 1718 existierte das Osmanische Reich noch für über 200 Jahre. Es erlebte Staatskrisen und Aufstände und führte noch zahlreiche Kriege, die aber meist mit Niederlagen endeten. Reiche Provinzen wie Ägypten gingen verloren, die heiligen Stätten von Mekka und Medina wurden zeitweilig von den Kämpfern der ultraorthodoxen Wahhabiten erobert – ein riesiger Prestigeverlust für den Sultan als dem »Hüter der Schlüssel«. Und dennoch trotzte das Osmanische Reich allen diesen Krisen.

Seit dem 18. Jahrhundert traten religiöse Aspekte auch in der osmanischen Außenpolitik immer mehr in den Hintergrund. Das Reich beteiligte sich aktiv am Konzert der europäischen Mächte. Mit den einst verhassten Habsburgern schlossen die Osmanen eine Allianz gegen Russland, mit dem alten Partner Frankreich kam es nach der dortigen Revolution zum Bruch. Auch wirtschaftlich war das Osmanische Reich eng in das europäische System eingebunden – wenngleich vor allen Dingen als zinspflichtiger Schuldner und günstiger Absatzmarkt. Oft unter Schmerzen und gegen große Widerstände wur-

»Das Osmanische Reich erwies sich als überlebensfähig.«

Christoph Neumann, Historiker und Turkologe

Mustafa Kemal Atatürks (Bildmitte) zum Teil rigorose Politik machte die Türkei zu einem der fortschrittlichsten islamischen Länder.

den europäische Vorbilder adaptiert: etwa eine Verfassung, eine moderne Armee, Universitäten, eine freie Presse. Osmanische Knaben wurden zum Studium in die europäischen Hauptstädte geschickt.

Verspotteten die Europäer das Osmanische Reich im 19. Jahrhundert auch als »kranken Mann am Bosporus«, dessen Macht und territorialer Bestand stetig schrumpfte, so sank es doch nie auf einen kolonialen Status hinab, vermochte es seinen institutionellen Fortbestand und seine Souveränität zu wahren. Bis der Osmanenstaat in einen Konflikt geriet, dem auch zahlreiche andere Monarchien Europas zum Opfer fielen. Die Niederlage im Ersten Weltkrieg konnte das Reich nicht mehr verkraften, die über 600-jährige osmanische Geschichte ging am 29. Oktober 1923 zu Ende. Mustafa Kemal Atatürk, der als Gründer der Republik Türkei zum Erben der Osmanen wurde, schlug erfolgreich den Weg von Säkularismus, Nationalismus und Modernisierung ein. Heute gehört die Türkei zu den fortschrittlichsten islamischen Ländern. Ohne das Osmanische Reich aber, das über Jahrhunderte in Krieg und Frieden mit Europa in enger Verbindung stand, wäre dies kaum möglich gewesen.

Dschihad für den Kaiser

Aufstand der Gotteskrieger

Der Angriff erfolgte im Morgengrauen des 26. Januar 1885. 50 000 Gotteskrieger rannten gegen die Befestigungen von Khartum an. Zuvor war die Stadt am Weißen Nil im heutigen Sudan schon fast ein Jahr lang von den Truppen des Mahdi belagert worden. Aber da eine britische Entsatzarmee im Anmarsch war, wollte der islamische Heerführer keine Zeit mehr verlieren. Ein Verräter in der Stadt kam den Angreifern zu Hilfe und öffnete eines der Tore. Über Khartum brach ein Inferno herein. Der britische Gouverneur Lord Gordon fiel im Kampf auf der Treppe seines Regierungsgebäudes. Seine ägyptischen Garnisonseinheiten wurden bis auf den letzten Mann niedergemacht. Die Sieger verschonten auch die Einwohner der Stadt nicht. Viele wurden in ihren Häusern erschlagen, die Überlebenden – Frauen und Kinder – in die Sklaverei verschleppt.

Das Massaker wirkte auf England wie ein lähmender Albtraum. Nicht nur in London war man schockiert. Das mächtigste Reich, das jemals auf der Erde existierte, das Britische Empire, in die Knie gezwungen von einer zusammengewürfelten Armee? Besiegt von schlecht bewaffneten Stammeskriegern, die von dem Sohn eines Bootsbauers angeführt wurden? Wie war das möglich?

Der Mann, der die Briten das Fürchten lehrte, hieß Muhammad Ahmad. In den Augen seiner Anhänger war er kein gewöhnlicher Mensch, sondern ein Gesandter Allahs, der »Mahdi«. Ähnlich wie die jüdische Religion kennt auch der Islam die Vorstellung eines Messias, der am Ende der Zeiten von Gott geschickt wird, um die Mächte des Guten in den End-

Das Ende Lord Gordons schockierte die britische Öffentlichkeit.

Muhammad Ahmad (1844–1885), »der »Mahdi«, besiegte die Briten.

kampf gegen jene des Bösen zu führen. Im Lauf der Geschichte wurden immer wieder Männer mit dieser Figur identifiziert. Doch keiner errang eine solche Machtfülle wie Muhammad Ahmad.

Der politische Hintergrund seines Aufstands waren die verworrenen Verhältnisse in einer Region, die bis heute nicht zur Ruhe gekommen ist: dem Sudan. Damals gehörten Teile des afrikanischen Landes zu Ägypten. Dessen Staatsoberhaupt, der Khedive oder Vizekönig, war nominell ein Untertan des osmanischen Sultans, in Wirklichkeit aber weitgehend unabhängig von der Hohen Pforte. Stattdessen hatten sich seit einigen Jahren die Briten im Land breitgemacht. Denn durch Ägypten verlief die wirtschaftliche Schlagader des Empire, der Sueskanal. Die Wasserstraße, die den Seeweg nach Indien um viele Wochen abkürzte, war 1869 in Betrieb genommen worden. Aber Ägypten hatte sich mit dem gigantischen Projekt finanziell ruiniert. 1875 brachten sich die Engländer in den Besitz der Aktienmehrheit an der französisch-ägyptischen Betreibergesellschaft des Kanals und stellten in den folgenden Jahren im Verbund mit ande-

Die Eröffnungszeremonie des Sueskanals in Port Said 1869. Wenige Jahre später verstärkte der europäische Einfluss auf die Wasserstraße den ägyptischen Widerstand.

ren europäischen Staaten das bankrotte Nilland unter eine internationale Finanzaufsicht. Doch gegen die Einflussnahme der Europäer regte sich Widerstand. Am 11. Juni 1882 kam es in Alexandria zu blutigen Unruhen, bei denen eine Reihe von Ausländern ermordet wurde. Großbritannien nahm die Ausschreitungen zum Anlass, Ägypten zu besetzen, die Unabhängigkeitsbewegung niederzuschlagen und die Kanalzone militärisch zu sichern.

Angesichts dieser Verhältnisse gewann auch der Aufstand des Mahdi immer mehr Unterstützer. Denn die im Sudan stationierten Ägypter galten als Handlanger der Briten. Ein britischer Gouverneur, britische Soldaten und andere Ausländer stellten für die Mahdisten eine permanente Provokation dar. Und das nicht nur, weil Ungläubige über Muslime herrschten, sondern auch, weil sie den nach wie vor lukrativen Sklavenhandel in der Region bekämpften. Mit Muhammad Ahmad erhielt die Unabhängigkeitsbewegung einen charismatischen Führer. Seine territorialen Ambitionen gingen sogar weit über den Sudan hinaus: Ihm schwebte die Wiedererrichtung eines islamischen Gottesstaats vor, der

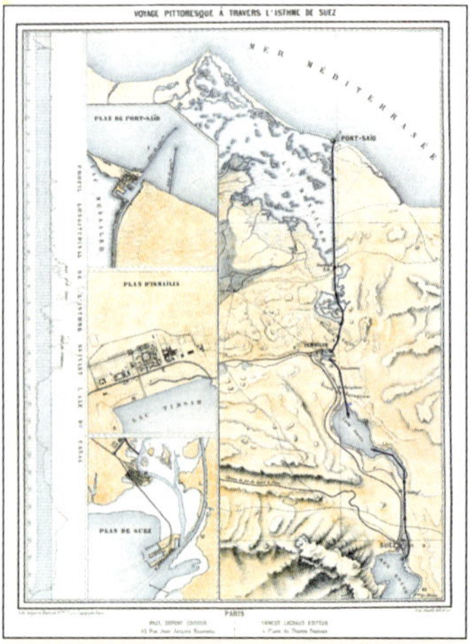

Der Sueskanal verkürzte den Seeweg von Europa nach Asien erheblich.

sich von Mekka bis Konstantinopel erstreckte. Als Mittel, um sein Ziel zu erreichen, diente der Dschihad, der Heilige Krieg, mit dem die verhassten Ausländer ein für alle Mal aus dem Land der Muslime vertrieben werden sollten. Die fanatischen Glaubenskrieger, die ihre schlechte Bewaffnung durch Todesmut wettmachten, geisterten schon bald als Schreckgespenst durch die europäische Presse. Der Dschihad des Mahdi gilt als die erste erfolgreiche Rebellion eines afrikanischen Landes gegen den Kolonialismus.

Die Streitmacht des Mahdi zog eine blutige Spur durch das Land, schlug mehrere britische Truppenkontingente vernichtend und eroberte schließlich die Distrikthauptstadt Khartum. Der Tod Lord Gordons, eines populären Helden aus der Zeit des Opiumkriegs in China, mobilisierte die britische Öffentlichkeit in zuvor nie gekannter Weise. Die Regierung geriet unter Druck, weil sie sich dem Vorwurf ausgesetzt sah, Gordon im Stich gelassen zu haben. London machte sich nun daran, die Schmach zu tilgen und die Rebellen zu bestrafen. Doch es sollten noch 18 Jahre vergehen, bis es der Supermacht gelang, sich nachhaltig durchzusetzen.

1898 stellte eine britische Armee, ausgerüstet mit modernen Maschinengewehren, die Aufständischen bei Omdurman. Der Mahdi selbst war schon einige Jahre zuvor gestorben. Aber seine Bewegung war damit nicht erloschen, sondern behielt auch unter seinem Nachfolger weiterhin die Kontrolle über das Land. Der politische Erbe des Mahdi besaß allerdings nicht das militärische Talent seines Vorgängers. Binnen fünf Stunden fielen 10 000 muslimische Kämpfer im Geschosshagel, während die Briten nur 500 Mann verloren. Das Gemetzel beendete die Unruhen im Sudan. Der siegreiche Lord Kitchener ließ den Sarkophag des Mahdi in

Öffentliche Hinrichtung eines Aufständischen während der Unruhen in Alexandria, 1882. Foto aus dem Album eines britischen Generals.

Bei Omdurman im Sudan wurden 1898 über 10 000 Rebellen von britischen Maschinengewehren niedergemäht.

Nach seinem Tod errichtete man dem Mahdi in Omdurman ein gewaltiges Mausoleum, das während der Kämpfe im Jahr 1898 beschädigt wurde.

Omdurman aufbrechen und die sterblichen Überreste in den Nil werfen. Das war die Rache für Gordon.

Das Empire hatte triumphiert und ein blutiges Exempel statuiert. Aber trotz seines Scheiterns legte der Mahdi-Aufstand auch die Achillesferse des britischen Weltreichs bloß. Zwar war es das größte Imperium, das jemals auf der Erde existierte – es umspannte Ende des 19. Jahrhunderts nicht weniger als 25 Prozent der Landmasse des Planeten, zudem lebte in ihm nahezu ein Viertel der gesamten Menschheit. Doch hier lag auch eine ernste Gefahr: Zu den Untertanen Ihrer Majestät, Queen Victoria, zählten nicht weniger als 100 Millionen Muslime, ein Drittel der islamischen Weltgemeinde. Sollte der Aufstand des Mahdi Schule machen, sollten sich die Muslime in ihrem Kampf gegen die britische Herrschaft solidarisieren, so stünde das Empire in Flammen. Das ahnte man damals nicht nur in London …

Der Kaiser und der Sultan

Das Jahr 1898 sah nicht nur den militärischen Triumph der Briten. Der Orient beschäftigte die internationale Presse noch aus einem anderen Grund. Der war zwar weniger dramatisch, aber durchaus nicht ohne politische Tragweite: der Besuch Wilhelms II. in Jerusalem. Offizieller Anlass der Reise war die Einweihung der protestantischen Erlöserkirche, deren weißer Turm bis heute die Silhouette der Jerusalemer Altstadt prägt. Der Kaiser und König, der qua Amt auch der »Summus Episcopus«« der preußischen Staatskirche war, hatte das Bauvorhaben persönlich gefördert. Wilhelm, der bei Hofgottesdiensten gerne die Predigt hielt, hatte es sich nicht nehmen lassen, der Einweihungszeremonie höchstselbst bei-

> **»Es ist bemerkenswerth, wie Deutschland, das sich als Freund des Sultans auch in der Zeit seiner Noth gezeigt hat, von den christlichen Mächten sich gegenwärtig der größten Beliebtheit bei den muhammedanischen Völkern erfreut.«**
>
> Max von Oppenheim, Orientexperte, 1898

Französische Karikatur von Wilhelm II. als »Reisekaiser« im Orient.

zuwohnen. Und so erlebte die Bevölkerung der ehrwürdigen Stadt nach 670 Jahren erstmals wieder den Einzug eines deutschen Monarchen – nebst Gattin. In wallende weiße Gewänder gehüllt, ritt das Kaiserpaar durch die Gassen der Altstadt, die von Tausenden begeisterter Menschen gesäumt waren. Er habe das Gefühl, den Propheten selbst zu sehen, rief ein türkischer Wachsoldat enthusiastisch aus. Der Kaiser hinterließ offenbar einen gewaltigen Eindruck.

Der fromme Zweck der Reise konnte allerdings nicht verhehlen, dass sich eine eminente politische Bedeutung dahinter verbarg. Denn Jerusalem gehörte damals noch zum Osmanischen Reich, und der deutsche Kaiser war offiziell Gast des Sultans der Türken, Abdülhamid II. Der freilich genoss einen denkbar schlechten Ruf in Europa. In der politischen Presse war er als »roter Sultan« verschrien, als »Schlächter vom Bosporus«. Der britische Premierminister Gladstone nannte ihn gar den »abscheulichen Türken«. Grund für das Negativimage waren massenhafte Ermordungen christlicher Armenier in den Jahren 1894 bis 1896, bei denen vermutlich über 50 000 Menschen den Tod fanden. Inwieweit der Herrscher am Bosporus dafür persönliche Verantwortung trug, ist bis heute umstritten. Aber da die Massaker nun einmal während seiner Regierungszeit geschahen, hafteten sie als hässlicher Fleck auf seinem Ansehen. Da kam der Besuch des mächtigen Mannes aus Deutschland gerade recht. In Konstantinopel mobilisierte man alles, was das orientalische Reich an Pomp zu bieten hatte, um seinen Gast gebührend zu empfangen.

Doch die wehenden Fahnen, Blaskapellen und Paraden am Bosporus konnten nicht darüber hinwegtäuschen, dass der Glanz früherer Jahrhunderte längst verblasst war. Das muslimische Riesenreich, vor dem Europa einst gezittert hatte, glich nur noch einem Schatten seiner selbst. Seine Wirtschaft und Infrastruktur waren hoffnungslos rückständig und seine Finanzen nach mehreren Staatsbankrotten auf Gedeih und Verderb von ausländischen Kreditgebern abhängig, die ihre Ansprüche in Konstantinopel selbst verwalteten. Das Osmanische Reich war kein wirklich souveräner Staat mehr. In Europa sprach man spöttisch vom »kranken Mann am Bosporus« – eine Metapher, die auf den russischen Zaren Nikolaus I. zurückgeht. Denn vor allem der mächtige russische Nachbar hatte ein Auge auf den maroden Staat an seiner Südgrenze geworfen. Nicht weniger als elf Kriege führten die beiden Imperien seit dem 16. Jahrhundert miteinander. Statistisch gesehen lagen zwischen den einzelnen Feldzügen lediglich 23 Friedensjahre.

Der Grund für diese »Erbfeindschaft« beruhte letztlich auf einem geografischen Zufall. Das Zarenreich besaß trotz seiner gigantischen Landmasse in seinem europäischen Teil nur wenige Häfen, von denen die bedeutendsten an der Küste des Schwarzen Meers lagen, das nur durch das Nadelöhr der Dardanellen und den Bosporus erreichbar war. Diese Meerenge aber kontrollierte das Osmanische Reich. Im Kriegsfall konnten die Türken mit geringem Aufwand den Seeweg blockieren, und die im Schwarzen Meer stationierten russischen Flottenteile waren dann praktisch eingesperrt. Das Ziel, sich Dardanellen und Bosporus einzuverleiben, bildete jahrhundertelang eine Konstante russischer Außenpolitik.

In der Tat wäre das Osmanische Reich seinem mächtigen Nachbarn längst zum Opfer gefallen, hätte es im 19. Jahrhundert nicht Unterstützung aus Westeuropa, vor allem vonseiten Großbritanniens, erhalten. Denn im »Großen Spiel« der Weltmächte um Einflusssphären, Märkte und Rohstoffe betrachteten die Briten vor allem Russland als Hauptkonkurrenten. Deshalb setzten sie alles daran, den »kranken Mann am Bosporus« am Leben zu erhalten, und ließen sich sogar in das verlustreiche Abenteuer des Krimkriegs ein, in dem eine englisch-französisch-türkische Allianz Russland besiegte. Auch die Befreiungskriege auf dem Balkan riefen noch einmal die europäischen Mächte auf den Plan. Als sich

Der Einzug des deutschen Kaisers Wilhelm II. in Jerusalem am 29. Oktober 1898 sorgte weltweit für Schlagzeilen.

Der offizielle Anlass für die Kaiservisite in Jerusalem war die Einweihung der protestantischen Erlöserkirche. Das Kaiserpaar verlässt nach der Zeremonie das Gotteshaus.

Serben, Griechen und Bulgaren mit russischer Unterstützung gegen die Herrschaft des Sultans auflehnten, sahen das die Politiker in Westeuropa mit durchaus gemischten Gefühlen und setzten alles daran, den Einfluss des Zaren zu begrenzen.

Doch Ende des 19. Jahrhunderts wurden die Karten neu gemischt. Denn nach Bismarcks Reichsgründung 1871 war in der Mitte des Konti-

Die Vision einer jüdischen Nation

1895 veröffentlichte Theodor Herzl ein kleines Buch mit dem Titel *Der Judenstaat.* Der 1860 in Budapest geborene jüdische Journalist hatte gerade in Paris die Dreyfus-Affäre erlebt: Ein jüdischer Offizier namens Alfred Dreyfus war der Spionage für das Deutsche Reich beschuldigt worden. Die Vorwürfe erwiesen sich als haltlos, und viele Jahre später wurde er tatsächlich rehabilitiert. Aber die Affäre wurde von wüsten antisemitischen Ausschreitungen in Paris begleitet – für Herzl ein letzter Anstoß, mit seiner Vision an die Öffentlichkeit zu treten: Nur in einem eigenen Staat, als unabhängige Nation, hätten Juden eine Chance, sich unbehelligt, frei und ihren Begabungen gemäß zu entfalten.

1897 organisierte Herzl den Ersten Zionistischen Weltkongress in Basel. Benannt nach »Zion«, einer biblischen Bezeichnung für Jerusalem, hatte sich der Zionismus ein ehrgeiziges Ziel gesetzt: »... die Schaffung einer öffentlich-rechtlich gesicherten Heimstätte in Palästina für diejenigen Juden, die sich nicht anderswo assimilieren können oder wollen«. Herzls politische Bewegung mündete 1948 in die Gründung des Staates Israel. Dem Ereignis war die größte Katastrophe in der Geschichte des jüdischen Volkes vorausgegangen: der Holocaust. Der von Herzl für unausrottbar gehaltene Antisemitismus hatte in Nazideutschland die Gestalt eines organisierten Völkermords angenommen. Herzl erlebte das nicht mehr. Er starb bereits 1904. Einige Jahre zuvor hatte er in seinem Tagebuch notiert:

»... in Basel habe ich den Judenstaat gegründet. Wenn ich das heute laut sagte, würde mir ein universelles Gelächter antworten. Vielleicht in fünf Jahren, jedenfalls in fünfzig wird es jeder einsehen.«

Abdulhamid II. (1842–1918) war in den meisten Ländern Europas verhasst.

Wilhelm II. hatte keine Probleme mit dem »Schlächter vom Bosporus«.

nents ein mächtiger Staat herangewachsen, der das bis dahin herrschende Gleichgewicht der Kräfte verschob. Mit Wilhelm II. betrat schließlich ein Mann die politische Bühne, der keinen Zweifel daran ließ, dass er die Rolle eines Global Player beanspruchte. Und es ist vielleicht kein Zufall, dass er im selben Jahr, in dem er das Osmanische Reich besuchte, auch eine andere Entscheidung traf, deren fatale Konsequenzen einige Jahre später zum Tragen kamen: Sie betraf den Ausbau der deutschen Kriegsflotte, womit er am Ende das britische Weltreich ins Lager der Feinde Deutschlands drängte.

»Meine persönliche Empfindung beim Verlassen der Heiligen Stadt war, daß ich mich tief beschämt den Moslems gegenüber fühlte, und daß ich, wenn ich ohne Religion dorthin gekommen wäre, sicherlich Mohammedaner geworden wäre.«

Wilhelm II. in einem Brief an den russischen Zaren Nikolaus II., 1898

Unter diesen Vorzeichen war die kaiserliche Reise ins Heilige Land durchaus geeignet, bei den anderen Großmächten Misstrauen zu erre-

Theodor Herzls Anliegen war für Wilhelm nur Nebensache.

gen. Bei einem Empfang in Damaskus sprach der Kaiser denn auch Worte, die international für Schlagzeilen sorgten: »Möge der Sultan und mögen die 300 Millionen Mohammedaner, die, auf der Erde zerstreut lebend, in ihm ihren Kalifen verehren, dessen versichert sein, dass zu allen Zeiten der deutsche Kaiser ihr Freund sein wird!«

Dem damaligen deutschen Reichskanzler Bernhard Fürst von Bülow war klar, dass die Rede für einigen Wirbel sorgen würde, doch konnte er die Veröffentlichung nicht verhindern. In London und Sankt Petersburg fasste man die Äußerungen Wilhelms als massive Einmischung in die inneren Angelegenheiten auf. Denn sowohl im Empire als auch im Zarenreich lebten Abermillionen Muslime. Man stelle sich nur vor, ein europäischer Monarch hätte sich damals zum Schutzherrn der deutschen Katholiken aufgeschwungen. Ähnlich provokativ wirkten die Worte des Kaisers.

Auch im Reich war das publizistische Echo der Kaiserreise gewaltig. Viele Aspekte des deutschen Engagements im Orient wurden beleuchtet, über manches spekuliert. Aber niemand hätte für möglich gehalten, dass eine Randfigur auf der Bühne der großen Politik Jahrzehnte später einmal ganz im Zentrum der Ereignisse stehen würde – zumindest ihre politische Vision.

Der jüdische Journalist Theodor Herzl war dem Kaiser nachgereist. Als führender Kopf der zionistischen Bewegung hatte er eine kühne Vision: die Errichtung eines jüdischen Staates auf biblischem Boden in Palästina.

Dafür wollte er den Kaiser gewinnen. Seine Majestät empfing Herzl, den er bereits kannte, sogar zweimal. Herzl hoffte, in Wilhelm einen Fürsprecher der zionistischen Idee gefunden zu haben. Der Kaiser sollte den Sultan dazu überreden, jüdischen Immigranten die Einreise nach Palästina zu erlauben. Noch besser wäre es gar, wenn das Deutsche Reich ein Protektorat über Palästina übernähme. So würden die Deutschen zur Schutzmacht der zukünftigen jüdischen Nation. Der Kaiser stand dieser Idee durchaus nicht ablehnend gegenüber. Allerdings hielt er sie für unvereinbar mit den türkischen Interessen, und er wollte auf keinen Fall den Sultan brüskieren. Mit freundlichen, aber unverbindlichen Worten wurde Herzl vom Kaiser verabschiedet. Der jüdische Staat war für Wilhelm II. Nebensache. An erster Stelle war er fest entschlossen, dem Sultan die Hand zu reichen – und nicht nur diesem, sondern auch der ganzen islamischen Welt.

Mit Volldampf zum Euphrat

Die Umarmung der Muslime entsprang keineswegs nur dem Überschwang des Augenblicks; sie war weit mehr als eine herzliche Dankesgeste gegenüber dem Gastgeber. Dahinter stand handfestes politisches und nicht zuletzt auch wirtschaftliches Kalkül.

Denn das im Vergleich zu England und Frankreich junge Deutsche Reich war nicht nur aus Sicht des Kaisers bei der Verteilung der Welt zu spät gekommen. Neidvoll schauten viele Deutsche auf das britische Imperium. Auch die Franzosen hatten sich in Afrika und Südostasien breitgemacht. Und selbst die kleinen Niederlande waren im Besitz einer riesigen Kolonie in Indonesien, deren Bevölkerungszahl die des Mutterlands weit überstieg. Als das Deutsche Reich über die Stärke verfügte, ähnliche Ambitionen in die Tat umzusetzen, war der Kuchen schon verteilt. Einige Gebiete in Afrika, ein paar versprengte Atolle im Pazifischen Ozean – viel mehr war nicht zu holen. Über den lukrativsten Gegenden der Welt wehte schon seit Langem der Union Jack.

Die Briten hatten das System des Kolonialismus perfektioniert. Vor allem Indien, über das Queen Victoria als Kaiserin herrschte, wurde im späten 19. Jahrhundert zur tragenden Säule der englischen Wirtschaft. Die Kolonie lieferte billige Rohstoffe wie Baumwolle, die im Heimatland verarbeitet wurde. Die gigantischen Spinnereien in Manchester und anderen englischen Städten produzierten Textilien in Mengen, die den heimischen Markt weit überfordert hätten. Die Überproduktion konnte aber wieder in der Kolonie abgesetzt werden. Es war ein – aus Sicht der Kolonialmächte – perfektes System, von dem vor allem die heimischen Industrien profitierten, während die ökonomische Entwicklung in den beherrschten Ländern stagnierte und sogar bewusst unterbunden wurde.

An diesem lukrativen Geschäft hätte auch das Deutsche Reich gerne partizipiert. Denn die Industrie an Rhein und Ruhr lechzte nach Absatzmärkten für ihre überbordende Produktion. Binnen nur zwei Jahrzehnten nach der Reichsgründung hatte die deutsche Wirtschaft die britische schon teilweise überflügelt. »Made in Germany« hatte Weltgeltung erlangt. Doch wohin mit all dem Stahl, den Maschinen, Eisenbahnen, Schiffen und Kanonen? Die europäischen Nachbarn schirmten ihre Märkte mit Importzöllen ab. Aber hatte nicht das gewaltige Osmanische Reich Bedarf an allem, was die glühenden Schlünde der Stahlwerke ausspuckten?

Nicht anders als heute waren auch vor hundert Jahren die Politiker Handelsvertreter ihrer Nationen. Die Visite Kaiser Wilhelms II. bei der Hohen Pforte diente nicht nur dem Aufbau gedeihlicher politischer Beziehungen. Auch Krupp und andere sollten von der Begegnung in Konstantinopel profitieren. Worauf die Industriegiganten hofften, war nicht weniger als ein Jahrhundertauftrag: die Erschließung des Osmanischen Reiches durch Eisenbahnlinien!

Bereits 1888 hatte ein Konsortium deutscher Banken unter Vorsitz von Georg von Siemens die Konzession zum Bau eines Schienenstrangs in Anatolien erworben – ein ziemlich riskantes Geschäft: Zwar sicherte die Türkei eine Verzinsung des eingesetzten Kapitals zu, doch wie viel waren die Verträge wert? Otto von Bismarck hatte dem Projekt zugestimmt, gleichwohl unverhohlen erklärt, dass das Reich keine Versicherungen übernehmen werde.

Doch getragen von einer Welle der Euphorie, waren Banken und Industrie zu dem Risiko bereit. Und Großaufträge ließen nicht lange auf sich warten. Denn das gesamte Material für den Bau wurde aus Deutschland herangeschafft. Illustre Namen standen auf der Lieferantenliste: Krupp, Krauss, Maffei, Borsig, Henschel und andere. Planung und Bau der Trasse wurden von der Frankfurter Firma Philipp Holzmann durchgeführt, die auch den noch heute eindrucksvollen Bahnhof Haydarpaşa in Istanbul errichtete.

»Also Volldampf vorwärts nach Euphrat und Tigris und nach dem persischen Meer und damit der Landweg nach Indien wieder in die Hände falle, in die er allein gehört, in die kampf- und arbeitsfreudigen deutschen Hände.«

Aus den *Alldeutschen Blättern*, 1889

Zwar reichte die anatolische Eisenbahn nur bis Konya und war noch fast 2000 Kilometer vom Persischen Golf entfernt, doch das Projekt, eine Bahnlinie bis in den äußersten Südosten des Osmanischen Reiches voranzutreiben, geisterte als Zukunftsvision bereits durch deutsche und türkische Planungsbüros.

Als der Kaiser 1898 mit großem Pomp von seiner Orientreise nach Berlin zurückkehrte, hatte er zwar noch keinen Vertrag in der Tasche, aber doch immerhin eine mündliche Zusage des Sultans bezüglich der Fortsetzung der Bauarbeiten von Konya bis Bagdad.

Das als »Welttat« gefeierte Mammutprojekt sollte die größte Auslandsinvestition des Deutschen Reiches werden: eine 1600 Kilometer lange Trasse durch Gebirge, über abgrundtiefe Täler, über reißende Flüsse und durch glutheiße Wüsten. Innerhalb von 16 Jahren lieferte die deutsche Industrie 200 Lokomotiven und rund 3500 Personen- oder Güterwaggons, dazu Schienen und Schwellen für die Gleisanlagen. Das Investorenkonsortium sollte dafür 99 Jahre lang die Einnahmen aus dem Bahnverkehr und die Ölbohrrechte auf 20 Kilometer beiderseits der Trasse erhalten.

Finanziert wurde das Ganze mittels Ausgabe türkischer Staatsanleihen, die durch die Deutsche Bank vertrieben wurden. Hier freilich lag ein Problem. Anders als bei der anatolischen Bahn, deren Bau und die damit verbundenen Risiken überschaubar waren, besaß die Bagdadbahn unkalkulierbare Dimensionen. Nicht zuletzt konnte niemand garantieren, dass die aus dem Betrieb der Bahn prognostizierten Gewinne jemals die immensen Kosten decken würden. Deshalb war Georg von Siemens als ver-

Firmen wie Krupp (oben: die Herstellung von Panzerplatten) erhofften sich von den wirtschaftlichen Beziehungen zum Osmanischen Reich neue Absatzmärkte.

Feierlicher Moment: Beim ersten Spatenstich für die Bagdadbahn in Konya, 1903, war noch keine Rede von etwaigen Problemen.

Noch heute eindrucksvoll: Der von deutschen Firmen errichtete Bahnhof Haydarpaşa in Istanbul, Ausgangspunkt der Bagdadbahn.

Schwierige Bauarbeiten: Das meist unwegsame Gelände erforderte den Durchbruch Dutzender Tunnels.

Die Bagdadbahn zählt zu den großen Ingenieurleistungen des klassischen Industriezeitalters. Ein Zug durchquert um 1914 das Taurusgebirge.

antwortlicher Direktor der Deutschen Bank auch nur durch sanften, aber unnachgiebigen Druck des Kaisers dazu zu bewegen, das Vorhaben zu unterstützen. Denn die zu bewältigenden Schwierigkeiten waren gigantisch. Vor allem das Taurusgebirge machte den Ingenieuren schwer zu schaffen. Nicht weniger als 37 Tunnel mit einer Gesamtlänge von 20 Kilometern mussten in den Fels gesprengt werden, dazu kamen Dutzende von Brücken mit zum Teil schwindelerregenden Höhen. Die Bauarbeiten stellten auch eine logistische Herausforderung dar. Denn die Trassen verliefen zum Teil durch menschenleere Regionen ohne jede Infrastruktur, in denen tausende Arbeiter versorgt und untergebracht werden mussten. Daher gilt die Bagdadbahn bis heute als eine der großen technischen Meisterleistungen des klassischen Industriezeitalters.

In Deutschland fand das Unternehmen – vor allem unter den Gebildeten – ungeteilte Zustimmung. Denn die Eisenbahn erschloss uralte Siedlungsgebiete: etwa das Zweistromland mit Orten, die klingende Namen vorzuweisen hatten – Ur, Ninive und Babylon –, Stätten, die aus der Bibel bekannt waren und in jenen Jahren von Archäologen ans Licht geholt wurden. Hatten die deutschen Gelehrten bis dahin nur das interpretieren können, was Briten und Franzosen freilegten, so war das prosperierende Reich jetzt in der Lage, umfangreiche Ausgrabungen deutscher Wissenschaftler zu finanzieren. Vor allem die Freilegung der Ruinen Babylons durch Robert Koldewey geriet zu einer archäologischen Großtat, deren Fortschritte auch der Kaiser mit größtem Interesse verfolgte.

War es nicht viel lohnender und auch ehrenvoller, diese uralte Kulturlandschaft und ihre Bewohner unter deutschen Einfluss zu bringen – statt fieberverseuchter Sümpfe in Afrika und der dortigen Naturvölker? Sollten die Briten sich Afrika einverleiben, die Deutschen holten sich die Wiege der Zivilisation!

Auf politischem Feld sorgte die Bahn zu Beginn des 20. Jahrhunderts zunehmend für Zündstoff. Hatte die Deutsche Bank zunächst sogar mit britischen Investoren über eine Beteiligung verhandelt, so war es später die kaiserliche Flottenpolitik, die eine Verschlechterung der Beziehungen zwischen beiden Ländern bewirkte. In der britischen Wahrnehmung wurde die Trasse, die man im Reich gerne auch als »Berlin-Bagdad-Bahn«

Das »Indien Deutschlands«

In der zwischen 1896 und 1933 in Berlin erscheinenden Zeitung *Die Welt am Montag* gibt ein Journalist dem Zeitgeist unverhohlen Ausdruck. Freimütig empfiehlt er, dass sich das Deutsche Reich den Staat am Bosporus einverleiben sollte:

»Nur die Türkei kann das Indien Deutschlands werden ... Der Sultan muß unser Freund bleiben, natürlich mit dem Hintergedanken, daß wir ihn zum Fressen gern haben ... Der kranke Mann wird gesund gemacht, so gründlich kuriert, daß er, wenn er aus dem Genesungsschlaf aufwacht, nicht mehr zum Wiedererkennen ist. Man möchte meinen, er sehe ordentlich blond, blauäugig germanisch aus. Durch unsere liebende Umarmung haben wir ihm so viel deutsche Säfte einfiltriert, daß er kaum noch von einem Deutschen zu unterscheiden ist. So können und wollen wir die Erben der Türkei werden, von ihr selbst dazu eingesetzt ...«

Die Welt am Montag, November 1898

Der deutsche Archäologe Robert Koldewey (1855–1925) wurde als Ausgräber Babylons berühmt.

Das in Babylon freigelegte Ischtartor ist heute eine Attraktion des Berliner Pergamonmuseums.

Die Hedschasbahn, die Damaskus mit Mekka verband, wurde ebenfalls unter Federführung deutscher Ingenieure gebaut.

Schon zu Beginn des 20. Jahrhunderts gewannen Ölquellen strategische und wirtschaftliche Bedeutung. Ein Ölfeld der »Anglo-Persian Oil Company«, 1909.

bezeichnete, immer mehr zum Symbol deutscher Weltmachtpläne. Denn die Eisenbahnverbindung zwischen Bosporus und Persischem Golf hätte eine ernsthafte Konkurrenz für den britischen Seehandel werden können. Nach seiner Fertigstellung wäre der Verkehrsweg nämlich die günstigste Verbindung zwischen Indien und Europa gewesen – konkurrenzlos schnell und billig. Aber neben den wirtschaftlichen Aspekten machten vor allem die militärischen Konsequenzen den Briten Sorge. Die Strategen in London übersahen nicht, dass auf dem Schienenweg Soldaten um ein Vielfaches schneller bewegt werden konnten – und dass die Trasse quasi erst vor der Haustür der britischen Kronkolonie endete. Verschärft wurde die Situation noch dadurch, dass zeitgleich zur Bagdadbahn ein Schienenstrang von Damaskus nach Medina entstand. Die »Hedschasbahn« wurde aus Spenden frommer Muslime finanziert und war dazu gedacht, die Pilgerreise zur Heiligen Stadt des Islam, Mekka, zu erleichtern. Auch bei diesem Projekt hatten deutsche Ingenieure die Leitung, lieferten deutsche Unternehmen das Material. Der religiöse Zweck der Bahn konnte freilich nicht übertünchen, dass die Trasse mit ihren Nebenstrecken nach Jerusalem und Jaffa dem britisch kontrollierten Ägypten bedrohlich nahe kam. Die Briten empfanden die Eisenbahnen des Kaisers zunehmend als eine Bedrohung für das Empire.

Aber nicht nur in London fürchtete man den deutschen Einfluss im Orient – auch in Sankt Petersburg wurde man unruhig. Russland schielte nämlich nicht nur auf den Bosporus. Ebenfalls auf der Agenda russischer Strategen stand der Zugang zum Indischen Ozean. Persien war damals schon in eine russische und in eine englische Einflusszone aufgeteilt. Und in Persien floss bereits zu Beginn des 20. Jahrhunderts Öl durch Pipelines zu einer Raffinerie am Golf – gefördert von der »Anglo-Persian Oil Company«, der späteren »British Petroleum« (BP). Mineralöl begann damals zum unentbehrlichen Lebenssaft der industriellen Welt zu werden. Schon vor dem Ersten Weltkrieg wurden viele englische Kriegsschiffe anstelle von Kohle mit Schweröl befeuert. Ölquellen würden in absehbarer Zeit ein Faustpfand für Wohlstand und Fortschritt sein. Und die arabische Welt barg den Rohstoff in unermesslicher Fülle. Auch deshalb waren die Deutschen den Russen und Briten dort ein Dorn im Auge.

»The Kaiser's Spy«

In jenen Jahren deutscher Orienteuphorie machte ein Mitarbeiter des diplomatischen Dienstes in Kairo von sich reden: Max von Oppenheim. Der 1860 geborene Spross einer bekannten Kölner Bankiersdynastie arbeitete als Orientexperte und Analytiker der Verhältnisse in Ägypten im Auftrag des deutschen Außenministeriums. Oppenheim war ein glühender Patriot und ein leidenschaftlicher Liebhaber alles Orientalischen, ganz wie sein Kaiser.

Die Faszination für den Orient begann mit einem Buch, so erinnerte sich Oppenheim später: »Geradezu ausschlaggebend für mein Leben war es, daß ich die *1001 Nacht* ..., die ich schon auf der Sekunda Weihnachten zum Geschenk erhielt, mit Begeisterung las und studierte. Hierdurch wurde in mir der Gedanke, Forschungsreisender im islamischen Orient zu werden, geweckt, ein Gedanke, der mich nie verließ ...«

Zum Verdruss seines Vaters entwickelte Sohn Max keinerlei Interesse an dem altehrwürdigen Bankhaus. Er absolvierte stattdessen ein Jurastudium, verfolgte aber insgeheim seine Orientpläne. 1886 besuchte er Konstantinopel, drei Jahre später unternahm er eine Reise nach Marokko. 1892 schließlich brach er zu einer ausgedehnten Expedition vom Mittelmeer zum Persischen Golf auf. Der Jugendtraum war zum Beruf geworden. Oppenheim hatte sich als Forschungsreisender und Orientkenner einen Namen gemacht.

Doch wissenschaftliche Meriten reichten dem ehrgeizigen jungen Mann nicht. Als stolzer Deutscher wollte Oppenheim seine aus erster Hand erworbenen Kenntnisse seinem Vaterland nutzbar machen. Eine Anstellung im diplomatischen Korps des Reiches würde ihm beides bieten: gesellschaftliche Anerkennung und eine Betätigung, die seinen Talenten und Interessen entsprach. Doch seine Bewerbung beim Auswärtigen Amt wurde abgelehnt – nicht etwa aus fachlichen Gründen, im Gegenteil: Oppenheim besaß in dieser Hinsicht beste Referenzen. Gegen den Bewerber sprach seine jüdische Herkunft, wie Herbert von Bismarck, Sohn des »Eisernen Kanzlers« und Staatssekretär im Auswärtigen Amt, unverhohlen erklärte: »Ich bin einmal dagegen, weil Juden, selbst wenn sie Begabung haben,

Max von Oppenheim (1860–1946), ein Wanderer zwischen zwei Welten.

doch immer taktlos und aufdringlich werden, sobald sie in bevorzugte Stellungen kommen. Ferner ist der Name als gar zu semitisch bekannt und fordert Spott und Gelächter heraus. Außerdem würden die übrigen Mitglieder unseres diplomatischen Korps, auf dessen ausgesuchte Beschaffenheit ich stets große Mühe verwende, es peinlich empfinden, wenn man ihnen einen Judenbengel bloß deshalb zugesellt, weil sein Vater Geld zusammengejobbert hat. Wäre der Vater arm, so würde der Sohn niemals daran gedacht haben, sich in die Diplomatie einzudrängen.«

Oppenheim ließ sich von dem arroganten und bornierten Antisemitismus, der in den Kreisen des politischen Establishments der Kaiserzeit verbreitet war, nicht entmutigen. Vielleicht wurde sein Ehrgeiz dadurch sogar noch angestachelt. Betrachtet man Oppenheims spätere Entwicklung, so drängt sich dieser Eindruck auf. Hier war einer, der erlebte, dass er ausgegrenzt wurde, und der gerade deshalb deutscher als die Deutschen sein musste, der beweisen wollte, dass er ein durch und durch loyaler Untertan seines Kaisers war.

Unbeeindruckt von der Ablehnung, die ihm entgegenschlug, verfolgte Oppenheim seine Ambitionen weiter. In Paul von Hatzfeld, dem Londoner Gesandten des Reiches, gewann er schließlich einen Fürsprecher. Denn in dem Maß, in dem man in Berlin erkannte, dass die islamische Welt in Zukunft eine politische Größe in der Geostrategie der Weltmächte sein würde, entdeckte man gleichzeitig den eklatanten Mangel an fundierter Information aus diesem Teil der Welt. Die politische Großwetterlage arbeitete für Oppenheim. Im dritten Anlauf schließlich erreichte er 1896 sein Ziel: eine Anstellung beim Auswärtigen Amt als »systematischer Beobachter der islamischen Welt« mit Sitz in Kairo.

»Dann begann während 13 Jahren wohl die Glanzzeit meines Lebens« – Oppenheim hatte seinen Traum verwirklicht: ein Leben zwischen Deutschland und Europa, zwischen Orientalistik und Diplomatie, zwischen Wissenschaft und Politik. Zur Konkretisierung dieses Traums gehörten auch ein prächtiges orientalisches Haus in der Altstadt von Kairo, arabische Gewänder, in die sich der Deutsche gerne hüllte, und nicht zuletzt auch die Erfüllung erotischer Sehnsüchte. Oppenheim ging eine Ehe auf Zeit mit einer jungen Einheimischen ein – eine Institution, die das islamische Recht noch heute duldet.

> **»Meine … Forschungsreisen in den Orient, meine Sprachkenntnisse und mein Verkehr mit vielen Eingeborenen sowie meine ganze Stellung in Kairo waren im Hinblick auf das Leben und die Tätigkeit des durchschnittlichen Diplomaten etwas Außergewöhnliches. So entwickelte sich die Legende, daß ich ein ›Emissär‹, ein ›Geheimagent‹ oder ein ›Sondervertreter‹ des Kaisers im Orient sei.«**
>
> Max von Oppenheim

Ausgedehnte Reisen führten ihn häufig fort aus Ägypten. So unternahm er eine längere Expedition im Auftrag der Deutschen Bank, um die günstigste Streckenführung für die Bagdadbahn zu erkunden. Zuvor hatte das Multitalent die USA bereist und den dortigen transkontinentalen Bahnbau studiert. Bei einer seiner Reisen stieß er durch Zufall auf bedeutende Relikte einer untergegangenen Kultur in der Nähe des Euphrat, den später berühmt gewordenen Tell Halaf.

Oppenheims schillernde Persönlichkeit und seine ungewöhnlichen Lebensumstände machten ihn bald zu einer bekannten Figur in Kairo. Roland Storrs, Orientsekretär des britischen Generalkonsulats in Kairo, bezeichnete ihn in seinen Memoiren gar als »known to us all as ›the Kaiser's Spy‹«.

In Wirklichkeit war Oppenheims Tätigkeit weder heimlich noch konspirativ. Er lieferte regelmäßig Berichte ab. Nicht weniger als 500 schickte er während seiner Kairoer Zeit an das Berliner Außenministerium. Die Themen seiner Ausführungen wählte er selbst: Politik, Kultur, Religion. Für die deutsche Politik wichtige Strömungen wie den antibritischen ägyptischen Nationalismus beobachtete er besonders genau.

Mit der Ausgrabung des Tell Halaf machte sich Oppenheim einen Namen als Archäologe.

Falls Oppenheim gehofft hatte, durch seinen Fleiß seine Karriere zu fördern, so sah er sich freilich getäuscht. Mehr als eine halboffizielle Stelle wollte man dem Mann mit dem jüdischen Familiennamen nicht zubilligen.

Deshalb kehrte er 1909 der Diplomatie den Rücken und rüstete eine Expedition aus, um den Tell Halaf zu erforschen. Der Ruhm eines Ausgräbers einer bedeutenden archäologischen Stätte schien ihm verlockender als das Verfassen von Dossiers, die in Berliner Aktenschränken verstaubten.

Die Freilegung des Siedlungshügels im heutigen Syrien wurde zu einem Meilenstein der vorderasiatischen Archäologie und machte Oppenheims Namen auch in der wissenschaftlichen Fachwelt bekannt.

1912 stattete er englischen Kollegen, die einige Tagesreisen entfernt die Hethiterstadt Karkemisch ausgruben, einen Besuch ab. Der Deutsche machte bei dieser Gelegenheit die Bekanntschaft eines jungen, hageren Archäologen namens Thomas Edward Lawrence. Nicht ohne ei-

Ein Riese auf tönernen Füßen: Ende des 19. Jahrhunderts und unmittelbar vor dem Ersten Weltkrieg erlitt das Osmanische Reich gewaltige Gebietseinbußen.

nen Hauch von Ironie schilderte der fast dreißig Jahre jüngere Brite die Begegnung mit dem deutschen »Baron« in einem Brief. Trotzdem behandelte man sich mit Respekt. Bei aller Konkurrenz waren beide doch Wissenschaftler und hatten gerade bedeutende Entdeckungen gemacht. Bei der Verabschiedung lud Oppenheim Lawrence zu einem Gegenbesuch auf den Tell Halaf ein. Er sollte nicht mehr zustande kommen. Weder Lawrence noch Oppenheim ahnten in diesem Moment, dass sie bald erbitterte Gegner sein würden und jeder auf seine Weise versuchen sollte, den Krieg in die arabische Welt zu tragen.

> **»Bei den jetzt so gespannten Verhältnissen, wo wir fast allein sich bildenden, großen, gegen uns gerichteten Koalitionen gegenüberstehen, ist unser letzter Trumpf der Islam und die mohammedanische Welt.«**
>
> Wilhelm II., 1905

Die Trumpfkarte Dschihad

Im August 1914 brach der Erste Weltkrieg aus. Europa zog in einen Krieg, von dem viele glaubten, er werde in ein paar Monaten vorbei sein. Die deutsche Kriegführung folgte dem Schlieffenplan, der eine schnelle Niederwerfung Frankreichs vorsah, um anschließend militärische Kräfte für den als schwerer angesehenen Kampf gegen Russland freizusetzen. Doch an der Marne kam der deutsche Vormarsch schon nach wenigen Wochen ins Stocken, und die Schlachten erstarrten in blutigen Grabenkämpfen. Auch den Optimisten in der Obersten Heeresleitung dämmerte, dass dieser Krieg lange dauern und womöglich die Kräfte des Reiches übersteigen könnte.

Wenn also der Feind nicht an den Fronten zu bezwingen war – wo dann? Die Antwort lag auf der Hand: durch die Destabilisierung seiner Kolonien. Vor allem im britischen Empire und in Russland lebten Abermillionen Muslime. Sollte es nach dem Vorbild des Mahdi-Aufstands gelingen, sie zur Rebellion zu bewegen, so müssten die Gegner Truppen von den Kriegsschauplätzen in Europa abziehen, um ihre Kolonien zu sichern. Die dritte Front, sozusagen im Hinterhof der Feinde, wurde zunehmend zum Hoffnungsanker der Strategen in Berlin.

Colmar Freiherr von der Goltz (1843–1916), ein weitblickender Stratege.

Das war die Stunde Max von Oppenheims. Jetzt kam er endlich zum Zug. Hatte er nicht in seiner Kairoer Zeit schon Gedanken zu Papier gebracht, die genau in diese Richtung zielten? Oppenheim war auf den Panislamismus aufmerksam geworden, der von Sultan Abdülhamid II. propagiert wurde. Mittels Beschwörung der religiösen Identität aller Muslime hoffte der Sultan, nicht nur die nationalen Bewegungen in seinem zerfallenden Vielvölkerstaat auszuhebeln, sondern auch durch die Drohung mit der schieren Masse der muslimischen Weltgemeinde die Europäer daran zu hindern, sich am Osmanischen Reich zu vergreifen. Oppenheim hatte darin schon frühzeitig eine Chance für Deutschland erkannt:

»Mehr als je ist der Sultan gegenwärtig als der mächtigste muhammedanische Fürst und der Herr und Beschützer der heiligen Städte in der ganzen Welt des Islams angesehen. Mag er für eine Großmacht als direkter Gegner auch weniger gefährlich erscheinen, so würde er im Kampfe gegen jeden Staat, der zahlreiche muhammedanische Unterthanen besitzt, ein wertvoller Bundesgenosse werden können …«

> **»In dem uns aufgedrängten Kampfe gegen England, den dieses bis aufs Messer führen will, wird der Islam eine unserer wichtigsten Waffen werden.«**
>
> Max von Oppenheim, 1914

Oppenheim stand mit solchen Überlegungen nicht allein. Wilhelm Leopold Freiherr Colmar von der Goltz, langjähriger Chef der deutschen Militärmission im Osmanischen Reich, hatte ebenfalls schon früh, im Jahr 1899, die strategische Bedeutung der Türkei in einem zukünftigen europäischen Krieg hervorgehoben: »Kommt dieser Krieg, so ist auch der Moment für die Türkei gekommen, … weil 50 Millionen Mohammedaner bereit wären, sie zu unterstützen.«

Und anlässlich des Kriegseintritts der Briten gegen das Deutsche Reich notierte Wilhelm II. schließlich:

»Jetzt muss dieses ganze Getriebe schonungslos aufgedeckt werden und ihm öffentlich die Maske christlicher Friedfertigkeit in der Öffentlichkeit schroff abgerissen werden und die Pharisäische Friedensheuchelei an den Pranger gestellt werden!! Und unsere Consuln in Türkei und Indien, Agenten etc. müssen die ganze Mohammed Welt gegen dieses verhaßte, verlogene, gewissenlose Krämervolk zum wilden Aufstande entflammen; denn wenn wir uns verbluten sollen, dann soll England wenigstens Indien verlieren.«

Ein allgemeiner Aufstand der Muslime von Casablanca bis Kalkutta sollte den deutschen Waffen zum Sieg verhelfen.

Enver Pascha (1881–1922), skrupelloser Visionär.

Enver Pascha

Er war einer der skrupellosen politischen Träumer des 20. Jahrhunderts und bezahlte seinen Ehrgeiz am Ende mit dem Leben: Enver Pascha, der starke Mann der Türkei während des Ersten Weltkriegs. Der 1881 geborene Ismail Enver stammte aus kleinen Verhältnissen und machte eine steile Karriere bei der Armee. Schon als Student schloss er sich der Bewegung der »Jungtürken« an, zu deren führenden Köpfen er bald gehörte. Zwischen 1909 und 1911 residierte er als osmanischer Militärattaché in Berlin, was seine guten Beziehungen zur deutschen Generalität festigte. 1913, ein Jahr vor Beginn des Ersten Weltkriegs, putschte er sich mit zwei weiteren Generälen, Cemal und Talat, an die Macht, die er bis Kriegsende nicht mehr aus der Hand gab. Enver verfolgte einen politischen Kurs, der das Osmanische Reich auf der Seite der Mittelmächte in den Ersten Weltkrieg hineinzog. Sein Ansehen als General, das er sich durch die Rückeroberung von Adrianopel während des Zweiten Balkankriegs erworben hatte, erlitt aber schon im Winter 1914/15 schweren Schaden. Denn die von ihm geführte Offensive gegen die Russen im Kaukasus endete in einem völligen Desaster. Die miserabel ausgerüstete Armee, deren Soldaten es sogar an Schuhen mangelte, erlitt katastrophale Verluste. Noch schwerer wog die Mitverantwortung Envers an der Ermordung Hunderttausender Armenier auf dem Gebiet des Osmanischen Reiches während des Krieges.

Nach der türkischen Kapitulation floh der »Generalissimus« im November 1918 auf einem deutschen U-Boot und kam bei einem befreundeten Professor in Potsdam unter. Das Versteck war auch nötig, denn ein Istanbuler Gericht hatte Enver wegen der Armeniermassaker in Abwesenheit zum Tode verurteilt. Doch der umtriebige Exgeneral hegte nach wie vor ehrgeizige politische Ambitionen. Er träumte von einem vereinigten Staat aller Turkvölker in Zentralasien. Hauptstadt dieses »Turanischen« Reiches sollte die alte Stadt Samarkand im heutigen Usbekistan werden, samt einem wiedererrichteten Kalifat.

1920 brach Enver ins heutige Buchara auf, um die dortigen Stämme für seine Ideen zu gewinnen. Aber seine waghalsigen Propagandaeinsätze per Flugzeug und selbst Verhandlungen mit Lenin waren letztlich doch zum Scheitern verurteilt, weil die neuen kommunistischen Machthaber im Moskauer Kreml gar nicht daran dachten, den Süden ihrer soeben nach blutigen Kämpfen eroberten Sowjetunion islamischen Stammeskriegern zu überlassen. 1922 fiel Enver Pascha im heutigen Tadschikistan im Kampf gegen die Rote Armee.

Gleich bei Kriegsbeginn stellte sich Max von Oppenheim dem Auswärtigen Amt in Berlin zur Verfügung. In der Not der Stunde brauchte man alle fähigen Köpfe und sah über seine Herkunft hinweg. Er machte sich sofort daran, die politischen Überlegungen, die längst in der Luft lagen, in einem Strategiepapier zu bündeln. Versehen mit dem Titel »Denkschrift betreffend die Revolutionierung der islamischen Gebiete unserer Feinde«, lag es bereits im September 1914 dem Kaiser und der Obersten Heeresleitung vor.

Oppenheims Plan sah das Szenario einer weltweiten islamischen Erhebung vor. Ausgangspunkt sollte die Ausrufung des Dschihad durch den Sultan in Istanbul sein. Von Indien über Zentralasien bis in den Maghreb würde deutsch-türkische Propaganda die Muslime aufwiegeln. Waffen müssten nach Indien geschmuggelt, die Ölfelder Bakus in Brand gesetzt werden. Spezielle Einsatzkommandos sollten den Sueskanal verminen und sogar ausländische Politiker ermorden. Geld dürfe dabei keine Rolle spielen. Das Pamphlet schließt mit der martialischen Aufforderung:

»In erster Linie haben wir gegenwärtig an unsere Selbstverteidigung zu denken, den Islam für uns auszunutzen und diesen nach Kräften zu stärken. ... Die Perfidie unserer Gegner gibt uns zudem das Recht, zu jedem Mittel zu greifen. … Das Eingreifen des Islam in den gegenwärtigen Krieg ist besonders für England ein furchtbarer Schlag. Tun wir alles, arbeiten wir vereint mit allen Mitteln, dass derselbe ein tödlicher werde!« Auch wenn Oppenheim nicht als Erfinder der deutschen Dschihad-Strategie während des Ersten Weltkriegs gelten kann, so brachte er in seiner Denkschrift doch alle Überlegungen zu diesem Thema zusammen, systematisierte sie und empfahl sich damit auch als zukünftiger Organisator des Heiligen Krieges. Oppenheim erhielt Geld, Personal und Räumlichkeiten zum Aufbau einer »Nachrichtenstelle für den Orient«, ein Büro zur Entfesselung des Dschihad – mitten in Berlin.

Sturm über dem Bosporus

Doch die Deutschen hatten die Rechnung erst einmal ohne den Wirt gemacht. Denn alle Dschihad-Visionen fußten auf der Voraussetzung eines Kriegseintritts der Türkei aufseiten der Mittelmächte Deutschland und Österreich. Und der war im August 1914 noch keineswegs absehbar.

Seit den Tagen des Kaiserbesuchs hatten sich die politischen Verhältnisse im Osmanischen Reich grundlegend geändert. Die sogenannten »Jungtürken«, eine Bewegung, die für eine demokratische Reformierung des altertümlichen Staatswesens eintrat, hatten bereits 1909 Sultan Abdülhamid II. zur Abdankung gezwungen und durch seinen Bruder Mehmed V. ersetzt. Nach vielen innenpolitischen Wirren, nicht zuletzt aber wegen der verheerenden Balkankriege 1912/13, die große Gebietsverluste und eine Massenflucht Hunderttausender Türken Richtung Konstantinopel zur Folge hatten, putschten sich schließlich drei Generäle an die Macht und regierten mit diktatorischen Vollmachten. Kopf des Triumvirats war der erst 32-jährige Enver

> **»Türkei muss losschlagen, S. M. der Sultan muss die Muselmanen in Asien, Indien, Ägypten, Afrika zum heiligen Kampf fürs Kalifat aufrufen.«**
>
> Wilhelm II. an Enver Pascha, August 1914

Verbündete im Heiligen Krieg: Wilhelm II. im Gespräch mit Enver Pascha an Bord eines Kriegsschiffs im Oktober 1917.

Pascha. Der ehemalige osmanische Militärattaché an der Botschaft in Berlin galt als Freund der Deutschen.

Zwar unterzeichnete die türkische Regierung bereits am 2. August 1914 ein Geheimabkommen, das den Kriegseintritt des Osmanischen Reiches für den Fall vorsah, dass Russland gegen die Mittelmächte mobil machte – was dann ja tatsächlich geschehen war. Trotzdem schreckte man in Konstantinopel vor dem Kriegseintritt zurück und hielt die Deutschen hin. Es sollten noch einige Monate vergehen, bis ein gelungener Coup, bei dem zwei Kriegsschiffe der kaiserlichen Marine eine entscheidende Rolle spielten, die Türken endgültig ins Lager der Mittelmächte hineinmanövrierte. Am 12. November schließlich reagierte das Osmanische Reich auf die Kriegserklärungen Russlands, Frankreichs und Englands auch seinerseits mit Kriegserklärungen an die Entente. Bereits einen Tag zuvor hatte Sultan Mehmed V., wie mit den Deutschen vereinbart, den Dschihad gegen die Mächte der Entente verkündet. Der Aufruf gipfelte in einer Beschwörung der weltweiten muslimischen Solidarität:

Muslimische Kriegsgefangene, die später in ihren Heimatländern als Agenten eingesetzt werden sollten, im »Halbmondlager« Wünsdorf beim gemeinsamen Gebet.

»Stürzt Euch auf den Feind wie die Löwen, denn die Existenz und das Leben unseres Reiches sowie die Existenz von 300 Millionen Muslimen, die wir zum Größten Dschihad durch die erhabenen Rechtsgutachten aufgerufen haben, ist verknüpft mit Eurem Sieg: Die Gebete aus den Herzen von 300 Millionen unterdrückten Muslimen … sind alle mit Euch, wo immer Ihr seid.«

Der Heilige Krieg, Dschihad, zur Durchsetzung der türkisch-deutschen Kriegsziele schien Gestalt anzunehmen. Dieser Aufruf zum bewaffneten Kampf war freilich ein Novum in der Geschichte. Denn der Definition nach war ein Dschihad ja ein Krieg gegen Ungläubige ohne Einschränkung, ein Krieg mit dem Ziel, den Islam zu verbreiten. Nun aber sollte plötzlich ein Unterschied zwischen den Ungläubigen gemacht werden – zwischen Deutschen und Briten, Österreichern und Russen, Freunden und Feinden. Deshalb ließ die türkische Regierung ein islamisches Rechtsgutachten anfertigen, das klarstellte, dass es künftig einem Muslim erlaubt sei, an der Seite der Deutschen zu kämpfen. An die muslimischen Soldaten in den Reihen der Entente wurde eine deutliche Drohung gerichtet. Selbst wenn sie oder ihre Angehörigen mit dem Leben dafür bezahlten, hätten sie den Dienst zu verweigern, sonst warte das Höllenfeuer auf sie. Die Grundvoraussetzung für einen weltweiten Dschihad der Muslime war erfüllt. Der Kalif hatte ihn verkündet, ein Rechtsgutachten ihn als gottgefällig bestätigt. Nun musste Oppenheims »Nachrichtenstelle für den Orient« dafür sorgen, dass diese Botschaft bei den Muslimen auch ankam.

In Regionen ohne moderne Kommunikationsmittel war das nur durch Agenten und Propagandamaterial zu leisten. Fieberhaft verfasste Oppenheims Stab, dem bald über 60 Personen angehörten, Broschüren und übersetzte Kriegsberichte, um damit die islamische Welt zu infiltrieren. Besonderes Augenmerk galt den zehntausenden muslimischen Soldaten in den Reihen der Entente. Sie sollten mit Flugblättern zur Desertion aufgerufen werden.

Schon bald gerieten Muslime auch in deutsche Kriegsgefangenschaft. Oppenheim ließ sie in einem eigens dafür eingerichteten Lager in Wünsdorf bei Berlin zusammenziehen. Die Gefangenen erhielten eine eigene Moschee – ein schmuckes Gebäude im osmanischen Stil – und wurden von türkischen Geistlichen indoktriniert, um später als Agenten und Saboteure in ihre jeweiligen Heimatländer geschickt zu werden. Für die Gefangenen produzierte Oppenheims Amt eine eigene Zeitung namens *Dschihad*.

Aber nur mit Flugblättern und Broschüren war kein Krieg zu führen, darüber war man sich auch in Berlin im Klaren. Man brauchte Agitatoren vor Ort.

Ein Land stand ganz oben auf der Agenda der deutschen Dschihad-Strategen: Indien. Denn die Kronkolonie war das Rückgrat des britischen Empire. Gelänge es, den Subkontinent zu destabilisieren, so hätte das unabsehbare Folgen für die britische Wirtschaft und Kriegführung.

»Von höchster Wichtigkeit ist ... die Insurrektion von Indien und Ägypten, auch im Kaukasus. – Durch den Vertrag mit der Türkei wird das Auswärtige Amt in der Lage sein, diesen Gedanken zu verwirklichen und den Fanatismus des Islams zu erregen.«

Helmuth von Moltke, Generalstabschef, November 1914

Deshalb setzte die deutsche Heeresleitung bereits im September 1914 eine Expedition in Marsch. Ihr Ziel: Kabul. Der dortige Herrscher Habibullah, der Emir von Afghanistan, sollte dazu bewegt werden, aufseiten der Türken und Deutschen in den Krieg einzutreten und Indien anzugreifen.

Die unter dem Namen Niedermayer-Hentig-Expedition berühmt gewordene Unternehmung stand allerdings unter keinem guten Stern. Pannen, Missgeschicke und Kompetenzstreitigkeiten unter den Teilnehmern führten das ehrgeizige Vorhaben mehrfach an den Rand des Scheiterns. Neben den deutschen Offizieren Oskar Niedermayer und Werner Otto von Hentig gehörten auch der indische Prinz Raja Mahendra Pratap und der türkische Offizier Kazim Bey zum Expeditionsteam. Trotz aller Widrigkeiten gelang es der exotischen Reisegesellschaft, sich auf abenteuerlichen Wegen durch das von Russen und Briten kontrollierte Persien bis nach Afghanistan durchzuschlagen.

Im September 1915 traf die Expedition in Kabul ein. Zwar wurden die Ausländer mit militärischem Pomp empfangen, doch zu größerem Engagement in deutsch-türkischen Angelegenheiten war Habibullah vorläufig nicht zu bewegen – im Gegenteil: Die Deutschen mussten bald feststellen, dass sie sich nicht frei bewegen durften. Erst als sie in den Hungerstreik traten, ließ der afghanische Herrscher bitten.

Die folgenden Verhandlungen waren zäh und zogen sich in die Länge. Die Begeisterung des Emirs für den Heiligen Krieg hielt sich offenbar in Grenzen. Immerhin gelang es den Deutschen, Habibullah zu einer Unterschrift unter ein Freundschaftsabkommen zwischen dem Reich und Afghanistan zu bewegen. Der Vertrag sah die Lieferung von 100 000 Gewehren, Artillerie und nicht zuletzt die Zahlung erheblicher Geldmengen vor. Die Deutschen wussten freilich nicht, dass Habibullah auch mit den Briten verhandelte und sich auch von dieser Seite finanzielle Angebote machen ließ.

Der afghanische Herrscher wartete ganz einfach ab, wem sich das Kriegsglück letztlich zuneigen würde. Im Mai 1916 machten sich die Ausländer enttäuscht wieder auf den Heimweg. In Großbritannien allerdings stufte man die Expedition von Anfang an als sehr gefährlich ein. Nicht nur unternahmen Engländer und Russen beträchtliche Anstrengungen, die Deutschen auf dem Weg nach Afghanistan abzufangen, sondern König George V. schrieb sogar höchstpersönlich an den Emir und mahnte seine Neutralität an. Dass der Funke des Heiligen Krieges nach Indien überspringen könnte, brachte die Strategen in London tatsächlich ins Schwitzen.

Habibullah, der Emir von Afghanistan (1872–1919), spielte auf Zeit.

Während sich die deutsche Expedition auf den Weg Richtung Kabul machte, liefen in Berlin und Konstantinopel gleichzeitig die Planungen für den Vorstoß gegen ein nicht minder wichtiges Ziel an: den Sueskanal. Im Dezember 1914 erlebte Jerusalem den denkwürdigen Auftritt eines bayerischen Freiherrn, der im Namen Allahs in den Heiligen Krieg zog. Major Friedrich Freiherr Kress von Kressenstein, einer der deutschen Offiziere, die die türkischen Militäroperationen leiteten, ritt neben einer geweihten Fahne aus Mekka in feierlichem Umzug durch die Stadt. Das Banner des Propheten war auf Veranlassung der türkischen Machthaber geholt worden. Es sollte nicht nur die türkischen Truppen beflügeln, sondern auch dazu dienen, bei der Durchquerung des Sinai Freiwillige aus der arabischen Bevölkerung und den Beduinenclans anzuwerben. Gelänge es, die Kanalzone zu besetzen, so wäre die Versorgung Englands mit Rohstoffen erheblich beeinträchtigt. Außerdem erhoffte man sich im Falle eines Erfolgs einen Dominoeffekt. Die Überlegenheit der deutschen und türkischen Waffen würde die unentschlossene ägyptische Bevölkerung zum Umschwenken auf die Seite der Mittelmächte bewegen. Die Besetzung des Kanals sollte zum Fanal des allgemeinen Aufstands werden.

Doch zunächst wartete die wasserlose Sinaihalbinsel. Der Marsch durch das Wüstengelände unter der Leitung des deutschen Majors gilt bis

Kriegsschauplatz Palästina: Major Freiherr Kress von Kressenstein (vorn auf dem schwarzen Pferd) und sein Stab auf dem Weg zur Front.

heute unter Militärhistorikern als logistische Glanzleistung. Denn nicht nur Menschen, Geschütze und Munition mussten durch das lebensfeindliche Gebiet bewegt werden. Die Armee führte sogar Pontons zur Überquerung des Kanals mit sich. Doch trotz des gelungenen Auftakts war dem Unternehmen kein Erfolg beschieden.

Die Briten hatten Wind vom Anrücken feindlicher Streitkräfte bekommen und Truppen am Kanalufer konzentriert. Ohne den Überraschungseffekt war das deutsch-türkisch-arabische Kontingent dem Gegner an Truppen und Material weit unterlegen. Kress von Kressenstein sah sich gezwungen, die Kampfhandlungen abzubrechen und nach Norden auszuweichen. Etwa 20 000 Deutsche, darunter mehrere hundert Offiziere und sogar Luftwaffenpersonal, kämpften ab 1915 im Nahen Osten. Ebenfalls hatte es einige hundert Österreicher an den exotischen Kriegsschauplatz verschlagen. Nicht anders als in Europa war auch hier der Ausgang des Krieges noch lange nicht absehbar.

Völkermord an den Armeniern

Szenen wie diese waren 1915 in den armenischen Provinzen der Türkei an der Tagesordnung. Foto aus einem Bericht des US-Botschafters Henry Morgenthau senior.

Im Mai 1915 erließen die türkischen Generäle ein Deportationsgesetz. Überall im Osmanischen Reich wurden armenische Familien zusammengetrieben, um angeblich in entlegenen Gebieten wieder angesiedelt zu werden. Den Vorwand für diese Maßnahme lieferte das Eindringen der russischen Armee in die Kaukasusregion, das von vielen Armeniern begrüßt wurde. In Wirklichkeit wollte man die verhasste Minderheit nicht umsiedeln, sondern vernichten. Die Armenier wurden in die Wüste deportiert, wo sie zugrunde gingen. Wie viele Menschen dem Völkermord zum Opfer fielen, ist umstritten. Die Schätzungen schwanken zwischen 500 000 und 1,5 Millionen Toten.

Auch Oppenheim wurde mit dem Verbrechen konfrontiert. Seit Frühjahr 1915 war er Mitarbeiter der deutschen Botschaft in Konstantinopel. Aber der Propagandist des Dschihad ergriff keine Partei für die Opfer. Ende August erläuterte er in einem Brief an den deutschen Reichskanz-

ler Theobald von Bethmann-Hollweg seine Meinung über »die armenische Frage«:
»Nach wie vor werden zweifellos bei der Vertreibung aus der Heimat, auf den Transporten und bei der Neuansiedelung des armenischen Volkes Härten, unvermeidliche Grausamkeiten, fürchterliche Familiendramen vorkommen.... Das menschliche Mitgefühl legt es dem Europäer sicherlich nahe, das Schicksal so vieler jedenfalls unschuldig Getroffener zu beklagen und an eine Abhilfe zu denken. Aus staatsmännischen Gründen muß man es jedoch verstehen, daß die Türken in diesen schweren Zeiten sich mit allen Mitteln gegen die Armeniergefahr zu schützen suchen.« Oppenheim sah allerdings auch die Konsequenzen einer Politik des Wegsehens voraus: »Gewiß werden das schwere Schicksal der Armenier und die wohl unausbleiblich vorgekommenen Grausamkeiten bei der Erfüllung desselben von den Feinden uns Deutschen mit zur Last gelegt werden...«
Aber letztlich waren die Loyalität der türkischen Verbündeten und die damit verknüpfte Dschihad-Strategie für die deutsche Kriegführung wichtiger als das Schicksal der Armenier. Oppenheims Auffassung entsprach ganz der Linie der Obersten Heeresleitung. Sie erteilte eine Order an alle Dienststellen im Osmanischen Reich, die Deportationen als innertürkische Angelegenheit zu behandeln und sich nicht einzumischen.

Im Februar 1915 starteten die Briten ein groß angelegtes Landungsunternehmen an den Dardanellen. Zwar gelang es ihnen, auf der Halbinsel Gallipoli einen Brückenkopf zu erkämpfen und diesen auch einige Monate zu halten. Aber der Durchbruch nach Konstantinopel scheiterte an der erbitterten türkisch-deutschen Verteidigung. Nach katastrophalen Verlusten mussten die Briten das Unternehmen, das unter dem Namen »Gallipoli« in die Geschichte eingegangen ist, abbrechen.

Auch bei der Stadt Kut in Mesopotamien gerieten englische Verbände in Bedrängnis. Türkische Truppen kesselten unter Oberbefehl des schon 72-jährigen Colmar von der Goltz ein komplettes britisches Expeditionskorps ein. Halb verhungert mussten die Engländer kapitulieren. Über

Die Landung der Alliierten auf der Halbinsel Gallipoli im Februar 1915 endete in einem militärischen Desaster.

13 000 Soldaten samt vier Generälen und hunderten Offizieren gerieten in Gefangenschaft. Kut war nach Gallipoli die schwerste militärische Niederlage der Briten gegen das Osmanische Reich.

Aufstand in der Wüste

Im Frühjahr 1915 verließ Oppenheim die Berliner »Nachrichtenstelle« und fuhr nach Konstantinopel. Er war mit dem Aufbau von »Nachrichtensälen« betraut. Sie sollten den Bewohnern größerer Städte des Osmanischen Reiches die Möglichkeit bieten, sich über den Kriegsverlauf zu informieren. Natürlich dienten diese Leseräume der Verbreitung deutsch-türkischer Propaganda – vor allem unter der arabischen Bevölkerung.

Die jahrhundertelange türkische Herrschaft hatte in Arabien wenig positive Spuren hinterlassen. Die Region war arm und rückständig. Die türkischen Beamten galten als brutal und korrupt. Unter der arabischen Bevölkerung des Reiches hatte sich schon seit geraumer Zeit Unzufriedenheit breitgemacht. Im Geheimen operierten Unabhängigkeitsbewegungen.

Hinzu kam ein religiöser Aspekt: Zwar trugen die osmanischen Sultane offiziell den Titel Kalif, aber eine tatsächliche Herkunft aus der Familie des Propheten – was dieser Titel ursprünglich beinhaltete – konnten die Herrscher am Bosporus kaum für sich in Anspruch nehmen.

Ganz anders verhielt es sich mit dem Großscherifen von Mekka, Hussein ibn Ali. Er entstammte wie seine Vorgänger der Sippe der Haschemiten, die ihren Stammbaum auf den Urgroßvater Mohammeds zurückführen konnten. Hussein genoss großes Ansehen in der arabischen Welt. Und er war ein Mann mit Ambitionen. Fast 15 Jahre hatte er unfreiwillig in Konstantinopel als Geisel Abdülhamids verbracht, bevor der Sultan ihn zum Herrn über die heiligen Stätten ernannte. Aber die Ziele Husseins waren weiter gesteckt: Er träumte von einer haschemitischen Erbmonarchie in Arabien.

Oppenheim wusste: Wollte er die Araber auf seiner Seite haben, so brauchte er die Familie des Großscherifs. Deshalb suchte er ein Treffen mit Faisal, dem Sohn Husseins. Die Begegnung zwischen den beiden Männern verlief freundlich, aber der arabische Würdenträger zeigte sich skeptisch gegenüber Oppenheims Dschihad-Enthusiasmus. Er wäre kein guter Muslim, wenn er Männer mit Speeren gegen moderne Armeen schickte. Oppenheim stellte ihm die Lieferung von Waffen in Aussicht.

Der Deutsche ahnte nicht, dass die Herrscherfamilie von Mekka ein doppeltes Spiel betrieb, denn insgeheim korrespondierte Scherif Hussein auch mit britischen Regierungsstellen in Ägypten. Vorsichtig lotete er aus, zu welchen Zugeständnissen die Briten bereit wären, für den Fall, dass er sich offiziell von der türkischen Herrschaft lossagte. In dem sich entwickelnden Briefwechsel formulierte der britische Hochkommissar für Ägypten, Sir Henry McMahon, Sätze, die von Hussein als klare Zusage für die Errichtung eines unabhängigen Arabien nach dem Sieg über

Aufstand in Mekka: Großscherif Husein ibn Ali (1853–1931) erklärt seine Unabhängigkeit vom türkischen Sultan. Aus dem Pariser *Petit Journal*, Juli 1916.

die Türken verstanden wurden. Da ihm außerdem zu Ohren gekommen war, dass die Regierung in Konstantinopel über seine Absetzung nachdachte, sagte sich Hussein im Sommer 1916 offiziell vom Sultan los und ließ sich zum König von Arabien ausrufen. Das war offene Rebellion. Aber der Funke sprang nicht, wie erhofft, auf ganz Arabien über. Das seit alters schwelende Misstrauen unter den Sippenchefs der Beduinen verhinderte einen Flächenbrand. Statt der 100 000 Männer, die der Scherif den Briten versprochen hatte, schlossen sich dem Aufstand nur einige tausend an. Husseins Kriegern gelang es zwar, Mekka und Medina zu erobern, aber zu größeren militärischen Unternehmungen waren sie nicht in der Lage. In Kairo war man äußerst enttäuscht.

Im dortigen »Arab Bureau« – dem britischen Pendant zu Oppenheims Nachrichtenstelle – arbeitete seit Kriegsbeginn ein alter Bekannter des Deutschen: T. E. Lawrence. Denn wie die Strategen in Berlin hatten auch die Briten Archäologen und andere Wissenschaftler für nachrichtendienstliche Aufgaben verpflichtet. Der 1888 geborene Lawrence war wie Oppenheim ein Orientbegeisterter. Schon als Student hatte er allein eine abenteuerliche Reise durch Syrien zu den Burgen aus der Kreuzfahrerzeit unternommen, über die er eine wissenschaftliche Arbeit verfasste. Nach seinem Studium erhielt er die Gelegenheit, an einer Ausgrabung des bekannten Archäologen Leonard Woolley am Oberlauf des Euphrat teilzunehmen, wobei er Oppenheim kennenlernte. Jetzt bestand seine Aufgabe darin, die Pläne des Deutschen zu durchkreuzen.

Archäologe und Guerillakämpfer: Der legendäre »Lawrence von Arabien«.

Lawrence wurde auf die Arabische Halbinsel geschickt, um Kontakte zu den Aufständischen aufzunehmen und die ins Stocken geratene Erhebung wieder in Gang zu bringen. Es war der Anfang einer Karriere, die ihn bald weltberühmt machen sollte. In einem Zeltlager traf er auf Faisal, den Mann, der noch ein Jahr zuvor mit Oppenheim verhandelt hatte. Lawrence war von seinen Vorgesetzen mit Vollmachten ausgestattet worden, die ihn in den Augen des arabischen Prinzen zum weitaus attraktiveren Partner machten. Denn die Briten waren bereit, monatlich 200 000 Pfund Sterling an den Scherif zu zahlen – nach heutigen Maßstäben in Euro eine zweistellige Millionensumme.

»Geld darf keine Rolle spielen«, hatte Oppenheim 1914 in seinem Strategiepapier gefordert. Doch während sein Budget von Anfang an bescheiden ausfiel, fütterten die Briten den arabischen Aufstand mit Unsummen, lieferten Waffen und schickten Militärberater zu den Beduinen. Mit deren Hilfe machten sie sich daran, »die Wüste in Brand zu setzen«, wie Lawrence später schrieb.

Der Engländer erkannte, dass die arabischen Stammeskrieger in einer offenen Feldschlacht den Türken unterlegen waren. Aber die Männer, die in der Wüste überleben konnten, besaßen die Fähigkeit, buchstäblich aus dem Nichts aufzutauchen, einen Anschlag zu verüben und wieder in der unendlichen Weite der Landschaft zu verschwinden. Das ideale Ziel für diese Art der Kriegführung war die Trasse der Hedschasbahn – die Achillesferse der türkischen Infrastruktur. Lawrence verfolgte eine Taktik gezielter Nadelstiche und brachte damit den türkischen Nachschub immer wieder in Schwierigkeiten.

Im Juli 1917 gelang ihm mit seiner Beduinentruppe der größte Coup: die Eroberung des Hafens Akaba am Roten Meer. Die türkische Garnison wurde überrumpelt, weil man dort nicht mit einem Angriff aus der Wüste rechnete. Der Hafen war für die Briten von großem Wert. Von jetzt an gerieten die türkisch-deutschen Truppen immer mehr in die Defensive. Stück für Stück schoben die Engländer die Frontlinie immer weiter nach Norden vor. Es ist eine Ironie der Geschichte, dass Lawrence mit seinen Beduinen genau das tat, was Oppenheim sich ausgemalt hatte: nämlich generische Kräfte durch Guerillaaktionen und Sabotageakte zu binden.

Durch Filmaufnahmen eines amerikanischen Kriegskorrespondenten wurde Lawrence bereits während des Krieges bekannt – ein Brite im ara-

Wilhelm Wassmuss – der deutsche Lawrence

Nicht nur auf Afghanistan, sondern auch auf dem von Briten kontrollierten Süden Persiens lag das Augenmerk der Dschihad-Strategen. Denn hier floss schon damals der Lebenssaft der Industrienationen: Öl.
In Abadan am Persischen Golf unterhielt die Anglo-Persian Oil Company schon vor dem Ersten Weltkrieg eine große Raffinerie. Nun war sie zwar durch starke Truppenverbände gesichert, doch die hunderte Kilometer durch die Wüste verlaufende Pipeline bot sich als Ziel für Sabotageakte an. Einem bunt zusammengewürfelten Haufen aus deutschen Offizieren, türkischen Soldaten und Einheimischen gelang es, die Rohre auf einer Länge von fast 20 Kilometern zu zerstören. Die Briten schätzten, dass damals nahezu 300 Millionen Liter im Sand versickerten.
Unter den Deutschen in Persien machte vor allem der junge Leutnant Wilhelm Wassmuss von sich reden. Nach Streitigkeiten mit seinen deutschen Kollegen hatte er sich von der Afghanistanexpedition abgesetzt und sich auf eigene Faust in den Süden Persiens durchgeschlagen, wo er zuvor als Konsul tätig gewesen war. In dem von Briten kontrollierten Süden des Landes lebten Nomaden vom Stamm der Kaschgai, die die englische Herrschaft abschütteln wollten. Wassmuss organisierte ihren Widerstand und schaffte es, viele Monate lang große Teile Südpersiens mit seinen Stammeskriegern zu kontrollieren und sogar den britischen Konsul gefangen zu nehmen.
Nur mit erheblichem militärischem Aufwand gelang es den Briten, die Kaschgai zu besiegen. Wassmuss geriet in Gefangenschaft. Vor allem in England genoss er nach dem Krieg als »deutscher Lawrence« großes Ansehen. Durch den Aufstand in Persien wurde tatsächlich eine Region

destabilisiert, und die Briten mussten Truppen verlegen – so wie es Oppenheim gehofft hatte. Aber der Erfolg der Aktion war nicht in der Dschihad-Idee begründet, sondern in den Qualitäten von Wilhelm Wassmuss, einem intelligenten Strategen und Organisator – wie Lawrence.

bischen Gewand, ein romantischer Held. Tatsächlich fühlte er sich in seiner Rolle schon seit geraumer Zeit nicht mehr wohl. Denn er wusste, dass seine Verbündeten für ein Ziel kämpften, das in Wirklichkeit gar nicht mehr existierte. Briten und Franzosen hatten sich bereits im Frühjahr 1916 bei Geheimverhandlungen darauf verständigt, nach dem Sieg die arabischen Gebiete des Osmanischen Reiches in Einflusssphären aufzuteilen. Von einem unabhängigen Königreich Arabien war nicht mehr die Rede. Der als »Sykes-Picot-Abkommen« berühmt-berüchtigte Vertrag gilt deshalb bis heute in der arabischen Welt als Inbegriff skrupelloser europäischer Kolonialpolitik.

Im Dezember 1917 hallte auch die Umgebung von Jerusalem vom Kanonendonner wider. Die Briten waren von Ägypten her nach Norden vorgestoßen. In drei schweren Schlachten zwischen März und Oktober bei Gaza hatten sie es schließlich geschafft, die türkischen Stellungen zu durchbrechen.

Die Verteidigung organisierte ein deutscher General: Erich von Falkenhayn. Nach dem Debakel der deutschen Armee bei der Schlacht um Verdun, für das er verantwortlich gemacht worden war, hatte man ihn in den Nahen Osten strafversetzt. Doch die schlecht ausgerüsteten türkischen Soldaten, deren Füße häufig nicht einmal in ordentlichen Schuhen steckten, waren auch unter dem Kommando des hartgesottenen Deutschen den an Material und Männern weit überlegenen Briten nicht gewachsen. Um die heiligen Stätten nicht dem gegnerischen Artilleriefeuer auszusetzen, verzichtete Falkenhayn auf eine Verteidigung Jerusalems und zog seine Truppen weiter nach Norden zurück. Am 9. Dezember marschierte General Edmund Allenby an der Spitze seiner Truppen in die Altstadt ein. Die strategische Bedeutung der Eroberung war gering, aber der Symbolwert umso höher. Die britische Propaganda feierte den Sieg als den letz-

Autos für den Wüstenkrieg: Die Briten unterstützten den arabischen Aufstand mit Geld, Personal und Ausrüstung. Lawrence am Steuer eines »Talbot«-Wagens.

Gezielte Nadelstiche: T. E. Lawrence inspiziert das Ergebnis eines erfolgreichen Anschlags auf die Hedschasbahn.

Der deutsche General Erich von Falkenhayn (grüßend, Mitte) sollte die osmanischen Truppen zum Sieg führen.

Ankunft des siegreichen Generals Edmund Allenby in Jerusalem am 11. Dezember 1917.

Triumph für die Araber: Im Oktober 1918 besetzen die Truppen Faisals die Metropole Damaskus.

ten Kreuzzug. Doch anders als 900 Jahre zuvor empfing Jubel die Soldaten aus Europa. Araber, Christen und Juden begrüßten die Fremden als Befreier vom türkischen Joch. Auch T. E. Lawrence ließ es sich nicht nehmen, dem historischen Augenblick beizuwohnen.

Einige Wochen später fiel auch Damaskus, die »Perle des Orients«, den Arabern in die Hände. Mit Lawrence' Hilfe war es gelungen, den Aufstand bis nach Syrien zu tragen, und Faisal erhielt die Erlaubnis, triumphal in die symbolträchtige Metropole des Vorderen Orients einzuziehen.

Am 30. Oktober 1918 kapitulierten die Türken, kurze Zeit später die Deutschen. Der bis dahin mörderischste Krieg der Geschichte, der 17 Millionen Menschenleben gekostet hatte, war zu Ende. Der Unabhängigkeitswille der Araber hatte sich als stärker erwiesen als ihre Bereitschaft, in einen Heiligen Krieg zu ziehen.

Geplatzte Träume

Warum war Oppenheims Strategie der »Revolutionierung« der gegnerischen Kolonien so kläglich gescheitert? Die Deutschen hatten während des Ersten Weltkriegs ähnliche Pläne auch außerhalb der islamischen Welt verfolgt. Sie unterstützten die irischen Nationalisten in ihrem Freiheitskampf gegen England, und sie versorgten Lenins bolschewistische Bewegung mit Geld, Waffen und Logistik. Im Falle Russlands ging die deutsche Taktik auf: Die kommunistische Revolution siegte, und die neuen Machthaber im Kreml schlossen einen Waffenstillstand mit dem Deutschen Reich. Das gestattete der Obersten Heeresleitung, Armeen von der Ostfront nach Westen zu verlegen. Durch den Kriegseintritt der USA wirkte sich dieser Vorteil allerdings nicht mehr kriegsentscheidend aus.

In der islamischen Welt war das Konzept nicht aufgegangen. Gewiss, an verwegenen Einzelaktionen hatte es nicht gefehlt: Haudegen wie Wilhelm Wassmuss verwickelten die Gegner in Guerillakämpfe; deutsche U-Boote versorgten die aufständische Senussi-Bruderschaft in Libyen in ihrem Kampf gegen Italiener und Briten mit Waffen; in Nordafrika, Afghanistan, dem Kaukasus und in Indien agitierten deutsche Spione und verübten gemeinsam mit lokalen Unabhängigkeitsbewegungen Sabotageakte. Auch an dem Versuch, den Sueskanal durch die Versenkung eines Handelsschiffs zu blockieren, fehlte es nicht, wie ebenfalls nicht von der Hand zu weisen ist, dass die deutschen Unternehmungen in London für große Unruhe sorgten und die Briten zu einer Reihe von Gegenmaßnahmen veranlassten. Aber alle Befürchtungen erwiesen sich als unbegründet, der große Aufstand fand nicht statt.

Schon damals trübte bei Deutschen wie auch anderen Europäern ein Vorurteil den Blick auf die muslimische Welt – ein Vorurteil, das noch immer verbreitet ist. Viele Menschen im Westen halten die islamische Welt für einen homogenen Block und übersehen dabei, dass zwischen Marokko und Indonesien, zwischen Innerasien und Zentralafrika nicht nur weite Räume liegen, sondern auch Welten der Mentalität, Tradition und Geschichte. Islam ist nicht gleich Islam. Nicht nur hat er sich im Lauf der Geschichte in viele unterschiedliche Glaubensrichtungen und -gemeinschaften aufgespalten, die sich meist misstrauisch oder sogar feindselig gegenüberstehen – auch nationale und ethnische Elemente wirken und wirkten schon damals als trennende Faktoren. Der Aufstand der muslimischen Araber gegen die ihre türkischen Glaubensbrüder war das deutlichste Beispiel dafür.

Mit der Beschwörung des islamischen »Fanatismus«, der – stets im Verborgenen schwelend – nur der Initialzündung bedürfe, um in einen unkontrollierbaren Flächenbrand auszuarten, saßen die Berliner Dschihad-Strategen einem ebenso weit verbreiteten Klischee auf. Auch wenn der Heilige Krieg in der islamischen Welt eine Tradition besitzt, so bedurfte es doch charismatischer Anführer wie des Mahdi, um ihn zu entfesseln. Solche Leitfiguren waren aber nicht beliebig reproduzierbar. Der türkische Sultan jedenfalls vermochte nicht, wie die Deutschen gehofft hatten, in diese Rolle zu schlüpfen.

In seiner Denkschrift hatte Oppenheim auch keinen Zweifel daran gelassen, was er als Grundvoraussetzung für eine »Revolutionierung« der feindlichen Kolonien ansah: einen Erfolg deutsch-türkischer Militäroperationen. Nur ein deutlicher Beweis dafür, dass den Briten eine Niederlage drohte, würde eine sich abwartend verhaltende Bevölkerung wie etwa die Ägyptens dazu bringen, sich gegen die Kolonialmacht zu erheben. Da sich aber im Gegenteil das Kriegsglück im Nahen Osten ab 1916 immer eindeutiger den Engländern zuwandte, war diese Bedingung nicht erfüllt. Nicht blinder Fanatismus, sondern wohlüberlegtes, politisches Kalkül gab am Ende auch bei den islamischen Führern den Ausschlag.

Aber nicht nur die Deutschen mussten sich eingestehen, dass sie sich verkalkuliert hatten.

Als sich nach dem Krieg Sieger und Besiegte in Paris einfanden, um

Alois Musil – ein Priester als Spion

Der 1868 im Habsburgerreich geborene Alois Musil war ein Cousin des berühmten Schriftstellers Robert Musil. Unter den Abenteurern, die während des Ersten Weltkriegs an der arabischen Front kämpften, war er einer der ungewöhnlichsten.

Musil hatte katholische Theologie studiert und war 1891 zum Priester geweiht worden. Aber seine Leidenschaft galt dem Orient. Er bereiste Palästina und das heutige Jordanien und verfasste bedeutende Werke, zum Beispiel über Petra und Bauwerke aus der Epoche der Umayyaden. Der polyglotte Gelehrte, der Arbeiten in deutscher, tschechischer und arabischer Sprache verfasste, unterhielt beste Beziehungen zum Kaiserhof in Wien. Nach Kriegsausbruch geriet er mehr und mehr in den Status eines Geheimdiplomaten. Seine genauen Kenntnisse der arabischen Sprache und Mentalität, nicht zuletzt aber die freundschaftlichen Bande, die er während seiner langen Orientaufenthalte zu arabischen Stammesführern geknüpft hatte, waren jetzt von großem Nutzen. Vor allem nachdem die Familie des Emirs von Mekka zur britischen Seite übergewechselt war, galt es, eine Ausweitung des arabischen Aufstands nach Norden zu verhindern. Hier kamen die Kontakte Musils zum Tragen. 1917 machte er sich auf den Weg ins heutige Syrien und Jordanien und nahm Kontakt zu arabischen Stammesführern auf.

Seinen Aktivitäten war es zu verdanken, dass die nordarabischen Stämme sich ruhig verhielten. Sein Engagement machte Alois Musil für kurze Zeit tatsächlich zum direkten Gegenspieler von T. E. Lawrence. Aber seine Bemühungen waren für den Kriegsverlauf nicht entscheidend. Die militärische Übermacht der Briten gab am Ende den Ausschlag. Nach dem Krieg lehrte Musil als Professor für Orientalistik an der Universität Prag. Er starb 1944.

eine neue Weltordnung zu verhandeln, stand auch die Zukunft des Nahen Ostens auf der Agenda. Die arabischen Vertreter reisten mit großen Erwartungen an. Doch bei der Versailler Friedenskonferenz waren die einst aus der Notlage gemachten Zusagen vergessen.

Lawrence versuchte zwar noch als Berater Faisals, Einfluss auf die Verhandlungen zu nehmen, aber er scheiterte. Die Sieger setzten die im Sykes-Picot-Abkommen getroffenen Vereinbarungen rücksichtslos durch. Franzosen und Briten verfuhren mit der Konkursmasse des Osmanischen Reiches ganz im Stil alter kolonialer Politik und schufen mit ein paar Federstrichen die Landkarte des Nahen Ostens, so wie sie im Großen und Ganzen noch heute existiert.

Die Alliierten fanden eine von wirtschaftlichen Interessen diktierte Brachiallösung, welche die Belange der Menschen in der Region völlig außer Acht ließ. So ist etwa der Verlauf der irakischen Grenze zu Syrien und Jordanien in erster Linie den Ölfeldern von Mossul und einer schon damals existierenden Pipeline zu verdanken, auf die Großbritannien Anspruch erhob. Was damals entstand, waren Kunstgebilde, Staaten, in denen man Menschen unterschiedlicher Traditionen zusammenwürfelte. Die Bedürfnisse eines großen Volkes wie der Kurden übersah man komplett, beziehungsweise man wollte sie nicht wahrhaben. Der heutige Libanon und Syrien wurden französische Einflusszone, für den Irak und Jordanien übernahmen die Briten das Mandat.

»Wäre ich ein aufrichtiger Berater der Araber gewesen, dann hätte ich ihnen geraten, nach Hause zu gehen. ... Ich riskierte den Betrug aufgrund meiner Überzeugung, daß für einen leichten und schnellen Sieg im Osten arabische Hilfe notwendig war und daß es besser wäre, wir würden gewinnen und unser Wort brechen als verlieren.«

T. E. Lawrence, *Die sieben Säulen der Weisheit*

Einen Sonderfall bildete Palästina. In London hatte man nicht nur den Arabern großzügige Versprechungen gemacht, sondern auch den Juden. 1917 hielt die zionistische Bewegung erstmals in ihrer Geschichte ein Dokument in der Hand, das über vage Sympathiekundgebungen hinausging. Die Vision einer jüdischen Nation in Palästina hatte in dem britischen Außenminister Lord Arthur James Bal-

Die Siegermächte Großbritannien und Frankreich setzten die im Sykes-Picot-Abkommen getroffenen Vereinbarungen rücksichtslos durch und schufen damit Bedingungen, die noch heute Konfliktstoff in sich bergen.

Der britische Außenminister Balfour (hier im Mai 1915 links neben Churchill) gehörte zu den maßgeblichen Unterstützern der zionistischen Bewegung.

four einen Förderer und Fürsprecher gefunden. Wenige Wochen vor der Eroberung Jerusalems gab er in einem Brief an Lord Lionel Walter Rothschild, einen prominenten Vertreter der Zionisten, eine Erklärung ab: »Die Regierung Seiner Majestät betrachtet mit Wohlwollen die Errichtung einer nationalen Heimstätte für das jüdische Volk in Palästina und wird ihr Bestes tun, die Erreichung dieses Zieles zu erleichtern.« Die berühmte »Balfour-Deklaration« war der erste konkrete Schritt zur Schaffung eines jüdischen Staates in Palästina. Um die Einwanderung von

Kurze jüdisch-arabische Eintracht: Chaim Weizmann und Faisal I. verhandeln 1918 über die Immigration von Juden nach Palästina.

Juden zu ermöglichen, übernahm das Empire ein Protektorat über das Gebiet, auf dem die jüdische Nation entstehen sollte.

Direkt nach Kriegsende hatte Lawrence einen führenden Zionisten, Chaim Weizmann, mit Faisal zusammengebracht. Der Jude und der Araber verstanden sich prächtig. In der Euphorie des Sieges schienen sich die Ziele beider Männer nicht zu widersprechen. Faisal sah in den jüdischen Siedlern sogar einen Gewinn für den Aufbau des Nahen Ostens. Doch die Vision einer friedvollen und gedeihlichen Koexistenz von Juden und

Zwischen 1936 und 1939 machten arabische Aufständische gegen die britische Mandatsregierung in Palästina und die jüdischen Immigranten mobil.

Britisches Militär beim Bergen eines Zuges, der von aufständischen Arabern zum Entgleisen gebracht wurde, 1938.

Arabern in Palästina erfüllte sich nicht. Der Zorn der palästinensischen Bevölkerung über nicht eingehaltene Zusagen seitens der Briten richtete sich in den 20er-Jahren zunehmend gegen die jüdischen Siedler, die jetzt als Profiteure einer antiarabischen Politik der Mandatsmacht angesehen wurden. Der konstante Zustrom von Einwanderern aus Europa spitzte die Situation weiter zu. Anschläge waren an der Tagesordnung. Mitte der 30er-Jahre eskalierten die Unruhen in einem Bürgerkrieg. Arabische und jüdische Milizen bekämpften sich. Die Briten gerieten dabei zunehmend zwischen die Fronten. Am Ende der blutigen Auseinandersetzungen hatten 5000 Araber, 400 Juden und 200 Briten das Leben verloren.

Kopf des arabischen Aufstands war Mohammed Amin al-Husseini, der Großmufti von Jerusalem. Die Briten verurteilten ihn zum Tode, doch es gelang ihm, sich ins Ausland abzusetzen. Er fand Unterschlupf bei dem neuen mächtigen Mann in Deutschland, Adolf Hitler. Nicht nur der Hass auf die Juden verband die beiden Männer. Hitler hatte einen neuen Krieg vom Zaun gebrochen. Feinde der Engländer waren in Berlin willkommen.

Auch Max von Oppenheim lebte in Berlin. Der Nachkomme einer jüdischen Bankiersfamilie blieb aufgrund guter Beziehungen in Nazideutschland unbehelligt. Zwischen den Kriegen hatte er sich wieder der Archäologie gewidmet und in Berlin sogar ein eigenes Museum für seine spektakulären Funde eingerichtet.

Man mag es kaum glauben, doch der unbeirrbare Patriot Oppenheim überarbeitete zu Beginn des Zweiten Weltkriegs seine Denkschrift von 1915 und legte allen Ernstes den Nazimachthabern in Berlin die islamische Welt ans Herz – als strategischen Partner im Kampf gegen die Briten. Außenminister Joachim von Ribbentrop bedankte sich und ließ Oppenheim wissen, dass man bereits ähnliche Überlegungen angestellt habe. Doch Hitlers Plan, von Nordafrika aus Ägypten und Palästina zu erobern, scheiterte an der britischen Gegenwehr im Wüstensand Nordafrikas. Danach spielte auch die islamische Welt für die strategischen Überlegungen des Diktators keine Rolle mehr. Der Krieg verschlug Oppenheim nach Bayern. Dort verstarb er 1946 im Alter von 86 Jahren an einer Lungenentzündung.

Sein ehemaliger Gegner Lawrence war damals schon seit über zehn Jahren tot. Nach dem Ersten Weltkrieg hatte der Brite seine Erinnerun-

Vereint im Hass auf die Juden: Großmufti Mohammed Amin al-Husseini (1893–1974) und Adolf Hitler. Hier während eines Treffens im Dezember 1941 in Berlin.

gen an den arabischen Aufstand zu Papier gebracht und unter dem Titel *Die sieben Säulen der Weisheit* publiziert. In dem Buch, das zur Weltliteratur zählt und nicht zuletzt den Mythos »Lawrence von Arabien« begründete, haben Historiker allerdings auch manche Übertreibung entdeckt, nicht zuletzt einen ausgeprägten Hang des Autors zur Selbststilisierung. Denn für den Kriegsverlauf im Nahen Osten waren die Aktionen von Lawrence und seinen Mitstreitern letztlich nicht von entscheidender Bedeutung. In den 1920er-Jahren schrieb sich der inzwischen weltberühmte Kriegsheld unter falschem Namen bei der Royal Air Force ein und führte ein zurückgezogenes Leben in einer südenglischen Garnison. 1935 wurde dem rätselhaften Exzentriker seine Leidenschaft für starke Motorräder zum Verhängnis. Er kam mit seiner Maschine von der Straße ab und starb noch an der Unfallstelle.

Der Jude Max von Oppenheim blieb von den Nazis unbehelligt. Foto von 1939.

T. E. Lawrence als Angehöriger der Royal Air Force (Bild von 1922).

Aus heutiger Sicht scheinen die Ereignisse von damals weit entrückt, die handelnden Personen eher einem Roman zu entspringen als der Realität. Aber ein Blick auf die Landkarte des Nahen Ostens belehrt eines Besseren. Nach dem Ersten Weltkrieg wurde der moderne Nahe Osten geschaffen, wurden die Grundlagen für Probleme geschaffen, die bis heute ungelöst sind und diese Weltregion nicht zur Ruhe kommen lassen. Das ist das Erbe jener Epoche und ihrer Protagonisten.

Auch wenn Oppenheims Konzept eines weltweiten Dschihad gegen die Kolonialmächte nicht aufgegangen war, so hatte die antikoloniale Interpretation des alten Begriffs doch eine Wirkung bis heute. Schon damals ging es nicht mehr um das utopische Ziel einer Islamisierung der ganzen Welt. Der Mahdi und andere Rebellen riefen Heilige Kriege zur Befreiung von der Fremdherrschaft aus. Auch die Dschihadisten von heute kämpfen für konkrete politische Ziele: etwa die Vertreibung amerikanischer Streitkräfte aus islamischen Ländern oder gar die Vernichtung des Staates Israel. Man biegt sich den »Heiligen Krieg« so zurecht, wie man ihn braucht. Es drängt sich der Eindruck auf, dass der religiöse Anstrich des Kampfes nur dazu dient, rein politische Ziele zu bemänteln und nicht zuletzt neue Kämpfer zu rekrutieren. Für die Befreiung eines Landes sprengt sich niemand ohne Weiteres selbst in die Luft. Die Erlangung des Paradieses ist dagegen schon eher ein Ziel, für das zu sterben sich lohnt.

Terror für den Glauben

Die schwärzeste Stunde der USA

In den Bergen Ostafghanistans wartete der Auftraggeber an diesem Nachmittag auf die Erfolgsmeldung. Als die Sonne tief über den Berggipfeln stand, zog sich Osama bin Laden mit einigen Kampfgefährten in seine Wohnhöhle zurück – und er kündigte ihnen an, dass sie bald Zeugen von etwas Großartigem werden würden. Gespannt ließen sich die Männer auf Teppichen und Sitzkissen nieder; im Halbdunkel der Höhle lauschten sie den arabischsprachigen Nachrichten des BBC World Service. Auch in der Abgeschiedenheit der Weißen Berge, bei Dschadschi, im Grenzgebiet zu Pakistan, ermöglichte moderne Satellitentechnik den Empfang des britischen Nachrichtensenders. Die ersten Meldungen um 17.30 Uhr afghanischer Ortszeit waren an diesem 11. September 2001 von keinem großen Interesse für die versammelten Al-Qaida-Führer. Doch dann berichtete der Rundfunksprecher über einen Vorfall in New York – wenige Minuten zuvor, so verkündete die Stimme sachlich, sei ein Flugzeug in den Südturm des World Trade Centers eingeschla-

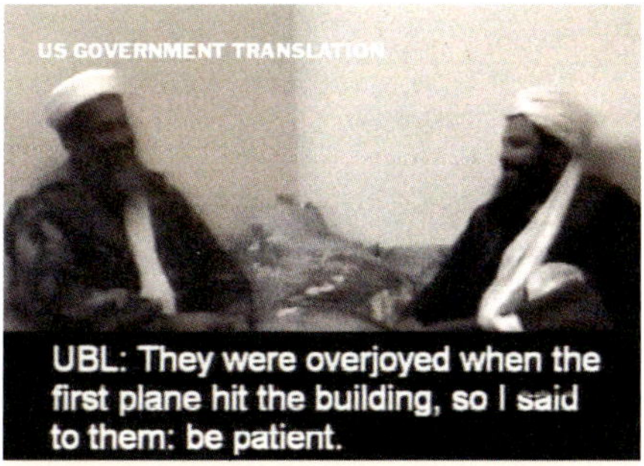

Ein Video von Al-Qaida: Bin Laden berichtet, wie er den Tag der Anschläge erlebte.

Der Tag des Terrors: New York am 11. September 2001.

gen. Osama bin Laden lächelte – er schien keineswegs überrascht von dieser Meldung. Und den Männern, die um ihn herumsaßen, dämmerte nun, warum er sie zusammengerufen hatte. Dies war seine große Stunde – und es sollte die schwärzeste Stunde in der Geschichte der Stadt New York werden. Der Zeitunterschied zwischen New York und Afghanistan beträgt neuneinhalb Stunden; in der Stadt am Hudson River war es gerade erst 9 Uhr. Kurz zuvor, um 8.46 Uhr, war ein Jet der US-Fluglinie American Airlines in das World Trade Center gerast. Gelenkt hatte die Maschine Mohammed Atta – ein Selbstmordattentäter, der seine Befehle von Osama bin Laden erhalten hatte. Attas Auftraggeber im fernen Afghanistan zelebrierte schon wenige Minuten nach dem Anschlag seinen Triumph. Als die Riege der Al-Qaida-Kämpfer erkannte, dass ihr Anführer der Urheber der Katastrophe in New York war, brachen sie in Jubel aus. Rufe hallten durch die Höhle: »Allahu akbar« – »Gedankt sei Gott!« Doch Bin Laden mahnte sie zur Ruhe. »Habt Geduld«, sagte er, während er einen Finger in die Höhe hielt. Dann meldete die Stimme im Radio, dass in New York ein weiteres Flugzeug in das World Trade Center eingeschlagen sei. Um 9.03 Uhr war United Flug 11 in den Nordturm gerast. Gut 5000 Kilometer davon entfernt hielt nun Osama bin Laden einen zweiten Finger in die Höhe. Für seine Männer gab es jetzt kein Halten mehr – lautstark priesen sie den Herrn, der diesen Schlag gegen das verhasste Amerika zugelassen hatte. »Wartet doch ab!«, mahnte Osama bin Laden seine Männer erneut. Er wusste, dass der Tag des Terrors für Amerika noch nicht vorüber war. 50 Minuten nach dem ersten Einschlag in das World Trade Center näherte sich ein Passagierjet im Tiefstflug dem Pentagon in Washington, D.C. In einem riesigen Feuerball explodierend, bohrte sich die Maschine in die fünfstöckige Fassade des US-Verteidigungsministeriums. In Afghanistan hob Osama bin Laden wenig später demonstrativ den dritten Finger. Wie ein Zeremonienmeister des Terrors zeigte er seinen Männern, dass an diesem Tag die große Stunde von Al-Qaida gekommen war. Was zählte es angesichts dieses Erfolgs, dass ein vierter Jet sein Ziel – das Kapitol in Washington – nie erreichte und stattdessen bei Shanksville im ländlichen Pennsylvania zerschellte?

Während in den Bergen Afghanistans eine Handvoll selbst ernannter »Gotteskrieger« einen vermeintlichen Triumph bejubelte, versank die Weltmetropole New York im Chaos. Mit heulenden Sirenen jagten die Einsatzfahrzeuge der Rettungskräfte an die Südspitze Manhattans auf die brennenden Türme des World Trade Centers zu. Den Menschen in Amerika war nun klar, dass ihr Land angegriffen wurde. Um 9.59 Uhr stürzte der Südturm in sich zusammen, um 10.28 Uhr der Nordturm. Manhattan war plötzlich in eine riesige Staubwolke gehüllt, die noch lange über der Stadt stand. In ersten Medienberichten war davon die Rede, dass allein im World Trade Center 50 000 Menschen arbeiteten; auch im Pentagon in Washington, dem Zentrum der US-Militärmacht, gingen täglich Tausende ihrer Arbeit nach. Wie viele hatten überhaupt eine Chance gehabt, dem Inferno zu entkommen? Wer steckte dahinter?, fragte sich eine geschockte Öffentlichkeit.

Die Welt werde nie mehr so sein, wie sie einmal war, hieß es allenthalben: Am 11. September hatte sich ein Angriff auf die westliche Zivilisation zugetragen, sämtliche Sicherheitsfachleute schienen überrascht und überfordert. Die Urheber mussten wahre Genies des Bösen sein. Amerikas schlimmste Albträume, bislang eher Ausgeburten der Fantasie und der Fiktion, waren plötzlich real geworden. Bereits zwei Tage nach den

> **»Die Terrorangriffe auf New York und Washington, auf die beiden Städte, die wirtschaftlich, kulturell und politisch zu Symbolen für diese Zivilisation geworden sind, übertreffen in der teuflischen Genialität ihrer Gleichzeitigkeit und wegen des Zerstörungsfurors, der durch Manhattan gerast ist, alles, was Sicherheitsfachleute befürchtet hatten.«**
>
> *Frankfurter Allgemeine Zeitung*, 12. September 2001

Beim Besuch einer Schule in Florida erfährt Präsident Bush von den Terroranschlägen.

Anschlägen ließen US-Regierungsbeamte verlauten, dass man als Drahtzieher der Tat »zu neunzig Prozent« den saudischen Extremisten Osama bin Laden vermute. Präsident George W. Bush konstatierte in einer ersten Erklärung: »Wir haben es mit einem anderen Gegner zu tun als jemals zuvor.« Das US-Nachrichtenmagazin *Newsweek* präzisierte 14 Tage nach dem Anschlag die Bedrohung: »Für eine freie und offene Gesellschaft ist es sehr schwer, sich gegen einen Gegner zu verteidigen, der gleichzeitig geduldig, klug und zu sterben bereit ist.«

Amerika war angegriffen worden, der Traum von seiner Unverwundbarkeit war zerbrochen. »Die Terroristen haben das erreicht, was der

Kaiser, Hitler und das mächtige Nuklearарsenal der Sowjetunion nie vermocht haben: Sie haben mit blutigen Angriffen Schrecken auf amerikanischem Boden verbreitet«, schrieb ein Kolumnist der *New York Times*. So erschien es vielen Patrioten als selbstverständlich, dass Amerika sich fortan im Krieg befand. Doch wer war in diesem Konflikt der Gegner? Keine fremde Nation, keine hochgerüsteten Truppen bedrohten Amerika, sondern Extremisten, die sich auf ihren islamischen Glauben beriefen. Sie hatten mit infamer Präzision einen Schlag gegen die bis dahin gültige Weltordnung geführt. Die Fragen, die sich nun stellten, waren beunruhigend: War zum Auftakt des neuen Jahrtausends eine neue Zeit angebrochen? Hatte nun der »Clash of Civilizations« begonnen, also jener »Kampf der Kulturen«, den der Harvard-Politologe Samuel Huntington bereits 1992 prognostiziert hatte? Er hatte das Ende der nationalen und ideologischen Konflikte konstatiert und vorhergesagt, dass sich künftig Kulturkreise – insbesondere die westliche und die islamische Welt – feindlich gegenüberstehen würden. Plötzlich schien es manchem, dass das Schicksal der Welt von einem Mann abhing: Osama bin Laden, dem Paten des islamistischen Terrors und Verkünder des »Heiligen Krieges« gegen die USA und ihre Verbündeten. Welche Kräfte konnte er mobilisieren? Bange erinnerten sich die Pessimisten an das, was wenige Jahre zuvor ägyptische Terroristen vollmundig verkündet hatten: »Eine Milliarde Muslime stehen bereit, um ihre Körper in Bomben zu verwandeln.« Unter dem Eindruck der Ereignisse des 11. September, im Zustand des Schocks, erschien die Bedrohung unermesslich groß – und sie hatte einen Namen: Osama bin Laden.

Vom Glauben und der Geschichte geprägt

Dieser Pate des islamistischen Terrors, jenes »Genie des Bösen«, war von den US-Sicherheitsbehörden bereits 1998 zum »Staatsfeind Nr. 1« deklariert worden. Diese Karriere war Ausdruck einer unerbittlichen Konsequenz, mit der dieser Mann sein Leben gestaltete. 1957 in Saudi-Arabien geboren, war Osama eines von 54 Kindern, die sein Vater mit verschie-

In der Hafenstadt Dschidda am Roten Meer wuchs Osama bin Laden im Hause seines Stiefvaters auf.

denen Frauen zeugte. Der Vater, Mohammed bin Laden, war jemenitischer Herkunft. In Saudi-Arabien hatte er sich zum bedeutendsten und bekanntesten Bauunternehmer hochgearbeitet, zu einem Tycoon von immensem Reichtum. Für den jungen Osama indes blieb diese Vaterfigur eine ferne Gestalt, da sich Mohammed von Osamas Mutter 1959 scheiden ließ. Der junge Osama wuchs daraufhin im Haushalt seiner Mutter auf, die erneut heiratete. Dennoch blieb der Sohn ein Mitglied des einflussreichen Bin-Laden-Clans.

Im Gegensatz zu den meisten seiner Geschwister gab sich Osama schon als Junge betont strenggläubig. Er weigerte sich, außerhalb der Schule – auf der nach britischem Vorbild eine Schuluniform Pflicht war – westli-

Kinder des Bin-Laden-Clans bei einem Besuch in Schweden in den 1970er-Jahren. Der Junge im Kreis soll Osama sein – eine falsche Behauptung des Fotografen.

che Kleidung zu tragen. Ein Sportlehrer brachte ihn mit der saudischen Muslimbruderschaft in Verbindung. Diese Gruppe agitierte zwar nicht gegen die Regierung, hatte aber dennoch etwas Geheimbündlerisches: Die Vereinigung unternahm gemeinsame Pilgerfahrten nach Mekka und trat missionierend auf. »Nur Verrückte machten dort mit«, erinnert sich Dschamal Kashoggi, der damals ebenfalls zu den Muslimbrüdern stieß und mit Bin Laden befreundet war. In diesem Licht wird auch plausibel, dass Berichte über Reisen Osama bin Ladens nach Europa sowie über seine Vorliebe für Diskobesuche je-

»Sein Vater starb, als Osama neun Jahre alt war – das hinterließ eine riesige Lücke im Leben Bin Ladens. Und den Wunsch – so denke ich –, es dem Vater an Größe nachzutun, um die Anerkennung zu finden, die ihm nie zuteil wurde. Er wollte eine ähnlich große und mächtige Figur werden wie sein Vater.«

Lawrence Wright,
Bin-Laden-Biograf

Ägyptens Präsident Gamal Abdel Nasser (rechts) im Gespräch mit dem sowjetischen Parteichef Nikita Chruschtschow.

der Grundlage entbehren; er gilt als der »provinziellste« aller Bin-Laden-Söhne. Bereits mit 17 Jahren – noch als Schüler – heiratete er seine 15-jährige Cousine Najwa. Die beiden wohnten im Haus seiner Familie in Dschidda. Hier, im Hafen der Millionenstadt am Roten Meer, trafen die Pilger ein, die nach Mekka strömten – dieser heilige Ort des Islam lag nur 75 Kilometer von Dschidda entfernt. Ab 1976 war Osama bin Laden an der King Abdul Asis-University in Dschidda, die nur ein paar hundert Studenten hatte, für das Fach Wirtschaftswissenschaften eingeschrieben. Einer seiner besten Freunde war damals sein Kommilitone Dschamal Chalifa. Er berichtet: »Wir waren damals sehr religiös und konservativ, schon fast auf der extremen Seite. Wir wären nie ins Kino gegangen; und da einige der Gelehrten in Saudi-Arabien sagten, Musik sei ›haram‹ – also verboten –, glaubten wir auch das.« Trotz seiner Immatrikulation im Fach Wirtschaftswissenschaften interessierte sich Bin Laden mehr für religiöse Fragen – gemeinsam mit seinem Freund Chalifa besuchte er Vorlesungen des Religionsdozenten Mohammed Qutb. Der war ein Bruder des berühmten ägyptischen Intellektuellen Sayyid Qutb – jenes Gelehrten, welcher unter dem Titel *Meilensteine* einen Schlüsseltext des militanten Islamismus verfasst hatte.

Dieser Sayyid Qutb hatte 1948 das Ende der Kolonialherrschaft in Ägypten erlebt. Die Briten hatten ihren Einfluss als einstige Mandatsmacht verloren, das Land war nun ein unabhängiger Nationalstaat. Gamal Abdel Nasser und einige andere Offiziere putschten schon bald darauf die korrupte ägyptische Monarchie hinweg. Diese »Revolution der freien Offiziere« von 1952 setzte auf den Nationalismus als obersten Wert. Sie wollten einen autoritären Staat schaffen, der sich zum Sozialismus weiterentwickeln sollte und der seine Zukunft in einem Bündnis mit der

Ägypten als Wiege des modernen Islamismus

Die ersten modernen Islamisten, die sich als politische Kraft formierten, waren ab 1928 die sogenannten Muslimbrüder in Ägypten. Ihre politisches Credo lautete schlicht: »Der Koran ist unsere Verfassung.« Sie sahen im Islam ein »vollständiges und allumfassendes System«, mit dessen Hilfe sich auch politische und soziale Probleme lösen ließen. Mehr als den Islam brauche eine funktionierende und gottgefällige Gesellschaft nicht – das war ihre Vision. Somit bestand die Lösung aller politischen Probleme der Muslime darin, einen islamischen Staat zu errichten. In diesem Staat sollte die Scharia – die aus den heiligen Schriften des Islam abgeleitete Rechtsprechung – angewandt werden. In Ägypten wurden die Muslimbrüder zur einer breiten Bewegung, die sich aus dem städtischen Kleinbürgertum rekrutierte. Sie waren zugleich Teil einer Widerstandsbewegung, die sich gegen die koloniale Weltordnung richtete. Die Muslimbrüder setzten auf islamische Werte und Konzepte, um die Würde jener wiederherzustellen, welche sich von der britischen Kolonialherrschaft unterdrückt sahen. Damit standen sie im Gegensatz zu jenen, welche zwar auch die Fremdherrschaft der Europäer abschütteln wollten, aber dabei auf die weltliche Ideologie des Nationalismus setzen – ihnen galt nationale Selbstbestimmung als erste Voraussetzung für Würde und Freiheit.

Schon in den 1950er-Jahren wurden die Muslimbrüder in Ägypten als angebliche Drahtzieher eines Anschlags auf Nasser brutal verfolgt.

Sowjetunion sah. Die ehemaligen Kolonialmächte England und Frankreich hatten abgewirtschaftet, die Sowjetunion dagegen galt als Partner, mit dem man eine neue Weltordnung schaffen konnte. Diese Vision war äußerst populär in der gesamten arabischen Welt – und Ägypten war die größte und einflussreichste arabische Nation. Somit wurde Nasser zu einem herausragenden politischen Hoffnungsträger mit starkem Rückhalt im ägyptischen Volk. In jenen Jahren spielte der Islamismus keine große politische Rolle. 1954 entkam Nasser einem Mordanschlag, den er den Muslimbrüdern anlastete. Die Organisation wurde verboten, ihre Anhängerschaft grausam unterdrückt, eingekerkert oder verbannt.

Unter dem Eindruck dieser Ereignisse entwickelte der 1911 geborene Sayyid Qutb eine Ideologie, die zur gedanklichen Grundlage unzähliger militanter Islamisten werden sollte.

In seinen Augen war das moderne ägyptische System ein Paradebeispiel für die »antiislamische Barbarei«, die sich weltweit breitmachte. Er sah diese Welt in einem Zustand der Verblendung. Und dem musste ein Ende gemacht werden – so wie der Prophet Mohammed 13 Jahrhunderte zuvor die Barbarei vernichtet hatte, indem er erfolgreich die Lehren des Koran verbreitete und dessen Herrschaft militärisch vorbereitete. Qutb betrachtete alle, die der »antiislamischen Barbarei« anhingen, nicht länger als Muslime, sondern als »Ungläubige«. Dies gilt in der islamischen Lehre als eine der schlimmsten Anschuldigungen gegen einen anderen Muslim. Wer diese Anschuldigung ausspricht, tut etwas, was man als »takfir« bezeichnet – was bedeutet, einen anderen Muslim oder jemanden, der sich als solcher ausgibt, zu »exkommunizieren«. Man stößt ihn aus der Gemeinschaft der Gläubigen, der »umma«, aus. Für jene, welche das islamische Recht wörtlich und damit äußerst streng auslegen, ist ein solcher Ungläubiger vogelfrei, was einem Todesurteil gleichkommt. Während ein solcher Urteilsspruch traditionell von islamischen Rechtsgelehrten sehr zurückhaltend angewandt wurde, erkannten Anhänger der Lehren Qutbs überall mangelnde Glaubensfestigkeit. Mit diesem Denken wurde der entscheidende Schritt vom Islamismus zum Dschihadismus getan. Der Unterschied zwischen beiden ist bedeutsam, denn es sind gerade die Dschihadisten, die Nicht-Gleichgesinnte rasch zu »Ungläubigen« erklären, deren Leben damit nicht mehr viel wert ist.

Wer so denkt wie Qutb, kann sich nicht in die von ihm kritisierte Gesellschaft einreihen. Er und seine Anhänger befürworteten deswegen einen Bruch mit der Gesellschaft – sie forderten Fundamentalopposition. Qutb sah sich und seine Gefolgschaft als Avantgarde, als Elite – und er nahm sich in der Tradition des Propheten Mohammed wahr. Gemeinsam mit seinen Anhängern hatte dieser 622 mit den Bewohnern Mekkas gebrochen, weil diese Götzen verehrten. Mohammed war nach Medina gezogen, um eine islamische Gemeinschaft zu gründen. Davon inspiriert, entwarf Qutb ein radikales Aktionsprogramm: Die Avantgarde der »wahren Gläubigen« hatte mit dem gottlosen Staat zu brechen und diesen zu vernichten. Genau das war das Programm des »modernen Dschihad«. Dieses revolutionäre Programm brachte den Intellektuellen Sayyid Qutb ins Gefängnis. 1966 ließ Nasser ihn zum Tode verurteilen und hinrichten. Die militante islamistische Bewegung hatte in Qutb einen ersten Märtyrer gefunden. Fortan wurden seine Schriften in fundamentalistischen Kreisen zur Standardlektüre. Ende der siebziger Jahre prägten diese Grundlagenwerke des militanten Islamismus auch das Denken des saudischen Studenten Osama bin Laden.

Doch der ultrareligiös orientierte Bin Laden hatte ein weiteres Erweckungserlebnis. An der Universität Dschidda traf er auf einen Star der militant-fundamentalistischen Szene, Professor Abdallah Azzam. Diese Begegnung sollte Osama bin Ladens Denken entscheidend prägen. Azzam, ein Intellektueller und Religionsgelehrter, war Vordenker und Verfechter des modernen Dschihad und wurde zur geistigen Vaterfigur Bin Ladens. Azzam forderte in seinen Schriften und Vorlesungen alle Muslime auf, im Dschihad für ein Wiedererstarken der islamischen Welt zu kämpfen. Alle Länder, die einmal islamisch gewesen waren, sollten für den Glauben zurückerobert werden. Das oberste Ziel war die Wiederherstellung des Kalifats – die Vereinigung aller Gläubigen der Welt unter einem Herrscher. Der Professor war gleichzeitig ein Aktivist und verkündete stolz sein Motto: »Dschihad und das Gewehr, sonst nichts: keine Verhandlungen, keine Konferenzen, keine Dialoge.«

Die Radikalität Azzams ist eng verflochten mit seiner Vita. 1941 in Palästina geboren, entwickelte er schon in jungen Jahren einen leidenschaftlichen Hass auf Israel. Der Krieg um die Gründung des jüdischen Staates hatte 1948 unzählige Palästinenser in die Flucht getrieben. Fast alle lehnten die UN-Kompromisse ab, die den Palästinensern in ihren verbliebenen Gebieten eine Staatsgründung ermöglicht hätten. 1948 war

Der Vordenker des modernen Dschihadismus, Sayyid Qutb (rechts), wird 1967 in Ägypten zum Tode verurteilt.

Abdallah Azzam, der in Dschidda predigte, dass es die Pflicht guter Muslime sei, in den »defensiven Dschihad« zu ziehen.

Der Sechstagekrieg als Wendepunkt

Am 5. Juni 1967 griffen israelische Kampfjets ägyptische Luftwaffenbasen an und zerstörten die Luftwaffe des großen Nachbarn weitgehend am Boden. Zeitgleich rollten israelische Panzerkolonnen in den ägyptischen Sinai ein. Der Angriff der Israelis galt als Präventivschlag. Zuvor hatte sich die kriegerische Rhetorik des ägyptischen Führers Nasser stetig gesteigert; im Sinai, an der Grenze zu Israel, hatte er seine Panzerdivisionen in Stellung gebracht. Nach dem Überraschungscoup durch die Israelis griffen Syrer und Jordanier Israels Grenzen an, wurden aber schnell zurückgeschlagen. Nur sechs Tage brauchte die israelische Armee, um alle umgebenden arabischen Staaten zu besiegen – eine demütigende Niederlage für jene Araber, welche vollmundig angekündigt hatten, »die Juden zurück ins Meer zu jagen«. Im Verlauf der Kämpfe waren israelische Truppen auch in die Teile Jerusalems eingedrungen, die bis dahin unter jordanischer Verwaltung gestanden hatten. Im israelisch eroberten Teil lag auch die Klagemauer – ein Symbolort für jeden gläubigen Juden. Doch diese Klagemauer begrenzt den Tempelberg, auf dem sich die Al-Aqsa-Moschee und der Felsendom mit seiner goldenen Kuppel befinden. Und der ist einer der wichtigsten Symbolorte für Muslime in aller Welt. Der militärische Triumph der Israelis, verbunden mit der für sie beglückenden Wiederkehr an die Klagemauer, wurde für die Araber zu einer Demütigung – militärisch geschlagen, hatten sie nun auch noch die Kontrolle über den geheiligten Tempelberg verloren. Die Niederlage hatte den arabischen Nationalismus als Erfolgsmodell infrage

Israelische Soldaten an der Klagemauer in Jerusalem.

gestellt und religiösen Kritikern Auftrieb gegeben – der Islam sei als einigende Idee für die Araber geeignet, befanden sie. Israel blieb jedoch der Feind. Nach dessen Sieg und der Eroberung von vormals jordanisch verwaltetem Land lebten plötzlich drei Millionen Palästinenser unter israelischer Besatzung.

kein Araber bereit, die – durchaus realisierbare – Zweistaatenlösung zu akzeptieren. Die Palästinenser wollten ihr gesamtes Land zurück und den »Fremdkörper« Israel gewaltsam beseitigen. Azzam verbrachte seine Jugendjahre im palästinensischen Westjordanland, das unter jordanischer Verwaltung stand. Für ihn und unzählige andere Araber spitzte sich der Konflikt 1967 weiter zu.

Azzam hatte 1966 sein Theologiestudium in Damaskus abgeschlossen. Das hinderte ihn nicht daran, 1967 im Sechstagekrieg aktiv gegen die Israelis zu kämpfen. Danach ging er nach Kairo, studierte an der berühmten Al-Ahzar-Universität und schloss 1973 mit einem Doktorgrad in islamischem Recht ab. Anschließend lehrte er in Jordanien. Dort geriet er in Konflikt mit den eher weltlichen Ansichten, die an der Universität von Amman vorherrschten. 1979 ging er nach Saudi-Arabien an die Universität Dschidda – und traf dort auf Studenten wie Osama bin Laden. Der war zwar tiefgläubig, aber beileibe kein geborener Anführer oder gar ein origineller religiöser Vordenker. Umso begeisterter lauschte er Azzams Ausführungen zum Dschihad. Und er wollte das, was er hörte, in die Tat umsetzen.

Heiliger Krieg gegen die Sowjets

Am 27. Dezember 1979 besetzten sowjetische Truppen blitzartig den bis dahin blockfreien Nachbarstaat Afghanistan. Zuvor waren Fallschirmjäger an wichtigen Punkten des Landes abgesetzt worden, Großraumtransporter mit Panzern landeten auf den schnell eroberten Flugplätzen. Bald hatten 50 000 Mann den instabilen Nachbarstaat fest in ihrem

Ende 1979 besetzen sowjetische Truppen Afghanistan – im Kalten Krieg geht es um die strategische Vorherrschaft auch in Asien.

Mit primitiven Waffen wehren sich von Anfang an islamische »Gotteskrieger« gegen die sowjetischen Invasoren.

Würgegriff – das herrschende Regime wurde abgesetzt, die Sowjetarmee brachte einen neuen kommunistischen Staatschef mit nach Kabul und setzte ihn als Marionette ein. Diese Nachricht schockierte nicht nur den Westen, der im Kalten Krieg mit der Sowjetunion weltweit um strategische und politische Vorherrschaft rang. Auch die islamische Welt war entsetzt. Besonders Männer vom Schlage eines Abdallah Azzam fühlten, dass ihre Stunde gekommen war. Der Religionsgelehrte, der in seinen Schriften zur »Verteidigung muslimischen Bodens« aufrief, wurde nun aktiv. 1980 wechselte er zur Internationalen Islamischen Universität ins pakistanische Islamabad – dort, im Nachbarland Afghanistans, war er dem Schlachtfeld des künftigen Dschihad ein gewaltiges Stück näher gekommen. In Pakistan begann er nun, internationale Hilfe für die Widerstandskämpfer in Afghanistan zu organisieren. Die Mudschaheddin, die afghanischen Gotteskrieger, die im Kampf gegen die »ungläubigen« Sowjets standen, sollten wissen, dass sie nicht allein waren. Besonders die reichen und strenggläubigen Saudis brachten viel Geld auf, um den Krieg gegen die Sowjets zu unterstützen. Einer dieser Saudis war der tiefreligiöse Spross des Bin-Laden-Clans, der 23-jährige Osama. Er hatte sein Studium in Dschidda ein Jahr vor dem Examen abgebrochen – bot sich doch in Afghanistan eine gewaltige Chance: Hier konnte man sich im Dschihad Verdienste erwerben. Osama bin Laden hatte seine Bestimmung gefunden. Begeistert stellte er sich an die Seite seines Mentors und geistigen Ziehvaters Abdallah Azzam. Im pakistanischen Peschawar, unweit der Grenze zu Afghanistan, bauten die beiden ein Koordinationsbüro auf. Bin Laden lernte dort wichtige Anführer des afghanischen Widerstands kennen – und er pendelte zwischen Afghanistan und Saudi-Arabien, wo er Gelder für den Kampf sammelte. Hunderte von Millionen Dollar flossen an die Mudschaheddin – und Bin Laden erwarb sich einen exzellenten Ruf als Kämpfer für eine gute Sache. Er war nun ein Mann mit einer Mission.

»Wir sollten fortan nie wieder zu einem normalen Leben zurückkehren. Von nun an war er öfter in Afghanistan als in Saudi-Arabien«, erinnert sich Osama bin Ladens erste Ehefrau Najwa. Sie erwartete 1981 ein weiteres Kind – drei Söhne hatte sie ihm schon geboren. Einer von

Viele Afghanen fliehen während des Krieges gegen die Sowjets nach Pakistan und warten in Flüchtlingslagern auf Hilfe.

ihnen war Omar, der 2009 gemeinsam mit seiner Mutter und einer US-Journalistin ein Buch über Osama bin Laden veröffentlichte. Aus seinen Schilderungen wird deutlich, dass sein Vater auch in Saudi-Arabien eine Ausnahmeerscheinung war. Das Familienleben war von strengen Regeln bestimmt – trotz des Reichtums wollte der Vater ein karges Leben führen. Moderne Technik – etwa ein Kühlschrank – war tabu im Hause Bin Laden, die Kinder durften keine Spielzeuge besitzen. All das, so beschied er seine Familie, sei einem Leben im wahren Glauben abträglich. »Er war kein Mann, der Gefühle zeigte«, erinnert sich Omar, der sich zunehmend zu einem wilden Kind entwickelte. »Nichts weckte väterliche Wärme in ihm. Mein provokantes Verhalten führte dazu, dass der Rohrstock zu seinem Markenzeichen wurde. Er begann, mich und meine Brüder beim geringsten Vergehen mit dem Stock zu züchtigen.« Osama bin Laden war ein Fundamentalist reinsten Wassers, ein sogenannter »Salafist«. Anhänger dieser Lehre richteten ihr ganzes Leben an den Altvordern aus und lebten so, wie vermeintlich zu Zeiten des Propheten gelebt wurde – im 7. Jahrhundert. Damals hatte es keine moderne Medizin gegeben, also

Die Kinder Osama bin Ladens in ihrem Haus in Dschidda während der 1980er-Jahre. Der Junge mit dem Ball ist Omar.

brauchten auch Osamas Kinder keine. Omar war Asthmatiker – aber ein Inhalator war ihm verboten. »Keiner von uns kannte noch jemanden, der so strenge Verhaltensregeln wie unser Vater aufstellte«, schreibt Omar. Schließlich waren die Kinder froh, monatelang mit der großzügigen und milden Mutter allein zu sein. Sie begrüßten es, wenn ihr Vater immer mehr Zeit in Afghanistan verbrachte, an der Front des Heiligen Krieges. Trotz allem liebten Frau und Kinder den strenggläubigen Fanatiker – einen Mann, der auch im extrem konservativen Saudi-Arabien eine Ausnahme war.

Im pakistanischen Peschawar gab es Anfang der achtziger Jahre viel zu tun. Wer den Afghanen helfen wollte, war hier richtig. Hunderttausende von Flüchtlingen hofften auf Zelte, Brot und Spenden. Die Kämpfer jenseits der Grenze warteten auf Waffen, Nachschub und Geld. Der junge Osama bin Laden wusste, dass er hier gebraucht wurde – auch als Privatmann konnte er nun den Dschihad gegen die Sowjets unterstützen. Ein ehrenhaftes Unterfangen für jeden Saudi, schließlich tat man genau das, was auch die eigene Regierung tat – schleuste doch der saudische Ge-

Saudi-Arabien: Exporteur von Öl und Fundamentalimus

Die in Saudi-Arabien herrschenden Sunniten sind Hardliner und sehen den dort praktizierten wahhabitischen Glauben als einzig legitime Form des Islam an. Besonders seit 1979 bemühte sich das saudische Königshaus verstärkt, ein Gegengewicht zum schiitisch-revolutionären »Gottesstaat« Iran zu bilden. Die Öleinnahmen in Saudi-Arabien waren nach der Ölkrise von 1973 förmlich explodiert. Nach dem »Jom-Kippur-Krieg« der Araber gegen Israel hatten die Öl exportierenden Staaten die Ölzufuhr für den Westen künstlich verknappt; der Preis war in den siebziger Jahren in die Höhe geschossen. Die Petrodollars füllten die Staatskasse der Saudis – und die traten schon in den siebziger Jahren weltweit als Geldgeber auf, um die Sache des sunnitisch-fundamentalistischen Islam zu fördern. Überall unterstützten sie fundamentalistische Bewegungen und spendeten großzügig für die Gründung von Koranschulen. Eines der Länder, das vom saudischen Geldsegen besonders profitierte, war Pakistan. Der Islam, der in Pakistan zuvor praktiziert worden war, galt als eher liberal. Doch unter dem seit 1977 herrschenden Militärdiktator Zia ul-Haq schossen überall »Medresen« aus dem Boden, zum Teil von den Saudis finanzierte Koranschulen, in denen Jugendliche die Glaubenslehren saudischer Lesart eingeimpft bekamen – und sonst nichts. Viele dieser Schüler, das arabische Wort ist »Taliban«, waren mittellose junge Pakistaner. Dazu kamen Kinder aus den riesigen Flüchtlingslagern, in denen sich nach dem Einmarsch der Sowjets unzählige afghanische Familien sammelten.

heimdienst in Zusammenarbeit mit amerikanischen und pakistanischen Agenten Waffen und immense Finanzmittel nach Afghanistan. Bin Laden tat seinen Teil, doch noch immer stand er im Schatten des Übervaters Abdallah Azzam. »Diejenigen, die Azzam und Bin Laden aus dieser Zeit kennen, fanden Azzam eloquent und charismatisch, während Bin Laden, der damals Mitte zwanzig war, einen aufrichtigen und ehrlichen Eindruck machte, aber nicht als Führungspersönlichkeit vorstellbar war«, schreibt der britische Journalist Peter Bergen in seinem Buch *Heiliger Krieg Inc.*

In den Koranschulen in Pakistan werden den Kindern der Armen fundamentalistische Lehren vermittelt – und sonst nichts.

Aus den Koranschulen in den Krieg: Afghanische Mudschaheddin lernen in Pakistan den Umgang mit modernen Waffen.

Osama bin Laden in der Pose des tapferen Rebellenkommandeurs – ein Mythos, der sich propagandistisch gut nutzen ließ.

Doch Bin Laden gewann an Einfluss. 1984 begann er, arabische Freiwillige für den Kampf in Afghanistan zu werben. Sein Angebot: kostenlose Anreise, freie Unterkunft und die Übernahme der Lebenshaltungskosten für die daheim gebliebenen Familien. Die muslimischen Freiwilligen wollte er in Afghanistan zu einer eigenen Brigade organisieren. Abdallah Azzam veröffentlichte gleichzeitig eine Fatwa, ein religiöses Gutachten, das Islamisten in aller Welt aufhorchen ließ: Die Teilnahme am Heiligen Krieg in Afghanistan sei eine individuelle Pflicht für jeden Muslim, der körperlich dazu in der Lage sei. Die muslimische Welt befinde sich im Zustand der Sünde, solange der Feind nicht vertrieben sei.

Doch nur wenige Freiwillige folgten dem Aufruf zum »defensiven Dschihad«. Umso stärker wurde das private Engagement Bin Ladens anerkannt, auch wenn es bescheiden blieb, wenn man bedenkt, dass die saudische Regierung Jahr für Jahr zwischen 350 und 500 Millionen Dollar für die Mudschaheddin zur Verfügung stellte. Bin Laden unterhielt derweil mit Azzam in Peschawar ein »Dienstleistungsbüro« als Propagandazentrale und Geldsammelstelle. Außerdem betrieb er in der pakistanischen Grenzstadt ein Gästehaus für die freiwilligen Kämpfer. Viele von ihnen waren junge saudische Studenten, die es für ein paar Wochen nach Abenteuern gelüstete. Dazu kamen Glücksritter, aber vor allem auch Idealisten und Fanatiker, die wegen islamistischer Aktivitäten in ihren Heimatländern angeeckt waren. Pakistan wurde zum Anziehungspunkt für viele Saudis, aber auch Algerier, Jemeniten und Ägypter. Sie schworen Azzam Treue – er war der Chefideologe. Bezahlt wurden sie von Bin Laden – er war der Cheflogistiker. Sie alle hofften, bald über den Khaiberpass nach Afghanistan zu ziehen – und wenn sie im Kampf starben, wären ihnen der Märtyrerstatus und das Paradies gewiss. Einige Experten sprechen von insgesamt 10 000 bis 20 000 Freiwilligen, die sich zwischen 1980 und 1992 für den Kampf in Afghanistan meldeten, die Masse soll allerdings erst nach 1988 gekommen sein. »Die meisten kamen über Peschawar nie hinaus«, bilanziert der US-Publizist und Al-Qaida-Experte Lawrence Wright. Immerhin unternahmen, angeführt von Bin Laden, Gruppen von bis zu 60 Mann Ausflüge über die Grenze – immer auf der Suche nach der Front und »ungläubigen« Feinden. Die ließen sich jedoch in der Regel nicht finden, zumal die afghanischen Mudschaheddin-Kommandeure die fremden Freiwilligen militärisch nicht ernst nahmen. Als Sohn eines Bauunternehmers konnte sich Bin Laden schließlich doch noch praktisch nützlich machen: Ihm und seinen Leuten unterstand der Ausbau eines Höhlensystems im afghanisch-pakistanischen Grenzgebiet. Dort errichteten sie ein Waffen- und Munitionslager für die Mudschaheddin. Der Bergrücken, an dem die Bin-Laden-Truppe schuftete, wurde Tora Bora genannt.

> **»Eine Stunde im Gefecht zu stehen ist besser als sechzig Jahre nächtliche Gebete.«**
>
> Abdallah Azzam

Die ausländischen Kämpfer etablierten weiter südlich zudem ein dauerhaftes Lager in Afghanistan. Bei Dschadschi entstand das erste feste Camp für die »arabische Fremdenlegion«, es trug den Namen »Masada« – die Höhle des Löwen. Benannt wurde es zu Ehren seines Erbauers:

Die Herkunft des Namens »Al-Qaida«

Abdallah Azzam hatte schon 1988 in der Zeitschrift *Dschihad*, die er in Pakistan herausgab, verkündet: »Keine Ideologie, ob irdisch oder göttlich, kommt ohne eine Vorhut aus, eine Avantgarde, die alles, was sie hat, hergibt, um den Sieg dieser Ideologie zu ermöglichen. Diese Vorhut trägt die Flagge auf dem nahezu endlosen und schwierigen Weg voran – bis sie ihr Ziel erreicht hat. Diese Vorhut bildet die solide Basis für die Gesellschaftsform, die es zu erreichen gilt.« Eine »solide Basis« (bzw. »Fundament«) heißt auf Arabisch »al-Qaida al-Sulba«. Die Truppe um Bin Laden und Abdallah Azzam glaubte genau das zu sein – eine elitäre Vorhut von Kämpfern, die als Fundament für die kommende islamistische Ordnung fungieren wollte. »Al-Qaida« hat noch weitere Bedeutungen. Der Begriff bezeichnet auch ein Militärlager – ganz pragmatisch steht der Name also für Bin Ladens Ausbildungscamps. Ebenso kann Al-Qaida eine dritte Bedeutung haben: »Datenbasis«, das heißt die Namensliste der Kämpfer, die ausgebildet wurden. Die Herleitungen des Namens »Al-Qaida« sind vielfältig – aber unstrittig ist, dass seit 1988 Bin Laden und seine Gefährten den Begriff als Bezeichnung für ihren engeren Zirkel und ihre Kerntruppe nutzen.

Osama bedeutet »Löwe«. Von hier aus wollte Bin Laden im April 1987 mit 120 Mann einen Außenposten der kommunistischen afghanischen Regierungstruppen angreifen, das Unterfangen scheiterte gleich zu Beginn kläglich an Planungsmängeln. Einen Monat später wurden neun Mann in ein Scharmützel mit einer sowjetischen Patrouille verwickelt. Danach beschossen die Sowjets Bin Ladens Stützpunkt wochenlang aus allen Rohren. Bei anschließenden Gefechten um das total zerstörte Lager wurden jedoch 35 sowjetische Speznaz-Elitesoldaten getötet. Arabische Journalisten in Pakistan berichteten in der Folge von den Kämpfen und feierten überschwänglich die Heldentaten von »Osama dem Löwen«, der angeblich ein Millionärsleben in Saudi-Arabien aufgegeben hatte, um die Gefahren des Heiligen Krieges zu suchen. In den Bereich der Legenden gehört auch die Behauptung, dass die CIA Bin Ladens Truppe direkt finanziert und ausgerüstet habe – das war zu keinem Zeitpunkt der Fall.

»Aus dem Blickwinkel der Sowjets war die Schlacht an der Löwenhöhle nur ein kleines Scharmützel. Bei den von religiösem Eifer beseelten Männern, die Bin Laden um sich geschart hatte, entstand dadurch jedoch das Gefühl, dass sie in einer übernatürlichen Welt lebten, in der sich die Wirklichkeit vor dem Glauben verneigte. Der Kampf an der Löwenhöhle schuf bei ihnen den Mythos, dass sie die Supermacht besiegt hätten. Wenige Jahre später brach das Sowjetimperium zusammen – es war, wie die Dschihadisten glaubten, an den Schlägen gestorben, die ihm die Muslime in Afghanistan versetzt hatten«, schreibt Lawrence Wright in seinem Buch *Der Tod wird euch finden*. Obwohl der Beitrag der Freiwilligen tatsächlich militärisch unbedeutend war, hatte diese Phase doch weitreichende Konsequenzen: »Der afghanische Dschihad bot den arabischen Freiwilligen die bis dahin einzigartige Gelegenheit, sich transnational zu organisieren, was zunächst einmal hieß, Kontakte zwischen Militanten verschiedener Nationalitäten herzustellen, ... sich gemeinsam zu organisieren und eine gemeinsame Ideologie und gemeinsame Zielvorstellungen zu entwickeln«, resümiert der deutsche Terrorismusexperte Dr. Guido Steinberg in seiner Studie *Der nahe und der ferne Feind – Die Netzwerke des islamistischen Terrorismus*. Damit war das Schlangenei des internationalen islamistischen Terrors gelegt. Ende der 1980er-Jahre wurde Bin Ladens Truppe in Afghanistan zunehmend von radikalen Ägyptern beeinflusst – sie hatten sich nach Afghanistan abgesetzt, weil sie das weltliche Regime in ihrer Heimat hassten und dort erbarmungslos verfolgt wurden. Zu ihnen zählte Ayman al-Zawahiri, ein Arzt, der ein führen-

Der Arzt Ayman al-Zawahiri vor Gericht in Ägypten.

des Mitglied der ägyptischen Gruppe Al Dschihad war. 1981 waren er und seine Gruppe in die Ermordung des ägyptischen Präsidenten Anwar as-Sadat verwickelt gewesen. Zawahiri war verhaftet und brutal gefoltert worden – sein Hass auf das Regime hate sich in gleichem Maße gesteigert wie sein Fanatismus. Nach seiner Entlassung aus dem Gefängnis ging er nach Afghanistan.

Auf der Suche nach neuen Zielen

1988, nachdem die Sowjets mit ihrem Abzug aus Afghanistan begonnen hatten, suchten Männer wie Zawahiri, Bin Laden und Azzam neue Aufgaben und neue Schlachtfelder für den Dschihad. Ihr Ziel war, die Idee des Dschihad weiterzuverbreiten und zu diesem Zweck Kämpfer auszubilden. Wer der Feind sein sollte, wurde intern heftig diskutiert. Azzam lieferte noch immer die ideologischen Stichworte: »Der Dschihad wird die Verpflichtung jedes Einzelnen bleiben, bis alle anderen Länder, die einmal muslimisch waren, an uns zurückgegeben sind, sodass der Islam dort wieder herrschen wird: Vor uns liegen Palästina, Buchara, Libanon, Tschad, Eritrea, Somalia, die Philippinen, Burma, Südjemen, Taschkent und Andalusien.« Sieht man von dem Ziel, Spanien zurückzuerobern einmal ab, so war das beileibe keine pauschale Kriegserklärung an den Westen. Im Gegensatz zu Azzam wollten die einflussreichen Ägypter in ihrem Heimatland das verhasste weltliche Regime Hosni Mubaraks bekämpfen – auch hier war nicht der Westen oder gar das Christentum der Hauptgegner. Bin Laden stand unentschieden zwischen den Fraktionen. Der interne Streit über die Ziele und die Strategie endete am 24. November 1989: An diesem Tag wurde Abdallah Azzam in Peschawar von einer Bombe zerrissen, die in seinem Auto explodierte. Wer die Täter waren, blieb bis heute ungeklärt. Durch diesen Anschlag geriet Bin Laden in jene uneingeschränkte Führungsrolle, die ihm vorher kaum jemand zugetraut hatte. Die Strategie wurde fortan stark von Zawahiri geprägt – ihm galten die alten Regime der arabischen Welt als Hauptgegner. Eine islamische Revolution sollte die Herrschaft der korrupten Eliten beenden. Armut,

Unterdrückung, Abhängigkeit von Amerika – das waren die Übel, die es zu bekämpfen galt. Die Muslime sollten, so sah es Al-Qaida, durch die Rückkehr zum wahren Islam ihre Würde wiederfinden.

In Saudi-Arabien hatte der inzwischen 31-jährige Bin Laden den Status eines Stars, und als er Anfang 1990 aus dem Krieg in Afghanistan zurückkehrte, war sein Ruf legendär. Die geschickt ausgeschmückten Berichte arabischer Journalisten aus Pakistan waren nicht vergessen. Er galt als saudischer Held – denn er hatte geholfen, die Sowjets aus einem muslimischen Bruderland zu vertreiben. Bin Laden versuchte zunächst, in seiner Heimatstadt Dschidda in ein normales Leben zurückzufinden. In den Bauunternehmen der Bin-Laden-Firmengruppe gab es immer Arbeit für ihn. Regelmäßig ging er nun wieder in sein Büro und übernahm seinen Part als Familienvater. Doch der Eifer brannte weiter in ihm; erneut angefacht wurde sein Fanatismus durch seine Vortragstätigkeit. Zahlreiche Bewunderer kamen zu diesen Veranstaltungen zusammen und lauschten seinen Thesen. Der Kommunismus und die Sowjetunion erschienen nach dem Wendejahr 1989 nicht mehr als Bedrohungsfaktor, nun wandte sich der Vortragsredner Bin Laden einem neuen Gegner zu. In der arabischen Welt war der Hass auf Israel ein politisch wirksamer Faktor. Als der große Beschützer Israels galten indes die USA, die Bin Laden nun ins Visier nahm: »Die Amerikaner werden erst aufhören, die Juden in Palästina zu unterstützen, wenn wir ihnen schwere Schläge versetzen. Sie werden erst aufhören, wenn wir gegen sie in den Dschihad ziehen«, verkündete Bin Laden beispielsweise in der Familienmoschee seiner Sippe im April 1990.

»Wir müssen alle amerikanischen Produkte boykottieren. Sie nehmen das Geld, das wir ihnen für ihre Erzeugnisse bezahlen, und geben es den Juden, die unsere Brüder töten.«

Osama bin Laden, 1990

Hetztiraden gegen Israel waren stets willkommen in Saudi-Arabien, doch die Amerikaner, die Bin Laden nun verbal angriff, galten als Verbündete des saudischen Königshauses. Saudi-Arabien hatte durch die Ölexporte nach Amerika zwar unermesslichen Reichtum erlangt, aber

Saudi-Arabien im Zwiespalt – das Schwelgen im Luxus steht im Widerspruch zur beduinischen Tradition der Askese.

es war auch abhängig von den Amerikanern. Man setzte auf die politische und militärische Unterstützung der einen verbliebenen Supermacht. Dass die USA auch den »Erzfeind« Israel unterstützten, nahm das Regime in Kauf. Gleichzeitig pflegte die saudische Elite einen Lebensstil, der von westlichen Produkten und Vergnügungen geprägt war. Straßenkreuzer, Privatjets, Shoppingzentren nach US-Vorbild, McDonald's und Coca-Cola – auch in diesem Sinne war man abhängig, und zwar von den materiellen Verheißungen des westlichen Lebensstils. Geradezu dekadent waren die Vergnügungen, die reiche Saudis privat – und teilweise im Ausland – zelebrierten. Damit machten sich die saudischen Herrscher und Eliten angreifbar: Was hatte all das noch mit dem traditionell bescheidenen Lebensstil der Beduinen, mit der Strenge der wahhabitischen Lehren zu tun? Das Herrscherhaus kam seinen Kritikern entgegen – nicht etwa indem es sich selbst in Bescheidenheit übte, sondern indem es Sittenwächter auf das Volk losließ. Man schützte sich vor religiösen Extremisten, indem man ihnen Macht gab. Die »Religionspolizei« hatte darüber zu wachen, dass es in der saudischen Öffentlichkeit streng wahhabitisch zuging. Damit war das religiöse Establishment zunächst einmal zufriedengestellt. Doch es wurde deutlich, dass das Regime sich einer Lebenslüge verschrieben hatte, und wer immer diese Lebenslüge anprangerte, galt als gefährlich. Und so wurden die öffentlichen Auftritte des vorgeblichen Kriegshelden Bin Laden zu einem Ärgernis für die saudischen Herrscher. »In einer Zeit, in der die Saudis hinsichtlich ihrer Identität in der modernen Welt zunehmend verunsichert waren, erschien Bin Laden als makelloses Vorbild. Seine Frömmigkeit und sein bescheidenes Auftreten erinnerten die Saudis an ihr überliefertes Selbstbild. ... Bin Ladens Ruhm ließ das Verhalten der saudischen Königsfamilie zwangsläufig in einem unvorteilhaften Licht erscheinen«, schreibt Bin-Laden-Biograf Lawrence Wright.

Wütende Ablehnung der US-Präsenz

Am 2. August 1990 griffen irakische Truppen das Nachbarland Kuwait an. Iraks Diktator Saddam Hussein gierte nach mehr Macht in der Region – und nach den Ölquellen Kuwaits. Den saudischen Herrschern jagte er mit seinem Überfall einen gewaltigen Schrecken ein. Konnten sie sicher sein, dass die Panzer des skrupellosen Potentaten an ihren Grenzen haltmachen würden? Nicht nur die Saudis waren höchst alarmiert – auch ihre Verbündeten, die Amerikaner, sorgten sich um die Stabilität der strategisch wichtigen Region. Die Ölquellen Saudi-Arabiens durften nicht in die Hände Saddams fallen! Und auch völkerrechtlich war die unprovozierte Aggression gegen Kuwait nicht hinnehmbar. US-Präsident George Bush senior sprang seinen Verbündeten in Saudi-Arabien bei und garantierte militärisch für ihre Sicherheit. Er organisierte im Weltsicherheitsrat eine fast geschlossene Front gegen Saddam. Die USA zogen »eine Linie im Sand«, wie sich Bush ausdrückte: Bis hierhin und nicht weiter, lautete die Botschaft an Saddam. Er solle sich aus Kuwait zurückziehen, andernfalls würde er mit militärischen Mitteln dazu gezwungen. Und so begann ein monatelanger Nervenkrieg mit dem irakischen Diktator. Westliche

Irakische Panzer in Kuwait City: Im August 2001 befiehlt Iraks Diktator Saddam Hussein den Überfall auf das Nachbarland Kuwait.

Truppen, vor allem Amerikaner, wurden an den Persischen Golf verlegt. Die US-geführte Allianz nutzte Saudi-Arabien als Hauptaufmarschgebiet. Fast 500 000 US-Soldaten bezogen Quartier in dem Land, das die Einreise von Westlern zuvor streng reglementiert hatte. Die Streitmacht bereitete sich darauf vor, Saddams Armee aus Kuwait herauszuwerfen.

Osama bin Laden hatte diese Entwicklung tief erschüttert. Schon kurz nach dem Einmarsch Saddams in Kuwait hatte er sich dem saudischen Herrscherhaus als Retter in der Not angedient. Seine Afghanistanveteranen und er könnten die Kerntruppe zur Verteidigung des Landes stellen – so sein Vorschlag – und dann 100 000 arbeitslose saudische Jugendliche als Kämpfer rekrutieren. »Sie brauchen keine Amerikaner, Sie brauchen auch keine Soldaten aus anderen muslimischen Ländern. Wir sind genug«, versprach er vollmundig und fügte dann hinzu: »Wir werden mit unserem Glauben kämpfen. Wir haben schließlich die Sowjets aus Afghanistan vertrieben.« Zudem könnten die Baugeräte des Bin-Laden-Konzerns Sandhindernisse in der Wüste schaffen – und so würde man Saddam stoppen. Der damalige saudische Geheimdienstchef Prinz Turki ibn

US-Truppen nutzen Saudi-Arabien 1990/91 als Aufmarschgebiet für die Operation »Desert Storm«.

Abd al-Aziz reagierte auf diesen Vorschlag mit einem ungläubigen Lachen und lehnte Bin Ladens Vorschlag ab. Zugleich war er beunruhigt über die radikale Veränderung Bin Ladens, den er seit Langem kannte.

Bin Laden, der selbst ernannte Retter des Islam, beobachtete mit wachsendem Ingrimm, wie immer mehr Westler nach Saudi-Arabien strömten. Er berief sich auf den Propheten Mohammed und dessen Mahnung: »Lasst nicht zu, dass es zwei Religionen gibt in Arabien.« Die meisten Saudis begriffen dies als Auftrag, die alleinige muslimische Herrschaft zu bewahren; seit Jahrhunderten galt zudem die Regel, dass Nichtmuslime der Zutritt zu den heiligen Stätten Mekka und Medina verwehrt war. Osama bin Laden wurde zum Anwalt der radikalsten Interpretation der Mahnung Mohammeds: Er sah sie als Verpflichtung, alle Nichtmuslime von der Arabischen Halbinsel fernzuhalten oder

»Er war überzeugt, er könne eine große Armee zur Befreiung Kuwaits aufstellen und befehligen. Dies zeigte seine Überheblichkeit und seinen Hochmut.«

Prinz Turki ibn Abd al-Aziz, 1990

Luftabwehrfeuer über Bagdad – im Januar 1991 beginnt die Operation »Desert Strom«: der Krieg gegen den Irak.

zu vertreiben. Obwohl die Amerikaner fernab der Städte stationiert wurden und die Bevölkerung sie nicht zu Gesicht bekam, löste in der saudischen Gesellschaft der Zustrom westlicher Truppen durchaus Unruhe aus. »Die amerikanischen Ungläubigen nun zur Verteidigung des Landes der heiligen Stätten von Mekka und Medina herbeizurufen, erschien vielen Saudis als Sakrileg, und die islamistische Opposition begann, die Herrscherfamilie offen zu kritisieren. ... Sie interpretierten den Hilferuf an die Amerikaner als Bankrotterklärung der Familie Saud, der es trotz des märchenhaften Ölreichtums nicht gelungen war, eine effektive Landesverteidigung aufzubauen«, so der Nahostexperte Guido Steinberg in seiner Studie *Der nahe und der ferne Feind*. Viele fühlten sich zutiefst beschämt, dass die Heimat des Propheten von Westlern, von christlichen, jüdischen und sogar weiblichen GIs geschützt werden musste. Osama bin Laden wiederum verstieg sich zur radikalsten Interpretation – er und andere militante Islamisten sahen Saudi-Arabien fortan als von den US-Amerikanern »besetzt« an. Für die Weltsicht Bin Ladens wurde das Jahr 1990 damit zu einem Wendepunkt.

Im Sudan regieren islamische Fundamentalisten, die Osama bin Laden 1992 willkommen heißen.

Im Januar 1991 erfüllte das Donnern von US-Kampfbombern den Luftraum über dem Irak. Bagdad wurde Nacht für Nacht zum Ziel von Bombenabwürfen und Raketen – wochenlang flog die Luftwaffe Einsätze, um die Iraker mürbe zu bomben. Im Februar rollten dann lange US-Panzerkolonnen durch die Wüste des saudisch-kuwaitischen Grenzgebiets. Ein kurzer Bodenkrieg reichte, um die irakischen Truppen vernichtend zu schlagen; sie mussten aus Kuwait fliehen. Danach zog die Masse der westlichen Truppen aus Saudi-Arabien ab, jedoch blieben einige US-Luftwaffenstützpunkte im Land bestehen. Diese US-Präsenz in Arabien wurde von Bin Laden weiterhin scharf kritisiert. Sehr willkommen war ihm, dem jede eigene religiöse Autorität fehlte, dass seine Position von bekannten saudischen Religionsgelehrten untermauert wurde. Einer von ihnen, Safar al-Hawali, verkündete 1991 in einer Predigt: »Was am Golf geschieht, ist Teil eines umfassenden Plans zur Unterwerfung der gesamten arabischen und muslimischen Welt.« Das saudische Regime ließ daraufhin den Religionsgelehrten einsperren; außerdem wurde Bin Laden von nun an praktisch unter Hausarrest gestellt. Auch das mag ihn in dem Entschluss bestärkt haben, Saudi-Arabien 1991 zu verlassen. Sein Ziel war der Sudan, ein Land, dessen Führer einen ganz und gar islamistischen Staat schaffen wollten. Bin Laden galt hier als hochwillkommen. Der reiche Saudi stand dem Regime nicht nur ideologisch nahe, sondern versprach auch, im Sudan beim Ausbau der Infrastruktur zu helfen. Über Mittelsmänner ließ Bin Laden nördlich der Hauptstadt Khartum zwei landwirtschaftliche Betriebe kaufen – diese Farmen sollten fortan von dem verbliebenen organisatorischen Kern Al-Qaidas genutzt werden. Mit der sudanesischen Regierung entwickelte sich nun eine symbiotische Beziehung. Während sie Bin Laden freie Hand bei seinen konspirativen Aktivitäten ließ, investierte der Millionenerbe in dem bitterarmen Land in Unternehmen. Diese Firmen dienten zugleich als Tarnung für die Konten und Finanzverbindungen, die Al-Qaida aufbauen sollte.

Derweil rückte Amerika erneut ins Visier Bin Ladens. Er glaubte, dass die Weltmacht immer größere Teile der muslimischen Welt unter ihre Kontrolle bringen wollte. Dieser Standpunkt wurde zur fixen Idee, als die USA mit einer humanitären Aktion die Hungerkatastrophe in Somalia beenden wollten. Im Land herrschte Bürgerkrieg, Milizen terrorisierten die Menschen, im Chaos hungerten und starben Tausende. Im Dezember 1992 landeten dort – medienwirksam in Szene gesetzt vor den TV-Kameras aus aller Welt – 28 000 US-Soldaten, später unterstützt von NATO-Partnern wie etwa Deutschland. Sie sollten die Mitarbeiter der UN-Hungerhilfe vor Übergriffen der Milizen bewahren. Bin Laden hatte schon die schützende US-Präsenz in Saudi-Arabien als feindlichen Akt gegen die Muslime betrachtet, nun interpretierte er den humanitären Einsatz in Somalia als weiteren Affront gegen die islamische Welt.

In den USA hatte bis dahin noch nie jemand von Al-Qaida gehört, Bin Laden war eine weitgehend unbekannte Figur. Die Amerikaner sonnten sich 1992 in dem Gefühl, als weltweit agierende Wohltäter willkommen zu sein. Der Extremist Bin Laden aber fühlte sich provoziert – und er wurde aktiv. Ein kleiner Kreis von Gleichgesinnten versammelte sich Ende 1992 in Bin Ladens Haus in Khartum. Unter ihnen war auch der Iraker Abu Hadscher. Er hatte mit Bin Laden gegen die Sowjets in Afghanistan ge-

In Somalia herrscht Anarchie, die zu einer Hungersnot führt – Hunderttausende sterben.

US-Truppen sollen im Rahmen eines UN-Mandats in Somalia Ordnung schaffen und Hilfslieferungen schützen.

kämpft. Davor war der gelernte Elektroingenieur Oberst der irakischen Armee gewesen. Im Gegensatz zu Bin Laden verfügte Abu Hadscher über eine gewisse spirituelle Autorität, da er den Koran auswendig konnte und durch Deklamieren der Verse seine Zuhörer anrührte – er galt als Bin Ladens Imam. Ein Al-Qaida-Angehöriger, der später zu den Amerikanern überlief und als Kronzeuge gegen seine ehemaligen Gesinnungsgenossen aussagte, berichtete über die fatale Entwicklung, die im Dezember 1992 im Haus Bin Ladens in Gang gesetzt wurde. Der Hausherr hatte den Kern Al-Qaidas, etwa drei Dutzend Mitglieder, eingeladen, um sie durch eine »Fatwa« zu motivieren – also durch ein religiöses Rechtsgutachten. Damit sollte sein persönlicher Imam Abu Hadscher eine theologische Grundlage für militante Aktionen gegen die Amerikaner liefern, zum Beispiel in Somalia. In seiner Fatwa verkündete dieser, dass Angriffe auf amerikanische Soldaten religiös gutgeheißen würden. In einer zweiten Fatwa erklärte er, dass auch Zivilisten, die im weitesten Sinne die Amerikaner unterstützen, getötet werden dürfen. Ebenso seien Muslime, die Amerikaner unterstützen, legitime Ziele, sagte Abu Hadscher unter Berufung auf den Gelehrten Ibn Taimiya, der im 13. Jahrhundert gewirkt hatte. Dessen historische Fatwa bezog sich auf den Kampf gegen Mongolen, die Bagdad geplündert hatten, aber auch zum Islam übertraten. Im Machtkampf stellten sich heikle Fragen: Durfte man muslimische Brüder angreifen, die mit den Mongolen zusammenarbeiteten? Taimiya fand eine einfache Lösung. Man dürfe auch Muslime töten, die den Mongolen halfen. Seien sie gute Muslime gewesen, kämen sie ja ohnehin in den Himmel; seien sie schlechte Muslime gewesen, wäre ihnen eben die Hölle gewiss. Für Abu Hadscher und seine Al-Qaida-Komplizen hieß dies: Man dürfe jeden umbringen, der sich mit dem Gegner einließ. Das war die selbst erteilte Lizenz zum fast unterschiedslosen Töten. Sie entsprach der Mentalität jener Extremisten, die sich im Haus Bin Ladens versammelt hatten. Diese Männer, die er im Sudan um sich geschart hatte, waren entwurzelte Islamisten, zum Teil Al-Qaida-Veteranen aus dem Afghanistankrieg. Sie alle waren Fanatiker, die in ihren Heimatländern keine Basis und keine Existenz hatten. Diese Männer radikalisierten sich nun gegenseitig und bestärkten sich in dem Ziel, die islamistische Revolution in die Welt zu tragen – so etwa nach Europa: 1992 beobachte-

Ein Gotteskrieger in Bosnien 1992: Der Anführer einer geheimen, 400 Mann starken arabischen Truppe beim Gebet.

ten Bin Laden und seine Al-Qaida-Kerntruppe aufmerksam die Situation im zerfallenden Jugoslawien. Dessen Teilrepubliken führten Krieg gegeneinander; in Bosnien gab es eine muslimische Bevölkerungsgruppe, die durch serbische Angriffe schwer in Bedrängnis geriet. Al-Qaida schickte Hunderte von arabischen Gotteskriegern nach Bosnien in einen Krieg, den man durchaus noch als »defensiven Dschihad« rechtfertigen konnte.

Doch Al-Qaida wollte auch in die Offensive gehen – und zwar gegen Amerika. Auch dort gab es islamistische Fanatiker, die von Bin Laden finanziell unterstützt wurden. In New Jersey, nur durch den Hudson River von New York City getrennt, gab es ein Stadtviertel, das »Little Egypt« genannt wurde. Hier hatte sich der blinde Scheich Omar Abdel-Rahman niedergelassen, ein Ägypter, der in den USA politisches Asyl beantragt hatte. In den USA hielt er vor muslimischen Einwanderern Vorträge, in denen er gegen die Amerikaner hetzte; er bezeichnete sie als »Abkömmlinge von Affen und Schweinen, die an den Tischen der Zionisten, Kommunisten und Kolonialisten speisen«. Er rief dazu auf, Amerikaner zu

Dschihad gegen Muslime

Das vorrangige Ziel der »Dschihadisten« war zu Beginn der neunziger Jahre der eigene islamisch geprägte Kulturkreis, den man zum »wahren Glauben« zurückführen wollte. Viele der ausländischen Kämpfer, die in Afghanistan gegen die Sowjets ins Feld gezogen waren, stammten aus Algerien. Ideologisch fanatisiert, gingen sie nach dem Ende des Afghanistankriegs zurück in ihr Heimatland. Dort waren die Islamisten einer Machtübernahme ganz nahe – trotz gesetzgeberischer Tricks der Regierung gewann die Partei »Islamische Heilsfront« (FIS) Ende 1991 die Wahl. Daraufhin annullierte die Armeeführung die Wahl, übernahm die Macht im Land und verbot die FIS, ihre Funktionäre wurden verhaftet. Nun schlug die Stunde der Militanten und Afghanistanveteranen. Die »Bewaffnete Islamische Gruppe« (GIA) griff zu extremen Methoden: Attacken

Bombenattentate fordern muslimische Opfer: Algerien versinkt in den 1990er-Jahren in einem blutigen Bürgerkrieg.

auf die Armee und auf Ausländer wurden kombiniert mit mörderischem Terror gegen Zivilisten, die es ablehnten, die Sache der Islamisten zu unterstützen. Immer wieder kam es zu Massakern an ganzen Dorfgemeinschaften. Diese blutigen Exzesse bezeichnete die GIA als »Dschihad«. Auch die Armee richtete ihren Kampf brutal gegen Zivilisten, die man der Unterstützung der Rebellen verdächtigte. Die Schrecken des Bürgerkriegs fanden im Westen zumeist nur Beachtung, wenn christliche Opfer zu beklagen waren, wie etwa sieben Mönche, die 1996 von der GIA entführt und getötet wurden. Außerdem griff der Terror ab 1993 punktuell auch auf Frankreich über – im Land der ehemaligen Kolonialherrscher explodierten Bomben, weil dessen Regierung Partei für das algerische Militärregime ergriffen hatte. Die Gewaltexzesse in Algerien sorgten dafür, dass die militanten Islamisten jede Unterstützung in der Bevölkerung verloren. Schließlich sollte die Regierung den Sieg davontragen. Im Bürgerkrieg starben in Algerien über 100 000 Menschen – die überwältigende Mehrheit der Opfer dieses »vergessenen Dschihad« waren Muslime.

töten – »zu Wasser, zu Lande, in der Luft«, wie er sagte. Er fand Anhänger, die bereit waren, seine Worte in die Tat umzusetzen. Einer von ihnen steuerte am 26. Februar 1993 einen gemieteten Kleinbus in die Tiefgarage des World Trade Centers und stellte ihn dort ab. Der Fahrer, Ramsi Jussuf, hatte das Konstruieren von Bomben in Afghanistan gelernt – ob er von Bin Ladens Al-Qaida geschickt wurde, ist allerdings bis heute nicht geklärt. Die Höllenmaschine, die er in seinem Auto transportierte, ging in der Garage des WTC hoch. Sechs Menschen starben, 1042 wurden verletzt, doch die mächtigen Gebäude hielten der Explosion stand. Jussuf und sein Auftraggeber, der blinde Scheich Omar, wurden bald gefasst.

Ramsi Jussuf, der palästinensisch-pakistanischer Herkunft war, gab nach seiner Verhaftung als Motiv an, die Juden zu hassen. Er wolle die Sache Palästinas unterstützen. In den Vernehmungen sagte der Täter, er habe gehofft, dass der gesamte Gebäudekomplex einstürzen würde und bis zu 250 000 Menschen darin umkommen könnten. »Es ist schon bemerkenswert, wie früh einige Islamisten daran gedacht haben, aufwendige, mit hohem Symbolgehalt befrachtete Anschläge durchzuführen. … Sie wollten den Feind demütigen und möglichst viele Menschen

Der blinde Scheich predigte Hass gegen die USA.

SPORTS ★ ★ ★ ★ FINAL

DAILY NEWS

NEW YORK'S HOMETOWN NEWSPAPER

NEW YORK'S DAY OF TERROR

Trade Center bomb kills at least 5, wounds hundreds; link to Bosnia airlift feared

14 PAGES OF COVERAGE BEGIN ON PAGE 2

Ein erster »Tag des Terrors« in New York.

in den Tod schicken. Sie hatten besonders verwundbare wirtschaftliche Ziele ins Visier genommen, die eine wütende Reaktion hervorrufen mussten, und sie hofften, dass Vergeltungsaktionen anderen Muslimen einen Anstoß zum Handeln geben würden«, analysiert der US-Autor Lawrence Wright die Motive der Islamisten.

Bin Laden war unterdessen immer noch nicht in den Fokus der US-Terrorermittler gerückt. Doch die Saudis behielten ihn im Auge. Anfang 1994 entzog der König seinem schärfsten Kritiker die saudische Staatsbürgerschaft und fror dessen inländische Guthaben ein; auch die Bin-Laden-Familie in Saudi-Arabien distanzierte sich von Osama. Ebenfalls sahen ihn vermeintliche Freunde als Belastung. Als 1995 ein Anschlag auf den ägyptischen Präsidenten Hosni Mubarak bei einem Besuch in Äthiopien scheiterte, vermuteten amerikanische und ägyptische Geheimdienstler, dass der Sudan in die Attentatspläne verwickelt war. Die internationale Staatengemeinschaft verhängte Sanktionen gegen das Land, das sich zunehmend isolierter sah. In dieser schicksalhaften Situation suchten die Sudanesen nach einem Ausweg – und brachten Bin Laden ins Spiel. Sie wären bereit, ihn nach Saudi-Arabien auszuweisen, so die Unterhändler. Doch die Saudis waren nicht hinter ihm her und folglich auch nicht an ihm interessiert. Genauso sahen es die USA – es gebe bislang keine Beweise, dass er US-Bürgern Schaden zugefügt habe. Wohl aber forderten sie die Sudanesen auf, Bin Laden des Landes zu verweisen.

»Das war ein Weckruf, den kaum jemand gehört hat. Die US-Regierung sah das Ganze als einmaligen Vorfall, der nicht wieder vorkommt. Vor allem als wir die Täter gefangen hatten. Das Problem der Amerikaner mit dem Terror ist, dass wir denken, die Gefahr sei gebannt, sobald jemand im Gefängnis sitzt.«

Michael Scheuer, ehemaliger CIA-Antiterrorexperte

Aufbruch in eine Terrorkarriere

Auf dem Flughafen Khartum genossen Bin Laden, acht seiner engsten Getreuen sowie seine Söhne Omar und Saad Vorzugsbehandlung. Eine Pass- oder Zollkontrolle musste die kleine Reisegruppe an diesem 18. Mai 1996 nicht über sich ergehen lassen. Sie durften sogar ihre Waffen – Bin Laden trug wie stets eine kurze Version einer Kalaschnikow bei sich – behalten. Auf dem Rollfeld stand mit laufenden Motoren ein gecharterter kleiner Learjet – ein letzter Luxus, den die sudanesische Regierung Osama bin Laden zugestand. Das konnte indes nicht darüber hinwegtäuschen, dass sie ihn aus dem Land warf. Bin Laden war schweigsam – dieser Tag war eine bittere Niederlage für ihn. Nur 50 000 Dollar blieben ihm beim Antritt dieser Reise, seine Unternehmen im Sudan waren beschlagnahmt worden, 20 bis 30 Millionen Dollar seines Kapitals von seinem »Gastland« eingezogen worden. Die Al-Qaida-Kämpfer, die er in seinen Lagern im Sudan ausgebildet hatte, musste er sang- und klanglos entlassen. Sie bekamen ein Flugticket nach Hause und 2400 Dollar in die Hand gedrückt. Seine Organisation war auf dem Tiefpunkt angelangt.

Bin Laden wusste, wem er diese schmachvolle Abschiebung zu verdanken hatte – den Amerikanern.

Nach einem Zwischenstopp im Iran und einigen Stunden Flug bemerkten die Passagiere beim Blick aus den Fenstern, dass sich unter ihnen die zahllosen Bergrücken des Hindukusch erstreckten – sie näherten sich Afghanistan. Bin Ladens Sohn Omar erinnert sich: »Mein Magen war flau vor Aufregung. Afghanistan war das Land, in dem mein Vater seine Kriegsjahre verbracht hatte. Seit ich klein war, war meine Fantasie beflügelt worden von den Geschichten über tödliche Kämpfe und die historischen Schlachten bei Dschadschi und Dschalalabad. Jetzt hatte ich die Gelegenheit, diese Schlachtfelder zu sehen.« Sein Vater Osama dürfte die Ankunft in Dschalalabad hingegen mit gemischten Gefühlen erlebt haben. Niemand hatte ihn eingeladen – in Afghanistan waren Bürgerkrieg und Anarchie an der Tagesordnung, deswegen hatte auch niemand abgelehnt, ihn ins Land zu lassen. Einige Landesteile befanden sich mittlerweile unter Kontrolle der Taliban. Talib bedeutet »Schüler« – und das beschreibt, wo diese Bewegung ihren Ausgang genommen hatte. Ihnen

In den 1990er-Jahren herrscht in Afghanistan Bürgerkrieg, die Taliban erobern viele Regionen.

Im Grenzgebiet zwischen Afghanistan und Pakistan gibt es keine kontrollierbare Grenze; es wird beherrscht vom Stamm der Paschtunen.

war in pakistanischen Koranschulen eine fundamentalistische Auslegung des Koran eingebläut worden. Finanziert wurden diese Koranschulen, die »Medresen«, vom reichen Saudi-Arabien. Von Pakistan zogen die bewaffneten Koranschüler nach Afghanistan, um dort einen Gottesstaat zu etablieren. Viele der »Schüler« stammten von dort, der Afghanistankrieg hatte sie in die Flüchtlingslager Pakistans verschlagen. Ideologisch standen diese kämpferischen Islamisten Bin Laden durchaus nahe. Ihr Anführer, Mulla Omar, hatte sich zum »Herrscher aller Muslime« erklärt. Die Saudis baten ihn nun – gegen großzügige Hilfszahlungen –, ein Auge auf Bin Laden zu halten und ihn »ruhigzustellen«. Das war Omar recht. Er hielt Bin Laden noch immer für einen großzügigen islamistischen Philanthropen. Der zeigte sich im neuen Exil zunächst demütig und zog mit seinen Söhnen in die Berge von Tora Bora. Dort hatte er während des Krieges gegen die Sowjets schon einmal gehaust – in primitivsten Verhältnissen. Nun, im Jahr 1996, tat es Osama bin Laden – wie er selbst sagte – dem Propheten Mohammed gleich. Auch der hatte 622 ins Exil gehen müssen, von dort aus hatte er dann acht Jahre Krieg gegen seine Widersacher geführt. Diese »Hedschra« (»Auswanderung«) wurde zum Wendepunkt im Leben des Propheten und markierte den Beginn der islamischen Zeitrechnung. »Schon von klein auf hatte Bin Laden bestimmte Verhaltensweisen des Propheten für sich zu übernehmen versucht. Er fastete an denselben Tagen und trug Gewänder, wie der Prophet sie wohl angehabt hatte«, beschreibt der US-Journalist Lawrence Wright die Selbststilisierung Bin Ladens. »Auf der realen Ebene war Bin Laden marginalisiert, war aus dem Spiel, doch innerhalb der Schutzhülle des Mythos, den er um sich gesponnen hatte, wurde er zur Verkörperung aller verfolgten und gedemütigten Muslime.«

Der Eremit lebte in Tora Bora in seiner eigenen Wirklichkeit; dennoch maßte er sich an, für die Muslime zu sprechen, als er im August 1996 eine »Kriegserklärung an die Amerikaner« verfasste. Die Anwesenheit von Amerikanern in Saudi-Arabien, dem Land der heiligen Stätten, sei »eine der schlimmsten Katastrophen, die den Muslimen seit dem Tode des Propheten widerfahren ist«. Und dann folgte eine eindeutige Drohung: »Euch zu terrorisieren, während Ihr in unserem Land Waffen tragt, ist legitim und unsere moralische Pflicht.« Diese Erklärung wurde in der

Kriegsreporter Peter Arnett (links) gelang es 1997, zusammen mit zwei Kollegen Bin Laden in dessen Versteck zu interviewen.

arabischen Welt von verschiedenen Medien publiziert. Auf CNN gab er 1997 das erste Interview gegenüber einem westlichen Sender, als ihn der legendäre Kriegsreporter Peter Arnett in den Bergen des Hindukusch besuchte. Bin Laden wurde konkret: »Wir glauben, dass die schlimmsten Diebe und die schlimmsten Terroristen der Welt heute die Amerikaner sind. Euch kann nichts aufhalten, außer vielleicht, wenn wir uns mit gleicher Münze rächen.« Arnett fragte zum Schluss den Mann, den in den USA kaum jemand kannte, ob er eine Botschaft für die Amerikaner habe: »Wenn das gegenwärtige Unrecht fortgeführt wird, wird sich der Kampf unvermeidlich auch auf amerikanischen Boden verlagern«, war die Antwort. Bin Ladens Erklärung für die echten und vermeintlichen Leiden der Muslime in aller Welt basierte auf einem völlig simplen Nenner: Amerika ist an allem schuld. Die Al-Qaida-Ideologie ging von einer universalen Verschwörungstheorie aus, die jeder verstehen konnte und die viele Muslime für glaubwürdig hielten.

In Afghanistan traf er einen Kampfgefährten aus alten Tagen wieder. Der Ägypter Ayman al-Zawahiri, Anführer der Terrororganisation Al-Dschihad, war einer der wohl extremsten militanten Fundamentalisten. Er schloss sich nun Bin Laden an. Beide gemeinsam verschärften erneut die

Ayman al-Zawahiri (links) und Osama bin Laden vereinen 1998 in Afghanistan ihre islamistischen Terrorgruppen.

Rhetorik. Im Februar 1998 gaben sie die Bildung einer »Internationalen Islamischen Front für den Dschihad gegen die Juden und die Kreuzzügler« bekannt. In einer arabischsprachigen Londoner Zeitung wurde ihre Erklärung abgedruckt, die eine Fatwa beinhaltete: »Die Amerikaner und ihre Verbündeten, ob Zivilisten oder Militärs, zu töten und zu bekämpfen ist die Pflicht jedes Muslims«, hieß es; verbunden war dies mit der Aufforderung, »gegen die amerikanischen Satanssoldaten und ihre Verbündeten des Teufels zum Angriff überzugehen«. Auch der Imam der »Moschee des Propheten« in Medina forderte den Abzug der Amerikaner aus Saudi-Arabien. Dies verschaffte Bin Laden die willkommene Unterstützung religiöser Autoritäten. Er wusste, dass er sich auf weitverbreitete Ressentiments unter Muslimen gegen die US-Truppenpräsenz im Nahen Osten stützen konnte.

Am 7. August 1998 explodierte vor der US-Botschaft in Nairobi ein Toyata-Truck, der mit 1000 Kilogramm TNT beladen war. Die Spreng-

Eine weitere verpasste Chance

Anfang 1999 hatten die US-Behörden, die hinter Bin Laden her waren, wichtige Informationen gesammelt. In der Wüste bei Kandahar sei ein Jagdausflug Bin Ladens mit Falknern und einigen Prinzen aus den Arabischen Emiraten geplant. Tatsächlich reisten die Prinzen mit großem Gefolge an – in der Wüste wurde ein riesiges Lager errichtet, das sogar auf US-Luftaufklärungsfotos sichtbar war. Der CIA-Analytiker Michael Scheuer, der sich auf Bin Laden spezialisiert hatte, trug noch mehr zusammen. Durch Kontaktleute in Pakistan erhielt er Informationen aus dem Jagdlager in Afghanistan – er wusste innerhalb einer Stunde, wo sich Bin Laden aktuell aufhielt. Über den CIA-Direktor George Tenet ließ er beim Sicherheitsberater von Präsident Clinton mehrmals anfragen, ob man nicht Marschflugkörper genau auf dieses bestens aufgeklärte Ziel lenken könne. Clintons Sicherheitsberater Clarke lehnte ab. Michael Scheuer musste frustriert zur Kenntnis nehmen, dass erneut eine Gelegenheit verstrich, Bin Laden direkt auszuschalten.

Michael Scheuer, ehemaliger Antiterrorexperte der CIA.

wirkung riss dem Gebäude fast die gesamte Fassade ab. Der Asphalt der Straße, die an dem Komplex vorbei in der Innenstadt von Nairobi verlief, brannte. Die Druckwelle schleuderte Millionen von Glassplittern in die Umgebung – sie zerfetzten alles, auf das sie trafen. 213 Menschen starben an diesem 7. August 1998, 4500 wurden verletzt, 150 erblindeten durch Glassplitter. Bis auf zwölf Amerikaner waren alle Opfer Kenianer. Denen hatte Al-Qaida nicht den Krieg erklärt – aber sie bekamen zu spüren, dass die islamistische Terrortruppe keine leeren Drohungen aus-

US-Botschaften in Afrika werden 1998 zum Ziel islamistischer Terroristen – die Masse der Opfer sind Afrikaner.

SPORTS ★ ★ ★ ★ FINAL

GARBAGE TRUCK PURCHASES PROBED
SEE STORY ON PAGE 6

YANKEES 93 WINS MANIA
SEE SPORTS

POSH EXPECTING A BABY SPICE
SEE PAGE 8

DAILY NEWS

NEW YORK'S HOMETOWN NEWSPAPER

TERROR CHIEF WARNS U.S.

WORST IS YET TO COME

Saudi millionaire Osama Bin Laden speaks out after targets in Sudan and Afghanistan were hit by missiles.

COMPLETE COVERAGE BEGINS ON PAGES 2 & 3

Der Drahtzieher des Terrors macht aus seinen Plänen keinen Hehl und warnt die Amerikaner.

Nach den Anschlägen in Nairobi und Daressalam erklären amerikanische Ermittler Osama bin Laden zum »Staatsfeind Nr. 1«.

stieß. Das Bombenattentat von Nairobi war der erste Anschlag, der von Al-Qaida in Szene gesetzt wurde. Parallel zur Detonation in Nairobi gab es einen Anschlag auf die US-Botschaft in Daressalam in Tansania, elf Menschen starben, 85 wurden verletzt. Alle waren Afrikaner. Die öffentlichen Begründungen Al-Qaidas für diese Zielauswahl waren wirr – intern kalkulierte die Al-Qaida-Führung aber auf eine entschlossene amerikanische Reaktion: Die Amerikaner sollten zu einem Schlag gegen die Al-Qaida-Zentrale in Afghanistan provoziert werden. »Bin Laden wollte, dass die USA den gleichen Fehler begehen wie die Sowjetunion. Die Sowjets sind 1979 in Afghanistan einmarschiert und zehn Jahre dort geblieben. Mit welchem Ergebnis? Das Sowjetreich brach auseinander. Bin Laden dachte, dass er das Gleiche mit Amerika anstellen konnte. Dass er aus den Vereinigten Staaten die Gespaltenen Staaten machen konnte. Das sollte dem Islam seinen rechtmäßigen Platz als erste Macht in der Welt frei machen. Das war seine Strategie«, analysiert der US-Publizist Lawrence Wright. Und in der Tat reagierten die USA militärisch. Doch sie schickten keine Flugzeuge oder gar Soldaten nach Afghanistan, sondern 66 Marschflugkörper. Diese vermeintlich »chirurgischen« Schläge töteten in den getroffenen Ausbildungslagern sechs einfache Al-Qaida-Kämpfer. Die modernsten militärischen Mittel der einzigen Supermacht hatten einen minimalen Effekt gezeitigt. Dafür erschien Osama bin Laden nun in einem neuen Licht – die Amerikaner jagten ihn ab sofort als Staatsfeind Nr. 1. Er wurde von einer marginalen Figur in der arabischen Welt zu einer Berühmtheit. Fortan galt er als Verkörperung des islamischen Widerstands – im Nahen Osten hatten alle antiamerikanischen Kräfte nun einen neuen Helden. Dass er gerade erst Hunderte von Afrikanern hatte ermorden lassen, schien nicht mehr von Bedeutung.

»Wir hatten 1999 ein Dutzend Chancen, Osama bin Laden zu töten. Aber weil wir die Möglichkeiten nicht nutzten, verspielten wir die Chance, den Prozess, der zum Terroranschlag am 11. September 2001 führte, zu unterbrechen.«

Michael Scheuer, ehemaliger CIA-Antiterrorexperte

Der große Schlag gegen Amerika

Seit Ende 1999 bereitete Al-Qaida eine Operation vor, die alle bis dahin durchgeführten Aktionen in den Schatten stellen sollte: einen großen Angriff auf amerikanischem Boden. Von diesen Plänen Al-Qaidas ahnten die Studenten Mohammed Atta, Ziad Jarrah, Marwan al-Shehhi und Ramzi bin al-Shibh im Herbst 1999 noch nichts. Die vier Männer arabischer Herkunft lebten seit Jahren in Deutschland, Mohammed Atta und Ziad Jarrah studierten an der Technischen Universität Hamburg. Doch das Leben in Europa hatte sie nicht weltoffener gemacht – im Gegenteil: Erst in Deutschland hatte sich zum Beispiel Mohammed Atta einem betont religiösen Lebensstil zugewandt. Zugleich äußerte er Verbitterung über die US-Politik im Nahen Osten, über den Golfkrieg, über das Friedensabkommen von Oslo zwischen Israelis und Palästinensern, über das Regime in Ägypten. Dazu kam die Ansicht, die Muslime seien weltweit bedroht. In Bosnien gab es Krieg und »ethnische Säuberungen«; im Kaukasus verweigerten die Russen muslimischen Völkern das Selbstbestimmungsrecht; lokale Konflikte schwelten auch dort. Atta, ein verschlossener Typ, war regelmäßiger Besucher der Moschee auf dem Steindamm, in der fundamentalistische Hassprediger sein Weltbild festigten. Atta, aber auch Jarrah und weitere Gesinnungsgenossen definierten sich schon bald als militante Islamisten, die sich im Dschihad bewähren wollten. Im Herbst 1999 war bei ihnen der Plan gereift, als Kämpfer den bedrohten muslimischen Brüdern in Tschetschenien beizustehen.

Die ersten Schritte, die sie auf dem Weg in den Dschihad taten, führten sie nach Duisburg. Dorthin reisten Ziad Jarrah, Marwan al-Shehhi und Ramzi bin al-Shibh im November 1999. Durch eine Zufallsbekanntschaft mit einem anderen Araber hatten sie die Telefonnummer bekommen, die sie mit dem Kontaktmann im Ruhrgebiet zusammenbrachte. Der Mauretanier, der sie am Duisburger Bahnhof abholte, wusste, dass diese drei Hamburger bereit waren, für ihren Glauben zu töten und zu sterben. Er horchte auf, als sie ihm von dem Plan erzählten, nach Tschetschenien zu reisen. Der Weg dorthin sei gefährlich, warnte sie der Duisburger Gesinnungsgenosse und machte ihnen einen Vorschlag: Afghanistan sei der

Ziad Jarrah (links), Mitglied der »Hamburger Zelle« und einer der Terrorpiloten, bei einer Hochzeitsfeier.

Als Gläubige in der Al-Quds-Moschee in Hamburg: Mohammed Atta (sitzend, 2. v. r.,) und Ramsi bin al-Shib (stehend, 7. v. l.).

ideale Ort, um sich zu einem Gotteskrieger ausbilden zu lassen. Dort, in den Trainingslagern von Al-Qaida, erhalte man das geistige Rüstzeug und eine militärische Schulung. Es sei leicht, dorthin zu reisen – man müsse nur ein Flugticket nach Pakistan buchen, um sich dann über die offene Grenze nach Afghanistan zu begeben. Von Afghanistan sei es dann immer noch möglich, nach Tschetschenien zu gelangen. Die drei waren angetan von diesem sehr konkreten Vorschlag. Wieder in Hamburg, erzählten sie ihrem Freund Mohammed Atta davon. Sofort willigte er ein, mit nach Afghanistan zu kommen. Im November oder Dezember 1999 trafen sie im ostafghanischen Dschalalabad ein.

Zu diesem Zeitpunkt spukte in den Köpfen der Al-Qaida-Führung eine Idee herum, die revolutionär war: ein Terrorangriff mit zivilen Flugzeugen, die auf symbolträchtige Ziele in den USA gelenkt werden sollten. »Die Al-Qaida-Führer mühten sich ab, ihre sogenannte Flugzeug-Operation auf die Beine zu stellen«, berichtet der US-Autor Lawrence Wright im ZDF-Interview. »Doch ihnen fehlte das Personal. Die Männer im Lager sprachen kein Englisch, hatten nie im Westen gelebt – die hätten das niemals hinbekommen. Sie wollten schon alles abblasen, als plötzlich Atta und die anderen Jungs aus Hamburg daherkamen! Sie kannten den Westen, beherrschten mehrere Sprachen, waren technisch versiert – ein Traum! Es war wie ein erhörtes Gebet, dass diese Jungs auf einmal dastanden.« Wright betont, dass der größte Terroranschlag der Geschichte von Zufällen abhing – und von einigen wenigen Männern, die so etwas inszenieren konnten.

Bin Laden empfing die neuen Rekruten aus Hamburg persönlich in seinem Gästehaus. Sie wurden nun mit dem »Flugzeug-Plan« konfrontiert – und willigten ein, diese Mission gegen den Erzfeind Amerika zu übernehmen. Mohammed Atta erwies sich als besonders eifrig. »Atta wollte einen Platz in der Geschichte. Aber wie kann ein junger Mann wie er ein Zeichen setzen? Genau das bot Al-Qaida ihm und den anderen: die Chance, Geschichte zu schreiben. Alles, was sie tun mussten, war: sterben«, analysiert Lawrence Wright. Sterben konnte Atta als Selbstmordpilot eines Passagierjets, den er auf ein prominentes Ziel in Amerika lenken sollte. Und dazu mussten er und seine Gefährten lernen, wie man ein Flugzeug

> **»Sie haben uns nicht den Krieg erklärt, weil sie die Demokratie hassen, oder die Freiheit, oder Frauen, die berufstätig sind, oder weil wir nach der Arbeit ein Bier trinken. Sie haben uns den Krieg erklärt, weil die US-Regierung in der arabischen Welt einige Dinge tut und dabei meist von den Europäern unterstützt wird: Die beiden Hauptpunkte sind die fast bedingungslose Unterstützung Israels sowie die Tatsache, dass wir ein halbes Jahrhundert lang die Tyrannei der arabischen Regierungen unterstützt haben. Das motiviert unsere Gegner.«**
>
> Michael Scheuer, ehemaliger CIA-Antiterrorexperte

steuert. Bin Laden schickte sie zurück nach Hamburg. Fortan lebten die vier Absolventen des Al-Qaida-Trainingscamps dort als geheime »Hamburger Zelle«. Im Sommer 2000 sollten sie in die USA einreisen – das war offenbar kein Problem für die Hamburger Studenten Mohammed Atta, Ziad Jarrah und Marwan al-Shehhi. Nur dem vierten Mann, Ramzi bin al-Shibh, verweigerten die USA die Einreise. Die drei anderen meldeten sich in Florida in verschiedenen Flugschulen an und lernten auf kleinen Maschinen das Fliegen. Der Saudi Hani Handschur, der seit Langem in Amerika lebte, hatte schon 1998 seinen Pilotenschein gemacht – er wurde von Al-Qaida nun als vierter Terrorpilot auserkoren. Bei den US-Behörden hatte man zu diesem Zeitpunkt noch keinen blassen Schimmer, dass in Amerika nun Männer lebten, die sich verschworen hatten, die Weltmacht USA auf ihrem eigenen Terrain anzugreifen.

Die Bedrohung durch Al-Qaida schien fernab der USA viel größer zu sein. Am 12. Oktober 2000 brauchte es nicht mehr als eine Handvoll Fanatiker, um der Weltmacht USA einen schweren Schock zu versetzen. Der amerikanische Zerstörer »Cole« lag im Hafen von Aden, als sich ein Fischerboot näherte. Die Männer an Bord winkten den US-Matrosen zu, die freundlich zurückwinkten. Im nächsten Moment ging die 300 Kilogramm schwere Sprengladung, die in dem Fischerboot versteckt war, hoch und riss ein riesiges Loch in den Rumpf der »Cole«. 17 US-Matrosen starben. Ermittler des FBI und der CIA fanden heraus, dass Al-Qaida hinter dem Angriff steckte – doch ein Vergeltungsschlag Amerikas blieb aus.

In Florida lernen die islamistischen Terroristen in einer kommerziellen Flugschule, wie man ein Flugzeug steuert.

Im Jahr 2000 organisiert Bin Ladens Al-Qaida im Hafen von Aden im Jemen den Sprengstoffanschlag auf die USS »Cole«.

Eine riesige Staubwolke wälzt sich nach dem Zusammenbruch des World Trade Centers durch Manhattan.

Der Schock nach dem Angriff: Der Schrecken steht den Menschen ins Gesicht geschrieben – Amerika ist in seinem tiefsten Inneren getroffen.

Geborstene Metallfassaden – die Überreste eines der höchsten Gebäude der Welt ragen als bizarre Gerippe aus den Trümmern.

Präsident Clinton versuchte gerade ein weiteres Friedensabkommen zwischen Israelis und Palästinensern zu vermitteln, ein US-Angriff auf Ziele in der muslimischen Welt erschien in dieser Situation nicht opportun. Bin Laden war enttäuscht – er wollte die USA in einen Krieg verwickeln, doch die reagierten nicht. Dem Al-Qaida-Führer wurde klar, dass die Zeit für die ultimative Provokation Amerikas gekommen war.

Am Morgen des 11. September 2001 ahnte kein Amerikaner, dass über den Vereinigten Staaten vier fliegende Bomben unterwegs waren und dass dieser Tag die Welt verändern sollte. An Bord des Fluges American Airlines Nr. 11 hatte es eine Entführung gegeben – so viel wusste die Luftraumüberwachung. Sie wusste indes nicht, dass hier das Muster für weitere Entführungen dieses Tages durchexerziert wurde: Zwei oder drei Terroristen, sogenannte »Kämpfer«, überwältigten und töteten die Crew, dann übernahm ein bis dahin unbeteiligter Mittäter – der ausgebildete »Terrorpilot« – das Steuer der Maschine. Im Fall von Flug American Airlines Nr. 11 war dies Mohammed Atta. Die Passagiere dürften nicht im Traum an das gedacht haben, was ihnen bevorstehen würde. »Üblicherweise – und gemäß dem Sicherheitstraining – war es das Beste für Passagiere und Crew, keinen Widerstand zu leisten«, beschreibt der US-Autor Lawrence Wright die Situation an Bord. Um 8.46 Uhr raste die Maschine in den Nordturm des World Trade Centers in New York. Die Behörden werteten dies zunächst als Unfall. Doch um 09.03 Uhr bohrte sich eine Boeing 767 – United-Airlines-Flug 175 – in den Südturm des Wolkenkratzers. Sie wurde gesteuert von Marwan al-Shehhi. Erst jetzt registrierte die Weltöffentlichkeit, dass sich etwas Außergewöhnliches ereignet hatte. Zu diesem Zeitpunkt waren bereits Dutzende Nachrichtenkameras auf das World Trade Center gerichtet. Der Horror nahm nun vor aller Augen seinen Lauf. Im Fernsehen sahen Millionen »live« den Massenmord in New York. Die Entführer, betont der Al-Qaida-Experte Lawrence Wright, verfolgten mit dieser unvorstellbaren Tat eine Doppelstrategie: »Was Al-Qaida von anderen Terrorgruppen unterscheidet, ist ihre Blutgier. Es geht darum, Berge von Leichen zu produzieren. Es gab also zwei Ziele bei diesen Angriffen: zum einen diese unglaublichen, kinoreifen Bilder zu schaffen, die unvergesslich sind. Und dann ging es darum, so viele Menschen wie möglich zu töten.« Darum ging es auch den anderen beiden Terrorteams, die sich noch in der Luft befanden. Und so raste American-Airlines-Flug Nr. 77, eine Boeing 757, die der Saudi Hani Handschur lenkte, um 9.37 Uhr in das Washingtoner Pentagon. Eine letzte Maschine, United Airlines Flug 93, gesteuert vom »Hamburger« Ziad Jarrah, stürzte bei Shanksville in Pennsylvania auf eine freie Fläche – Jarrah war der einzige Terrorist, der sein Ziel an diesem Tag verfehlte. Es wird vermutet, dass Passagiere die Luftpiraten angriffen und so einen Weiterflug unmöglich machten – als Ziel hätte diese Maschine das Kapitol in Washington gehabt.

Die 19 arabischen Täter, die an diesem Morgen Amerika angegriffen hatten, waren keine Wahnsinnigen, keine Verzweifelten, die nichts zu verlieren hatten, sondern eiskalt handelnde Fanatiker, die glaubten, etwas gewinnen zu können. »Diese Tat von Terroristen ist eine Tat von medial geprägten Menschen, die nicht nur Tod und Schrecken verbreiten wollen, sondern wirkungsvolle Bilder. Es ist eine öffentliche Inszenierung von Massenmord und dem eigenen Tod. Die eigene kleine Existenz wird dadurch in diesem Moment mit Bedeutung versehen«, beschreibt der Psychoanalytiker Wolfgang Schmidbauer die Motive derartiger Selbstmordattentäter in seinem Buch *Der Mensch als Bombe*. Ihr Auftraggeber war Osama bin Laden. Auch er war kein Wahnsinniger, wohl aber hing er einem Weltbild an, das die Forderung nach einer »Wiedergeburt« des wahren Islam mit einem kruden Antisemitismus und Antiamerikanismus verquickte. Im August 2001 hatte er in einem Video zu erklären versucht, warum für ihn Amerika der Hauptgegner sei: »Wir sprechen von der

»Die angeblich ›globale‹ und ›geniale‹ Terrororganisation Al-Qaida war also für ihren größten Anschlag abhängig von drei Studenten, die eigentlich in Tschetschenien am Dschihad teilnehmen wollten und deshalb eher zufällig in die Ausbildungslager in Afghanistan gereist waren. Das zeigt, dass das normale Fußvolk von Al-Qaida nie dazu in der Lage gewesen wäre, so etwa auszuführen – die Aktionsfähigkeit der Gesamtorganisation wurde durch einen Zufall erst entscheidend erhöht.«

Dr. Guido Steinberg,
Islamwissenschaftler und
Terrorismusexperte

amerikanischen Regierung, aber in Wahrheit ist dies eine israelische Regierung, denn wenn wir die wichtigsten Ministerien und Behörden betrachten – sei es das Pentagon, das Außenministerium oder die CIA –, dann wird man schnell herausfinden, dass es die Juden sind, die in der amerikanischen Regierung das Sagen haben. Folglich benutzen sie Amerika, um weltweit ihre Pläne umzusetzen.« Speziell New York und das World Trade Center galten ihm als »jüdische Ziele«. Am 11. September 2001 ließ er sie angreifen. Etwa 3000 Menschen fielen dem Fanatiker und seinen Handlangern zum Opfer.

Die Tat von New York stieß bei arabischen Offiziellen fast überall auf Ablehnung. Denn die meisten arabischen Regierungen standen Al-Qaida und Bin Laden absolut feindselig gegenüber, wussten sie doch, dass dessen Streben ja eigentlich der Veränderung der Machtverhältnisse in der arabischen Welt galt. Es war also nicht nur ein Lippenbekenntnis, als die Arabische Liga ihr »tiefes Mitgefühl für das amerikanische Volk« ausdrückte. Auch Palästinenserführer Jassir Arafat gab sich betroffen: »Es rührt an unsere Herzen. ... Gott helfe den Opfern!« Selbst die üblichen Amerikafeinde – von Libyen bis hin zum Iran – verurteilten die Tat. Die saudische Zeitung *Okaz* kritisierte die Anschläge, die »Unschuldige an ihrem Arbeitsplatz und nicht Soldaten auf dem Schlachtfeld töteten«. Über die Sympathie, die Bin Laden bei der einfachen Bevölkerung genoss, lässt sich nur spekulieren. Glaubwürdige, repräsentative Umfragen gab es in den Diktaturen der arabischen Welt nicht, alle TV-Interviews auf den Straßen boten nur Momentaufnahmen. Amerika war weithin unbeliebt – doch die breite Ablehnung der US-Politik musste nicht unbedingt bedeuten, dass der Durchschnittsbürger Terror und Mord guthieß.

Die USA standen nach dem 11. September unter Schock. Alle Gewissheiten der Vergangenheit schienen infrage gestellt zu sein. Dennoch reagierte das politische System Amerikas nicht blindwütig. Neben der Verwirrung stand – anfangs – auch Besonnenheit. Einer gewissen Verwirrung war wohl geschuldet, dass Präsident Bush am 16. September – vor seinem Diensthubschrauber stehend – in einer improvisierten Pressekonferenz in aller Eile ein Statement abgab: »Dies ist eine neue Variante des Bösen. Uns ist klar, dem amerikanischen Volk ist klar, dass dieser

Präsident George W. Bush ringt am 16. September 2001 um Worte – und spricht leichtfertig von einem »Kreuzzug« gegen die Täter.

Kreuzzug, äh, dieser Krieg gegen den Terror einige Zeit in Anspruch nehmen wird.« Der Begriff »Kreuzzug« taucht in offiziellen amerikanischen Stellungnahmen tatsächlich nur hier auf. Diese verhaspelten, improvisierten Sätze des rhetorisch ohnehin unsicheren George W. Bush als Aufruf zu einem »Kreuzzug« zu deuten, ist abwegig. Dennoch griffen manche arabische Kommentatoren und natürlich die Fanatiker dies begierig auf. In einigen Internetforen wurde seitdem die Mär von einem Kreuzzug des Westens gegen die islamische Welt verbreitet. Vergessen wird dagegen die offizielle Stellungnahme des Präsidenten vor der versammelten politischen Führungsschicht Amerikas. Vor dem US-Kongress sagte er am 20. September 2001: »Die Terroristen praktizieren eine marginale Form des islamischen Extremismus, die von muslimischen Gelehrten und der übergroßen Mehrheit muslimischer Kleriker abgelehnt wird. Dies ist eine randständige Bewegung, die die friedlichen Lehren des Islam pervertiert.« Der Krieg der Kulturen sollte – wenn es nach Amerikas politischer Klasse ginge – also nicht stattfinden. Wohl aber musste eine andere Art

Drahtzieher Bin Laden preist in einem Video die Tat der Terroristen und ruft alle Muslime auf, den Kampf fortzusetzen.

von Krieg geführt werden, denn Amerika brannte darauf, Vergeltung zu üben. Die Verantwortlichen für den 11. September saßen in Afghanistan. Und dort wollte die verwundete Supermacht nun zuschlagen.

Die Jagd auf Bin Laden

»Da habt ihr Amerika an einem seiner schwächsten Punkte getroffen. Seine herrlichsten Gebäude wurden getroffen. Dafür danken wir Gott. ... Diese Ereignisse haben die Welt gespalten. ... Alle Muslime müssen herbeieilen, um ihrer Religion zum Sieg zu verhelfen. Der Sturm des Glaubens hat sich erhoben«, triumphierte Osama bin Laden in einer Videoaufzeichnung, die am 7. Oktober 2001 auf dem arabischen Sender Al Dschasira ausgestrahlt wurde. Mit den Realitäten hatte diese Deutung indes kaum etwas zu tun. Ebenso wenig wie Amerika einen Kreuzzug ausrief, waren die Muslime der Welt bereit, dem Fanatiker Bin Laden in einen weltweiten Dschihad zu folgen. Überraschend war indes, dass Bin Laden, von manchen westlichen Kommentatoren inzwischen zum »Terrorfürsten« geadelt, nicht persönlich die Verantwortung für die Anschläge des 11. September übernahm. Diese Feinheiten aber waren den Amerikanern egal. Der Tag, an dem das Video ausgestrahlt wurde, war zufällig auch der Tag, an dem das US-Bombardement Afghanistans begann. Marschflugkörper zerstörten die bereits erkannten Al-Qaida-Camps, dann belegten B-52-Bomber die Regionen, in denen man die Drahtzieher vermutete, mit Bombenteppichen – so sollte eine Handvoll Terroristen in den unwegsamen Bergen Afghanistans aus ihren Höhlen getrieben werden. Hunderte von Al-Qaida-Getreuen wurden bei diesen Bombenangriffen getötet, darunter zahlreiche Führungspersonen. Amerika schickte im Herbst 2001 auch die Kämpfer der afghanischen Nordallianz, die sich mit dem Westen gegen die Taliban verbündet hatten, ins Gefecht. Sie sollten nun die Terroristen jagen. Zu einem Einsatz amerikanischer Bodentruppen konnte sich die US-Regierung nicht durchringen. Nur einige kleine CIA-Teams waren vor Ort, um Informationen über den Verbleib Bin Ladens zu sammeln und der Luftwaffe mit moderner Technik Zielkoordinaten durchzugeben. Eines dieser Teams wurde von dem CIA Field Commander Gary Berntsen geleitet. Und der glaubte Anfang Dezember, dass er Bin Laden in den Weißen Bergen von Tora Bora ganz dicht auf den Fersen war.

Ein Mitglied von Berntsens kleiner Truppe war ein Amerikaner libanesischer Herkunft – er durchsuchte am 5. Dezember eine Al-Qaida-Stellung, die kurz zuvor von US-Bomben umgepflügt worden war. Überall an dem von Kratern zernarbten Berghang lagen Tote. Eine der verstümmelten Leichen hielt ein Funkgerät in der Hand. Der CIA-Mann, der es aufnahm, war des Arabischen mächtig. Er stellte fest, dass es eingeschaltet und auf die Frequenz der Al-Qaida-Kämpfer eingestellt war. Er konnte mithören, was der Feind besprach. Und bald darauf erkannte er eine Stimme, die er auf Dutzenden von Tonbändern gehört hatte. Keine Frage – das war Bin Laden. In den folgenden Tagen hörten die Amerikaner mit, wenn Bin Laden und seine Resttruppe sich über Funk verständigten. Die US-Teams wussten nun, dass sie ganz nah am Drahtzieher des 11. September dran waren. CIA Commander Gary Berntsen wollte han-

Ex-CIA-Mann Gary Berntsen behauptete, Bin Laden auf den Fersen gewesen zu sein.

deln – er kontaktierte die CIA-Zentrale in Langley, Virginia, und forderte US-Bodentruppen an. 800 sogenannte »Rangers« – also Spezialeinheiten – würden reichen, so hoffte er, um in der Bergregion die wenigen begehbaren Pässe abzuriegeln. Dann hätte man Bin Laden in der Falle. Derweil wurden die pausenlosen Luftangriffe auf die Bergregion Tora Bora fortgesetzt. Sogar eine der wenigen verfügbaren riesigen »Daisy-Cutter«-Bomben wurde auf das vermutete Versteck Bin Ladens abgeworfen. Der Kommandeur des US Central Command für Asien und den Nahen Osten, General Tommy Franks, berichtete Präsident Bush, dass man Bin Laden in Tora Bora vermute. Doch am 10. Dezember teilte der Chef des Special Operations Command, General Dell L. Dailey, dem CIA-Mann Berntsen mit, dass keine US-Truppen zum Einsatz kommen würden. »Man brauchte kein großer Militärstratege zu sein, um zu erkennen, dass Bin Laden nach einem Schlupfloch suchte und dass er es durchaus schaffen konnte. Der Weg von Tora Bora bis nach Pakistan war in einer 24-stündigen Kletterpartie durch die Weißen Berge zu bewältigen. Dennoch ignorierte das Zentralkommando meine Anforderung von 800 US-Soldaten«, schreibt Berntsen in seinen Erinnerungen. Die offizielle Begründung des US-Oberkommandos: Man wolle die afghanischen Alliierten nicht verärgern. Sie sollten die Pässe abriegeln und dafür entlohnt werden. »Ich wusste, dass unsere Verbündeten gerne unser Geld annahmen – und Al-Qaida dann entkommen lassen würden«, schreibt Berntsen. »In meinen Berichten gab ich unmissverständlich zu verstehen, dass unsere Verbündeten nicht besonders bemüht waren, Al-Qaida in Tora Bora zu schnappen.«

In Tora Bora finden die Jäger Bin Ladens nur Munitionsvorräte – die afghanischen Verbündeten der Amerikaner können den Terrorchef nicht fassen.

Berntsen konstatiert, dass Bin Laden und seine Araber den afghanischen Hilfstruppen einfach mehr Geld geboten hätten als die Amerikaner. Am 15. Dezember hörten Berntsens Leute Bin Laden zum letzten Mal über das Funkgerät. Danach, so Berntsen in seinem Buch *Jawbreaker*, sei die Al-Qaida-Führungsriege nach Pakistan und in paschtunisches Stammesgebiet entkommen. Geführt hätten sie afghanische Paschtunen, die von Bin Laden großzügig entlohnt worden seien. Im Widerspruch zu zahlreichen US-Antiterrorexperten bestreitet der damals führende US-Militär, General Tommy Franks, noch heute, dass man Osama bin Laden jemals so nahe gekommen sei, wie Berntsen behauptet. Unbestritten jedoch ist, dass es Amerika Ende 2001 nicht gelang, seinen Staatsfeind Nr. 1 zu fassen. Zwar konnte er sich retten, aber er verlor die Operationsbasis Afghanistan, in der er nach Belieben schalten und walten konnte.

Seit Dezember 2001 war Bin Laden verschwunden. Für seine Ergreifung stellte Amerika ein Kopfgeld von 25 Millionen Dollar in Aussicht. Der Gesuchte ließ auch nach seinem Abtauchen in zahlreichen Videobot-

In der »Koalition der Willigen« kämpfen ab 2003 auch britische Einheiten im Irak gegen die Truppen des Diktators Saddam Hussein.

schaften von sich hören. Experten analysierten die Bilder und bestätigten durchweg, dass der Mann, der dort sprach, der wahre Osama bin Laden sei. Anlässe hatte der Terrorchef reichlich, um sich zu Wort zu melden. Etwa im Jahr 2003, als der von Präsident George W. Bush ausgerufene »Krieg gegen den Terror« eine merkwürdige neue Wendung nahm. Bush konzentrierte sich nicht mehr ausschließlich auf die Gefahr, die von islamistischen Terrorgruppen ausging. Stattdessen suchte er sich nun einen Gegner, der mit dem Terrornetzwerk Osama bin Ladens nichts zu tun hatte: Iraks Diktator Saddam Hussein. Im März 2003 ließ Bush seine »Koalition der Willigen« unter US-Führung völkerrechtswidrig den Irak angreifen. Nun schien sich zu erfüllen, was Bin Laden sich immer gewünscht hatte: Die USA attackierten

»Es war eine verheerende Niederlage für Al-Qaida. Aber es war auch eine Niederlage für Amerika und seine Verbündeten, denen es nicht gelungen war, die eigentliche Beute ihrer Jagd zu schnappen.«

Lawrence Wright,
Der Tod wird euch finden

Pakistan im Zwielicht

Das Nachbarland Afghanistans unterstützt offiziell Amerikas »Krieg gegen den Terror« und erhält dafür umfangreiche amerikanische Militärunterstützung. Die ist hochwillkommen, denn sie verbessert Pakistans strategische Position gegenüber dem verhassten Erzfeind Indien. Seit Ende der siebziger Jahre hatte der pakistanische Diktator Zia ul-Haq mit großzügiger finanzieller Unterstützung aus Saudi-Arabien systematisch den islamischen Fundamentalismus in seinem Land gestärkt. In dem 180-Millionen-Einwohner-Staat fiel diese Ideologie auf fruchtbaren Boden, besonders auch in der Armee und dem Geheimdienst ISI. Beide förderten in den achtziger und neunziger Jahren die fundamentalistischen Taliban, mit deren Hilfe Pakistan in Afghanistan Einfluss nehmen wollte. Ihre Strategie, die militanten Fundamentalisten politisch zu instrumentalisieren, rückte den pakistanischen Staat zunehmend ins Zwielicht. Dazu kommt, dass die starke Volksgruppe der Paschtunen sowohl in Pakistan als auch in Afghanistan vertreten ist; sie gilt als sehr konservativ und religiös. In diesem Umfeld hielten sich in Pakistan Sympathien für die Taliban und sogar für Osama bin Laden, dem es Ende 2001 gelungen war, sich dem Zugriff der Amerikaner zu entziehen. Als er sich über die Grenze auf pakistanisches Gebiet absetzte, konnte er auf die Hilfe aus paschtunischen Kreisen vertrauen.

Pakistans Diktator Zia ul-Haq förderte den Fundamentalismus.

Die Szene eines Anschlags im Irak 2006 – unzählige Bombenattentate forderten immer wieder zivile, muslimische Opfer.

In Madrid sterben 2004 über 190 Menschen durch Terroranschläge auf Nahverkehrszüge.

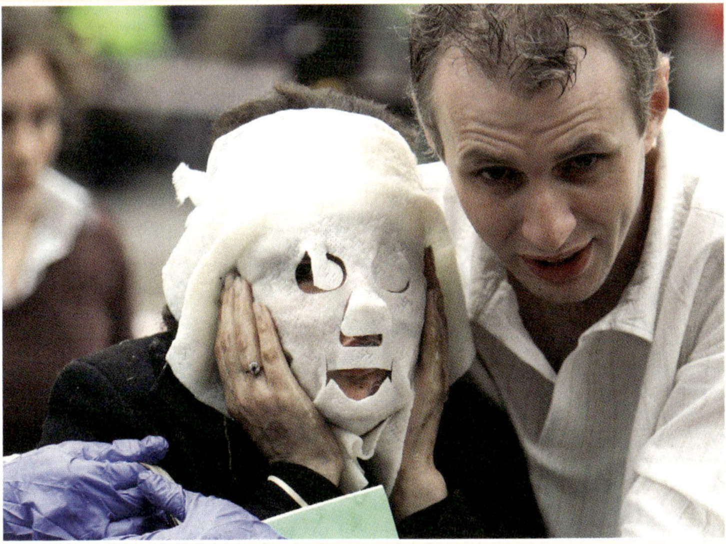

Ein Opfer des Anschlags auf die Londoner U-Bahn, bei dem im Jahr 2005 51 Menschen den Tod finden, erhält medizinische Erstversorgung.

ein muslimisches Land. Weltweit empörten sich auch gemäßigte Muslime gegen diesen Schritt, manche bezeichneten die westlichen Invasoren polemisch als »Kreuzzügler«. Doch um Religion ging es in diesem Krieg nicht, sondern um eine strategische Neuordnung der Region im Sinne Amerikas. Der Irak sollte nach der Befreiung von Diktator Saddam zu einer Demokratie mit Vorbildfunktion für die arabische Welt werden. Der Krieg endete mit einem schnellen Sieg über den Irak. Doch das Land konnte nicht befriedet werden und versank im Chaos von Terror und Bürgerkrieg. Am 18. Oktober 2003 tat Bin Laden per Video seine Einschätzung kund. »Amerika steckt nun tief in den Sümpfen zwischen Euphrat und Tigris. Bush ist jetzt eine leichte Beute. Nun ist er in einer peinlichen Situation, und Amerika wird hier vor den Augen der Welt in den Ruin getrieben.« Fanatischen Islamisten schien die Zeit für einen »defensiven Dschihad« gekommen, die Idee des militanten Islamismus schien plötzlich wieder Auftrieb zu bekommen. Al-Qaida konnte beträchtliche Propagandaerfolge verbuchen. Auf irakischem Boden kämpften nun freiwillige Dschihadisten aus vielen arabischen Ländern gegen die verhassten Amerikaner – es gründete sich sogar eine Organisation namens »Al-Qaida im Irak«. Doch im direkten militärischen Kampf gegen die US-Armee hatten diese Militanten niemals eine Chance. Deshalb destabilisierten sie in erster Linie das Land und machten den US-Besatzern das Leben schwer. Ständige Bombenattentate gegen zivile Ziele mit Hunderten von Toten brachten die Gruppierung nach einigen Jahren um ihr Ansehen bei den Irakern und trieben die Organisation in die Isolation.

Seit dem 11. September 2001 hatte unterdessen der islamistische Terror auch anderswo immer wieder seine hässliche Fratze gezeigt. Im tunesischen Djerba wurden 21 Touristen, darunter 14 Deutsche, im April 2002 von einer Bombe getötet, auf der indonesischen Insel Bali kamen wenige Monate später hunderte Australier bei einem Anschlag auf eine Bar um. 2003 starben in Casablanca 33 Menschen bei Anschlägen auf spanische Einrichtungen, in Istanbul 63 Menschen bei Anschlägen auf zwei Synagogen. 2004 folgte ein monströser Anschlag in Madrid, als in 13 Waggons von Vorortzügen Bomben hochgingen und 191 Menschen getötet wurden. 2005 passierte Ähnliches in der Londoner U-Bahn, 51 Menschen kamen uns Leben. Die Opfer waren stets Zivilisten. Zwar waren die Täter von

Bin Ladens Botschaften beeinflusst, doch stellten die Ermittler fest, dass sie zumeist autonom geplant und gehandelt hatten. Al-Qaida war keine straffe, zentral geführte Organisation mehr, sondern wandelte sich zu einer ideologischen Zentralstelle. Der Name »Al-Qaida« wurde zu einer Art Franchise-Marke – wer sie aufgriff, folgte einer »bewährten« Idee und erprobten Handlungsmustern. Osama bin Laden blieb eine Figur, die weiterhin eine große symbolische Strahlkraft ausübte und so immer wieder willige und fanatische Kämpfer inspirierte. Und er blieb »Amerikas Staatsfeind Nr. 1«.

»Der schlimmste Fehler der Amerikaner überhaupt war der Irakkrieg. Und das betrifft auch ganz konkret Osama bin Laden, weil die Amerikaner ab 2002 nachrichtendienstliches Personal und Spezialkräfte aus Südasien, also aus Afghanistan und Pakistan, abziehen mussten. Und damit fehlten ganz einfach die nötigen Grundlagen, um dort Al-Qaida und Taliban weiter zu bekämpfen.«

Dr. Guido Steinberg, Islamwissenschaftler und Terrorismusexperte

Am frühen Nachmittag des 1. Mai 2011 wartete US-Präsident Obama auf die Erfolgsmeldung. Mit seinem engsten Beraterzirkel hatte er sich in den »Situation Room«, in das Lagezentrum des Weißen Hauses, zurückgezogen. Gebannt starrten sie auf den Bildschirm – über eine Standleitung waren sie mit der CIA-Zentrale in Langley, Virginia, verbunden. Von dort wurden stumme, dunkle, grünstichige Livebilder aus Pakistan gesendet – aufgenommen von den Helmkameras amerikanischer Elitesoldaten. In Langley erklärte CIA-Chef Leon Panetta im Livekommentar seinen Zuhörern und Zuschauern im Weißen, wie sich die Lage in Pakistan entwickelte: Zwei »Blackhawk«-Hubschrauber mit 22 Elitesoldaten der »Navy Seals« schwebten über einem Gebäudekomplex in Abbottabad, zwei weitere Maschinen mit Einsatzkräften hielten sich in etwas größerer Entfernung als Reserve für Notfälle bereit. Einer der Helikopter kollidierte am Einsatzort bei der Landung mit einer hohen Mauer, der Heckrotor brach ab. Dem anderen »Blackhawk« gelang die Landung wie geplant. Es war gegen ein Uhr nachts pakistanischer Ortszeit, als der Besitzer des Hauses, in dem Bin Laden untergekommen war, das Feuer auf die US-Soldaten

»Geronimo! EKIA!« Im Lagezentrum des Weißen Hauses werden Präsident Obama und sein Sicherheitsstab Zeugen von Bin Ladens Tod.

eröffnete. Die schossen zurück und töteten den Schützen. Dann durchkämmte das US-Kommando Raum für Raum des dreigeschossigen Gebäudes. Dabei erschossen die Soldaten vier weitere Bewohner, darunter einen Sohn Bin Ladens. In einem Schlafzimmer im obersten Stock stießen sie schließlich auf Osama bin Laden und die jüngste seiner Ehefrauen. Als die Navy Seals zu schießen begannen, trafen sie die 29-jährige Jemenitin ins Bein, dann töteten zwei Schüsse Osama bin Laden. Es habe sich später herausgestellt, so die offizielle US-Version, dass Bin Laden zwar Waffen im Raum hatte, dass er aber keine Gegenwehr geleistet habe. Einem 1,82 Meter großen US-Soldaten wurde befohlen, sich neben den Toten zu legen. Bin Laden war 1,93 Meter groß gewesen, der Leichnam war größer als die Vergleichsperson. Im Weißen Haus herrschte nun Gewissheit, dass soeben Osama bin Laden getötet worden war. Die Angreifer fotografierten den Toten und schickten das Bild an die Einsatzzentrale, dort wurde per Computer und gespeicherter Gesichtserkennungsdaten die Identifikation bestätigt. Leon Panetta meldete aus Langley live ins Weiße Haus: »Geronimo! EKIA!« Geronimo war der Codename für das Zielobjekt ge-

Das Schlafzimmer Bin Ladens – erste Fernsehbilder zeigen den Ort, an dem er am 2. Mai 2011 erschossen wurde.

wesen, »EKIA« hieß »Enemy Killed In Action!« – »Feind im Gefecht getötet!« Im Lagezentrum des Weißen Hauses konstatierte Präsident Obama trocken: »Wir haben ihn!« Wenig später trat er vor die Presse und verkündete ruhig, dass Bin Laden von US-Spezialkräften getötet worden sei. »Justice has been done.« – »Die Gerechtigkeit hat sich durchgesetzt«, sagte er und betonte: »Die Vereinigten Staaten führen keinen Krieg gegen den Islam – und werden dies niemals tun!« Im pakistanischen Abbottabad hatten kurz zuvor die Navy Seals den beschädigten Helikopter gesprengt. 38 Minuten nach Beginn der Aktion entschwebten die Elitesoldaten im verbleibenden Hubschrauber in den Nachthimmel – mit an Bord waren die Leiche Bin Ladens sowie Computerfestplatten, unzählige USB-Sticks, DVDs und andere wichtige Unterlagen, die man im Gebäude gefunden hatte. Zurück blieben fünf tote Unterstützer Bin Ladens sowie drei seiner Ehefrauen und neun Kinder. Die Hubschrauber flogen nun zurück nach Dschalalabad in Afghanistan, von wo sie gestartet waren. Dort wartete ein Flugzeug, das den Leichnam Bin Ladens auf den Flugzeugträger »Carl Vinson« bringen würde. An Bord des Schiffes entnahmen bereitstehende Spezialisten DNA-Proben des Körpers, um ihn definitiv zu identifizieren. Zwölf Stunden nach seinem Tod wurde Bin Laden nach islamischem Ritual zur Bestattung vorbereitet und schließlich auf See beigesetzt. Amerika wollte kein Grab, das irgendwann zum Wallfahrtsort für Anhänger des toten »Terrorfürsten« werden könnte.

Kurz nach dem Triumph Amerikas wurde bekannt, das die Aktion gegen den »Staatsfeind Nr. 1« langfristig vorbereitet worden war. US-Geheimdienste hatten sich 2007 an die Fersen eines Pakistaners geheftet, der aufgrund von Verhören gefangener Al-Qaida-Mitglieder als Kurier Bin Ladens galt. Seit 2009 wussten die Amerikaner, dass er sich in Pakistan aufhielt, und überwachten seine Bewegungen. Ein abgehörtes Telefonat bestätigte schließlich, dass die CIA eine heiße Spur hatte. Die führte im August 2010 zu einem großen Haus in Abbottabad, das der Mann seit Jahren gemietet hatte. Abbottabad, 80 Kilometer nördlich der pakistanischen Hauptstadt Islamabad gelegen, ist Standort der pakistanischen Militärakademie und gilt als angenehmer Wohnort, an dem viele hochrangige Veteranen der pakistanischen Armee einen beschaulichen Lebensabend verbringen. Der sollte Osama bin Laden nicht vergönnt sein: Ein verdecktes Team der CIA bezog einen Beobachtungsposten in Abbottabad und ließ das große Haus am Rande der Stadt fortan nicht mehr aus den Augen. Außerdem machten Spionagesatelliten präzise Fotos, Drohnen sollten elektronische Signale aus dem Haus orten – vergeblich, denn das Anwesen hatte weder Telefon- noch Internetanschlüsse. Obwohl Bin Laden nie direkt gesehen wurde, beurteilte die CIA die Chance, dass er sich in dem Gebäudekomplex aufhielt, auf 60 bis 80 Prozent. Seit Februar 2011 lief die Planung für einen Angriff auf das Haus in Abbottabad. Präsident Obama lehnte es ab, das Ziel mit Drohnen und Raketen zu attackieren, denn im Schutt einer Ruine würde man nie Klarheit bekommen, ob Bin Laden wirklich dort gewesen und getötet worden war. Stattdessen sollten US-Soldaten direkt angreifen und in einer riskanten Operation für absolute Klarheit sorgen. Am 29. April 2011 gab der Präsident den Befehl zum Zugriff. 48 Stunden später hatten die Navy Seals die »Operation Geronimo« erfolgreich beendet: Osama bin Laden war tot.

Jubel in den USA – Bin Ladens Tod ist ein später Triumph für eine verunsicherte Nation.

Während sich der US-Präsident demonstrativ jeder triumphalen Geste enthielt, sammelten sich vor dem Weißen Haus in Washington und auf dem Times Square in New York jubelnde Menschen: Zumeist waren es Jugendliche oder hyperpatriotische Studenten, die lauthals »USA, USA!« skandierten. In der arabischen Welt löste der Tod Bin Ladens kaum eine nennenswerte Reaktion aus. Aus Pakistan erfolgte eine heftige rhetorische Abwehr westlicher Vorwürfe, denen zufolge gewisse Kreise wissentlich den Terrorchef in ihrem Land geduldet hätten. Außerdem entrüstete sich die pakistanische Öffentlichkeit über die Missachtung der Souveränität des Landes durch das US-Kommando. Weltweit rätselten die Medien tagelang über die Hintergründe und den Ablauf der Aktion. Und es war eine viel weiter gehende Frage zu beantworten: Was bedeutet das Ende Bin Ladens für die Zukunft Al-Qaidas und die globale Sicherheit? »Die Planer und Operationschefs des Netzwerks haben den Terror in den vergangenen Jahren fortgeführt – wahrscheinlich ohne jeglichen Einfluss Bin Ladens. Auch die Regionalorganisationen erledigen ihre terroristi-

Die neue Bedrohung

Seit einigen Jahren scheint auch die Bedrohung Deutschlands durch Dschihadisten zugenommen zu haben. Der Terrorismusexperte Guido Steinberg kategorisiert die Täter in drei Gruppen. Als Beispiel für »unabhängige Dschihadisten« sind die beiden arabischen Studenten zu nennen, die im Sommer 2006 in Köln einen mit Sprengstoff gefüllten Koffer in einem Zug platziert hatten. Nur weil der Zünder versagte, blieb eine Katastrophe aus. Diesen Tätern fehlte eine konkrete Bindung an eine übergeordnete Terrorgruppe. Das bedeutet, dass sie der Polizei unbekannt waren und eine unberechenbare Gefahr darstellten. 2007 hob die Polizei die sogenannte »Sauerlandgruppe« aus, die in einem Ferienhaus im Sauerland Sprengstoff herstellte und diesen gegen US-Ziele in Deutschland einsetzen wollte. Die Zusammensetzung war typisch für eine solche Gruppe islamistischer Terroristen: Sie bestand aus vier in Deutschland aufgewachsenen jungen Männern. Zwei waren türkischer Herkunft, einer von ihnen hatte einen deutschen Pass, zwei waren deutsche Konvertiten. Sie hatten sich in Pakistan in einem Terrorcamp der »Islamischen Dschihad-Union« ausbilden lassen, fühlten sich dieser Organisation zugehörig und handelten in ihrem Namen. Von dieser zweiten Kategorie, der »neuen internationalistischen Terroristen«, geht eine besondere Bedrohung aus, weil ihre Angehörigen in westlichen Gesellschaften zu Hause sind. Wenn sie klug handeln, bewegen sie sich unauffällig und tarnen sich perfekt. Das war bei der Sauerlandgruppe nicht der Fall – sie beging eklatante Fehler und flog auf. Die letzte Gruppe besteht aus klassischen »organisierten« Terroristen. Diese sind oft arabischer Herkunft und Mitglieder ausländischer Terrorgruppen. Ihr Kampf richtet sich meist gegen die Regierungen in ihrer Heimat. Dennoch nehmen sie auch im Westen Ziele ins Visier, weil viele westliche Staaten diese Regime wirtschaftlich, politisch und militärisch unterstützen.

Militante Islamisten der »Sauerlandgruppe« wurden monatelang beschattet und schließlich verhaftet, bevor sie Bomben zünden konnten.

Auch die »Kofferbomber von Köln« wurden gefasst. Die Bomben dieser arabischen Einzeltäter zündeten nicht.

schen Aktivitäten im Irak, in Jemen oder Algerien weitgehend unabhängig. Eine Bedrohung, auch für Deutschland und andere westliche Staaten, bleibt also auch nach dem Tod Bin Ladens. Langfristig aber bedeutet der Ausfall Bin Ladens eine Riesenschwächung für Al-Qaida. Solange er sich den Amerikanern widersetzen konnte, war er ein Ermutiger für die Bewegung. Damit ist es nun vorbei. Dazu kommt, dass niemand bei Al-Qaida das Charisma Bin Ladens ersetzen kann«, analysiert Dr. Guido Steinberg. Islamwissenschaftler und Terrorismusexperte bei der »Stiftung Wissenschaft und Politik«. Für die meisten westlichen Gesellschaften bleibe der Terrorismus also eine ernst zu nehmende Gefahr. Aber eine existenzielle Bedrohung sei er nicht, so Steinberg. »Die Dschihadisten haben es nicht vermocht, massenhaft Anhänger zu gewinnen. ... Dennoch: Diese Terroristen können noch immer jederzeit Angriffe auf öffentliche Verkehrsmittel und andere ›weiche Ziele‹ durchführen und dabei Hunderte von Menschen töten. Aber die Organisation ist nicht mehr in Lage, komplizierte transkontinentale Attacken zu planen.«

Aufbruch in eine bessere Zukunft?

Anfang 2011 nahm eine Entwicklung ihren Anfang, die in eine andere Richtung wies. Der »arabische Frühling«, der mit Revolutionen in Tunesien und Ägypten einherging, scheint zu zeigen, dass junge Menschen in der arabischen Welt inzwischen nach anderen Vorbildern als Osama bin Laden suchen. Denn sie wissen, dass der Islamismus bislang kein funktionierendes Gesellschaftsmodell hervorgebracht hat. Der Gottesstaat Iran hat individuelle Freiheit nie auf seine Fahnen geschrieben und setzt im Zweifelsfall immer auf Repression. Das gilt auch für den Gazastreifen, in dem die fundamentalistische Hamas zwar als Siegerin aus einer demokratischen Wahl hervorging, aber eine autoritäre Herrschaft mit totalitären Zügen ausübt. Der Islamismus hat nirgendwo bewiesen, dass er eine politische Antwort auf die sozialen und politischen Fragen unserer Zeit hat. Freiheit und Würde, ein Ende der korrupten Herrschaft einzelner Clans, Wohlstand und eine Zukunftsperspektive sind die Forderungen, die Anfang 2011 in Tunesien, Ägypten, in Syrien, im Jemen und in Bahrain die Jugend auf die Straße trieben. Diese Botschaft wird über transnationale arabische Sender wie Al Dschasira in jedes Wohnzimmer getragen. Die Despoten haben die Informationshoheit, die ihnen Zensur und Parteipresse über Jahrzehnte garantierten, verloren. Das Internet verhilft bislang vereinzelten Gruppen zu einem Forum, auf dem man sich austauschen und organisieren kann. So erzwangen die friedlichen Demonstrationen Tausender Ägypter auf dem »Platz der Freiheit« in Kairo den Rücktritt des korrupten Machthabers Mubarak. Sie zeigten, was mit zivilem Ungehorsam, mit Solidarität und Bürgersinn erreicht werden kann.

»Die Revolutionen in der arabischen Welt im Jahr 2011 sind eine ganz schwere strategische Niederlage für Al-Qaida. Zwar werden hier einige der Ziele der Organisation erreicht, beispielsweise der Sturz des Regimes von Mubarak in Ägypten, aber es sind gleichzeitig die schlimmsten Feinde des Terrornetzwerks, die hier große Erfolge haben feiern können. Da sind liberale Demokraten dabei, Menschenrechtler, Blogger, Frauen, Frauen moderner Prägung.«

Dr. Guido Steinberg, Islamwissenschaftler bei der Stiftung Wissenschaft und Politik

Diese friedliche Revolution macht deutlich, wie gestrig die Vision militanter Islamisten ist, die mit Gewalt eine religiös dominierte Ordnung herbeibomben wollten. Auch die nichtmilitanten Muslimbrüder, die in Ägypten nach einer Rolle innerhalb der Revolution suchen, haben es schwer mit ihren Parolen. Religiöse Autoritäten wie der Großmufti von Ägypten, Ali Gomaa, sehen in der jüngsten Entwicklung eine große Herausforderung für die Fundamentalisten. »Die Demokratie wird die islamistischen Bewegungen auf den Prüfstand stellen. Sie müssen nun Programme und eine politische Botschaft formulieren, die dem ägyptischen Mainstream entgegenkommt. Jede Tendenz zum Radikalismus wird nicht nur gesetzeswidrig sein, sondern wird sie auch politisch marginalisieren. Nachdem die Ägypter die schwere Bürde autoritärer Herrschaft abgeschüttelt haben, werden sie sie nicht wiederhaben wollen, wenn sie im Mantel der Religion daherkommt«, schrieb er im März 2011 in einem Gastbeitrag für die *New York Times*. Die Revolutionen zeigten

12. Februar 2011: Tausende Ägypter bejubeln auf dem Kairoer Tahrir-Platz, dem Epizentrum der Revolte, den Sturz Hosni Mubaraks.

In Tunesien begann Anfang 2011 der arabische Frühling – die Revolution einer modernen Jugend, die korrupte Diktatoren davonjagen will.

indes nicht nur, dass die Islamisten überholten Vorstellungen anhingen. Die Entwicklung macht auch deutlich, wie wenig zukunftsorientiert die Botschaft der USA und des Westens an die Araber war. Sie lautete seit Jahrzehnten: Stabilität geht vor Demokratie – der Westen unterstützt jeden noch so korrupten Despoten, damit die muslimischen Länder nicht in die Hände radikaler Islamisten fallen. Damit wurde in den arabischen Ländern jeder Modernisierungsansatz erstickt. Und im Westen gaben sich viele dem Glauben hin, dass die Araber nicht reif oder fähig zur Demokratie seien. All das lastete schwer auf den arabischen Gesellschaften – und es trieb viele in eine antiwestliche Haltung.

Eine der extremsten Formen des Widerstands gegen die Ordnung der vergangenen fünfzig Jahre war der »moderne Dschihadismus«. Er ist ein Resultat der spät- und postkolonialen Weltordnung des 20. Jahrhunderts. Genährt wurde er durch den Afghanistankrieg der Sowjets und noch verschärft durch die politische und wirtschaftliche Einflussnahme Amerikas auf den Nahen Osten. Den USA ging es zu oft nur um die kurzfristigen eigenen Interessen, dies schuf einen Nährboden für weit verbreitete antiamerikanische Ressentiments. Diese Gefühlslage brachte eine Handvoll Fanatiker hervor – und die verstanden es, aus nationalen Widerstandsbewegungen für kurze Zeit eine übernationale islamistische Terrortruppe zu schmieden. In einigen arabischen Staaten gab und gibt es für diese Bewegung ein engeres Umfeld von Unterstützern. Reiche Privatleute in Saudi-Arabien und anderen Golfstaaten betätigen sich als Spender. Dazu kommt eine Sympathisantenszene, deren Mitglieder in unterschiedlicher Intensität die Vorstellungen der Dschihadisten befürworten. Für einige Jahre vermochte Al-Qaida weltweit koordinierte Aktionen zu planen, die mit den Anschlägen von New York ihren traurigen Höhepunkt erreichten. Klar ist aber auch: Ohne entscheidende Persönlichkeiten wie Abdallah Azzam, Ayman al-Zawahiri und Osama bin Laden hätte der Terrorkrieg der Dschihadisten nie stattgefunden. Und es hätte keinen Tag des Schreckens am 11. September 2001 gegeben.

Trotz dieses Schocks zu Beginn des neuen Jahrtausends, trotz der nachfolgenden Kriege blieb bislang der »Kampf der Kulturen«, den der US-Professor Samuel Huntington bereits Anfang der neunziger Jahre prophezeit hatte, aus. Der Islam als »dunkle Macht in der Welt von morgen« war ein Zerrbild. Eine Milliarde Muslime gibt es auf der Welt – Asiaten, Afrikaner, Araber, Perser, Turkvölker –, doch sie bilden keinen monolithischen Block und können deshalb auch keine geballte Gefahr darstellen. Huntingtons These vom »Kampf der Kulturen« schien nach dem 11. September eine einfache Erklärung für die Motive der Täter zu bieten. Doch diese Simplifizierung verkennt, dass die Drahtzieher des Terrors und ihre Schergen nie repräsentativ für die Muslime dieser Welt waren. Sie waren nicht einmal repräsentativ für die Gesellschaften, denen sie entstammten, sondern fanatisierte Außenseiter. Dennoch wird es auch weiterhin Zeitgenossen geben, die ihren Parolen folgen und ihre mörderischen Methoden anwenden.

Literatur

Das Schwert des Propheten

Stefan Brauburger/Friedrich Klütsch

Borgolte, Michael: Der Gesandtenaustausch der Karolinger mit den Abbasiden und mit den Patriarchen von Jerusalem. München 1976.

Bostom, Andrew G.: The Legacy of Jihad: Islamic Holy War and the Fate of Non-Muslims. Amherst 2008.

Dreßen, Wolfgang, et. al. (Hrsg.): Ex Oriente: Isaak und der weiße Elefant. Aachen 2003.

Hagemann, Ludwig: Christentum contra Islam: Eine Geschichte gescheiterter Beziehungen. Darmstadt 2005.

Kennedy, Hugh: When Baghdad Ruled the Muslim World: The Rise and Fall of Islam's Greatest Dynasty. Cambridge, MA 2004.

– Ders.: The Great Arab Conquests: How the Spread of Islam Changed the World We Live in. London 2007.

Nagel, Tilman: Mohammed: Leben und Legende. München 2008.

– Ders.: Allahs Liebling: Ursprung und Erscheinungsformen des Mohammedglaubens. München 2008.

Nicolle, David: Poitiers AD 732: Charles Martel Turns the Islamic Tide. Oxford 2008.

Schreiner, Klaus (Hrsg.): Heilige Kriege – Religiöse Begründungen militärischer Gewaltanwendung: Judentum, Christentum und Islam im Vergleich. München 2008.

Tibi, Bassam: Kreuzzug und Djihad: Der Islam und die christliche Welt. München 1999.

Wolf, Kenneth Baxter: Conquerors and Chroniclers of Early Medieval Spain. Liverpool 1999.

Kreuzzug nach Jerusalem

Stefan Brauburger

Asbridge, Thomas: Die Kreuzzüge. Stuttgart 2010.

Erdmann, Carl: Die Entstehung des Kreuzzuggedankens. (1935) Neudruck Darmstadt 1980.

Fansa, Mamoun, u. Emete, Karen (Hrsg.): Friedrich II. (1194–1250). Welt und Kultur des Mittelmeerraums. Mainz 2008.

Gabrieli, Francesco: Die Kreuzzüge aus arabischer Sicht. Augsburg 2000.

Gemein, Gisbert (Hrsg.): Kulturkonflikte – Kulturbegegnungen. Juden, Christen und Muslime in Geschichte und Gegenwart. Schriftreihe der Bundeszentrale für politische Bildung, Bd. 1062. Bonn 2011.

Jaspert, Nikolas: Die Kreuzzüge. Darmstadt 2008.

Kotzur, Hans-Jürgen (Hrsg.): Die Kreuzzüge – Kein Krieg ist heilig. (Katalog zur Ausstellung im Dommuseum Mainz). Mainz 2004.

Lewis, Bernard: Die Welt der Ungläubigen - Wie der Islam Europa entdeckte. Frankfurt/M. 1987.

Lilie, Ralph-Johannes: Byzanz und die Kreuzzüge. Stuttgart 2004.

Maalouf, Amin: Der Heilige Krieg der Barbaren – Die Kreuzzüge aus der Sicht der Araber. München 2003.

Mayer, Hans Eberhard: Geschichte der Kreuzzüge. Stuttgart 2005.

Riley-Smith, Jonathan: Wozu heilige Kriege? Anlässe und Motive der Kreuzzüge. Berlin 2003.

Schreiner, Klaus (Hrsg.): Heilige Kriege. Religiöse Begründungen militärischer Gewaltanwendung: Judentum, Christentum und Islam im Vergleich. München 2008.

Tessore, Dag: Der Heilige Krieg im Christentum und Islam. Düsseldorf 2004.

Thorau, Peter: Die Kreuzzüge. München 2008.

Yaron, Gil: Jerusalem. Ein historisch-politischer Stadtführer. München 2009.

Die Türken vor Wien

Peter Arens/Alexander Hogh

Ansary, Tamim: Die unbekannte Mitte der Welt. Globalgeschichte aus islamischer Sicht. Frankfurt/M. 2010.

Crowley, Roger: Entscheidung im Mittelmeer. Europas Seekrieg gegen das Osmanische Reich 1521–1580. Stuttgart 2009.

Faroqhi, Suraiya: Kultur und Alltag im Osmanischen Reich: Vom Mittelalter bis zum Anfang des 20. Jahrhunderts. München 2003.

– Dies.: Geschichte des Osmanischen Reiches. München 2006.

Finkel, Caroline: Osman's Dream. The Story of the Ottoman Empire 1300–1923. London 2006.

Historisches Museum der Stadt Wien (Hrsg.): Wien 1529. Die erste Türkenbelagerung. Graz 1979.

Kreiser, Klaus: Der Osmanische Staat 1300–1922. Oldenburg 2001.

– Ders./Neumann, Christoph K.: Kleine Geschichte der Türkei. Stuttgart 2009.

– Ders.: Geschichte Istanbuls. Von der Antike bis zur Gegenwart. München 2010.

Leitsch, Walter: »Warum wollte Kara Mustafa Wien erobern?« In: Jahrbücher für Geschichte Osteuropas 29. 1981.

Matschke, Klaus-Peter: Das Kreuz und der Halbmond: Die Geschichte der Türkenkriege. Darmstadt 2004.

Matuz, Josef: Das Osmanische Reich: Grundlinien seiner Geschichte. Darmstadt 2008.

Peirce, Leslie: The Imperial Harem. Women and Souvereignity in The Ottoman Empire. New York/Oxford 1993.

Runciman, Steven: Die Eroberung von Konstantinopel 1453. München 1977.

Waissenberger, Robert (Hrsg.): Die Türken vor Wien. Europa und die Entscheidung an der Donau 1683. Salzburg 1982.

Dschihad für den Kaiser

Peter Arens/Georg Graffe

Clark, Christopher: Wilhelm II.: Die Herrschaft des letzten deutschen Kaisers. München 2009.

Hosfeld, Rolf: Operation Nemesis: Die Türkei, Deutschland und der Völkermord an den Armeniern. Köln 2005.

Korn, Wolfgang: Schienen für den Sultan. Köln 2009.

Kress von Kressenstein, Friedrich: Mit den Türken zum Suezkanal. Berlin 1938.

Lawrence, T. E.: Die sieben Säulen der Weisheit. München 1979.

Lewis, Bernard: The Emergence of Modern Turkey. New York 2002.

McMeekin, Sean: The Berlin-Bagdad Express. London 2010.

Niedermayer, Oskar von: Krieg in Irans Wüsten. Erlebnisse der deutschen Expedition nach Persien und Afghanistan. Hamburg 1940.

Oberhaus, Salvador: »Zum wilden Aufstande entflammen«. Die deutsche Propagandastrategie für den Orient im 1. Weltkrieg am Beispiel Ägypten. Saarbrücken 2007.

Stürmer, Michael/Teichmann, Gabriele/Treue, Wilhelm: Sal. Oppenheim jr. & Cie. – Die Geschichte einer Bank und einer Familie. München 1989.

Tabachnik, Stephen: T. E. Lawrence – Wahrheit und Legende. Bilanz eines Heldenlebens. München 1987.

Teichmann, Gabriele/Völger, Gisela: Faszination Orient, Max von Oppenheim – Forscher, Sammler, Diplomat. Köln 2003.

Zechlin, Egmont: Die deutsche Politik und die Juden im Ersten Weltkrieg. Göttingen 1969.

Terror für den Glauben

Guido Knopp/Alexander Berkel

Bergen, Peter: The Bin Laden I Know – The Oral History of Al Qaeda's Leader. New York 2006.

– Ders.: Heiliger Krieg Inc. – Osama Bin Ladens Terrornetz. Aktualisierte Ausgabe. Berlin 2003.

Berntsen, Gary: Jawbreaker – The Attack on Bin Laden and Al Qaeda:

A Personal Account by the CIA's Key Field Commander. New York 2005.

Bin Laden, Najwa/Bin Laden, Omar/Sasson, Jean: Growing Up Bin Laden – Osama's Wife and Son Take Us Inside Their Secret World. New York 2009.

Kepel, Gilles: Das Schwarzbuch des Dschihadismus – Aufstieg und Niedergang des Islamismus. München 2002.

Schmidbauer, Wolfgang: Mensch als Bombe – Eine Psychologie des neuen Terrorismus. Reinbek 2003.

Steinberg, Guido: Der nahe und der ferne Feind – Die Netzwerke des islamistischen Terrorismus. München 2005.

– Ders.: Im Visier von Al Qaida – Deutschland braucht eine Anti-Terror-Strategie. Hamburg 2009.

Wright, Lawrence: Der Tod wird Euch finden – Al Qaida und der Weg zum 11. September. München 2006.

Personenregister

Kursive Seitenangaben verweisen auf Abbildungen

C

D

E

F

G

T

U

V

W

Z

Orts- und Sachregister

E

F

G

H

I

P

R

S

Bildnachweis

Das Schwert des Propheten

AKG Images, Berlin: 19, 52 o., 52 u., 60, 66 (N.N.), 22, 33, 34, 53, 72 (Erich Lessing), 25, 39,41 (Bildarchiv Steffens), 27 u., 45 (Werner Forman), 29 li. (R.u.S. Michaud), 44 (Gerard Degeorge), 51 (Rabatti-Domingie), 61 (Picture Contact), 71, 73 (British Library)
Bridgeman, Berlin: 18 (Chateau de Versailles, France), 21 (Private Collection), 43 (Musee Conde, Chantilly, France/Giraudon), 47 (Real Academia de Bellas Artes de San Fernando, Madrid, Spain/Index), 55 (Bibliotheque Mazarine, Paris/Archives Charmet)
Corbis Images, London: 24, 27 o. (Kazuyoshi Nomachi), 37 u. (Ahmed Jadallah/Reuters)
Getty Images, München: 29 r. (AFP), 37 o. (2003 Reza)
Ullstein Bild, Berlin: 36 (Imageborker.net/Egmont), 58 (AISA)
aus Wikipedia: 23, 46

Kreuzug nach Jerusalem

AKG Images, Berlin: 76, 90 o., 123, 138, 139 (N.N.), 78 (Israel Images), 90 u., 94, 127, 130 (Erich Lessing), 100 (Werner Forman), 104, 107, 129, 131 (British Library), 111 (Jérôme da Cunha), 118 (Bildarchiv Steffens), 120 (Tarek Camoisson)
Bibliotheque Nationale, Paris, France: 126 (Manuscrits occidentaux-FRANCAIS 68-FOL 399)
Bridgeman, Berlin: 80, 82, 121 (Bibliotheque Nationale, Paris, France), 87 (The Trustees of the Chester Beatty Library, Dublin), 91 (Biblioteca Medicea-Laurenziana, Florence, Italy), 97 (Private Collection/Philip Mould Ltd.,

London), 102 (Vatican Library, Vatican City, Rome, Italy/Giraudon), 113 (Chateau de Versailles, France/Giraudon), 121 (Bibliotheque Nationale, Paris, France), 136 (Alte Pinakothek München/Giraudon)
Corbis Images, London: 114 r. (Richard T. Nowitz)
Interfoto, München: 109 (Bildarchiv Hansmann), 114 li. (Photo AISA)
Ullstein Bild, Berlin: 93, 99, 135 (Roger Viollet), 95 (Archiv Gerstenberg), 132 (N.N.)
Wikipedia: 125

Die Türken vor Wien

AKG Images, Berlin: 146 r., 184 o., 190 r., 198, 202, 208, 209, 211 (Erich Lessing), 153 r. (Orsi Battaglini), 170, 176 (Reiner Hackenberg), 171, 185 u., 201, 211 (N.N.), 177 (Cameraphoto), 205 o. (Nimatallah), 205 u. (Imagno)
bpk – Bildagentur für Kunst, Kultur und Geschichte, Berlin: 150 (N.N.), 169 r. (Alfredo Dagli Orti), 173 u. (René-Gabriel Ojéda), 191 (Kupferstichkabinett SMB/Jörg P. Anders)
Bridgeman, Berlin: 146 li. (Private Collection/The Stapleton Collection), 153 li. (Topkapı Palace Museum, Istanbul), 160 li. (Biblioteca Nacional, Madrid, Spain/ Photo AISA), 160 r., 168 o., 172 (Private Collection/Archives Charmet), 162 (National Gallery, London), 168 u. (Museo Correr, Venice, Italy), 180 li., 180 r., 197 (Topkapı Palace Msueum, Isanbul/Giraudon), 184 u. (Private Collection/ Rafael Valls Gallery, London)
Interfoto München: 169 li. (Sammlung Rauch)
Süddeutsche Zeitung Photo, München: 203 (Scherl)
Ullstein Bild, Berlin: 151 (TopFoto), 154 (Archiv Gerstenberg), 164 o. li., 188, 192 (Heritage), 164 o.r., 185 o. , 214 (N.N.), 164 u., 178, (Roger Viollet), 173 o. (Fischer Project), 182 (United Archives), 190 li. (AISA) , 212 (Euroluftbild)
Wikipedia: 157, 179, 194, 195

Dschihad für den Kaiser

AKG Images, Berlin: 225, 232 o., 257 , 259, (N.N.),
bpk – Bildagentur für Kunst, Kultur und Geschichte, Berlin: 222, 227 li., 232 u., 236 u. (N.N.), 236 o. (Robert Koldewey)
Bridgeman, Berlin: 218 (Private Collection/Archives Charmet), 244 (Museo della Guerra di Vovereto, Trento, Italy)
Corbis Images, London: 255 (Bettman)

Fotosammlung Max von Oppenheim/Archäologisches Institut/Universitätzu Köln : 240 (http://arachne.uni-koeln.de/item/marbilderoppenheim/5822), 242 (http://arachne.uni-koeln.de/item/marbilderoppenheim/3741), 277 li. (http://arachne.uni-koeln.de/item/marbilderoppenheim/3843)
Getty Images, München: 216 r. (Hulton Archive/Apic), 217 (Otto Herschan), 219 (SSPL), 220 u., 237 u., 260, 264 u. (Hulton Archive), 272 (Topical Press Agency), 274 o., 277 r. (Popperfoto)
Interfoto München: 233 o. (Zill)
Picture Alliance, Frankfurt: 269 (dpa)
Ullstein Bild, Berlin: 216 li, 264 o., 266 (TopFoto), 220 o. (Granger Collection), 224 (DHM/Kaiserpanorama), 227 r. (AISA), 228 (Roger Viollet), 233 u., 234, 246, 253, 254, 262 (N.N.), 237 o., 265 o. (SZ-Photo), 249, 250 (Haeckel), 265 u. (United Archives), 274 u., 276 (Heinrich Hoffmann)
Wikipedia: 273

Terror für den Glauben

Peter Bergen: 323
Collection of Omar bin Laden family photo: 285, 297, 300
Corbis Images, London: 299 o. (Alain Keler/Sygma), 313 u. (David Turnley), 335 u. (Neville Elder)
ddp Images, Hamburg: 342 (AP/Frank Franklin II)
Getty Images, München: 280 (AFP), 282 (Paul J. Richards), 284 (Three Lions/ Hulton Archive), 286, 308 (Time Life Pictures), 288 (Gamma-Keystone), 291 u. (Al Rai Al Aam/Feature Story News), 296 (AFP/Zubair Mir), 299 u. (Hulton Archive/David Stewart-Smith), 303 (Getty Images News), 306 (Jodi Cobb/ National Geographic), 310 (Gamma-Rapho/Laurent van der Stock), 311 (Scott Peterson), 315 (Eileen Kleiman/Stringer), 318 r., 326 u. (New York Daily News Archive), 324 (CNN), 325 (Alex Wong/Staff), 333 o. (Joe Raedle), 334 (AFP/Doug Kanter), 335 o. (Tom Stoddart Archive), 339 (Mark Wilson), 345 (Gamma-Rapho), 346 (AFP/Ahmed Al-Rubaye), 347 o. (AFP/Christophe Simon), 358 o. (AFP/Mohammed Abed), 358 u.(Franck Prevel)
Picture Alliance, Frankfurt: 279, 318 li., 320, 330 o., 333 u., 340 (dpa-Fotoreport), 292, 313 o., 344, (dpa-Report)294 o., 294 u., 309, 316, 326 o., 327, 343 li., 343 r., 355 o., 355 u. (dpa-Bildarchiv), 350 (Photoshot), 353 (landov)
Reuters News Agency, Berlin: 351
Ullstein Bild, Berlin: 291 o. (TopFoto), 330 u., 347 u. (ddp)

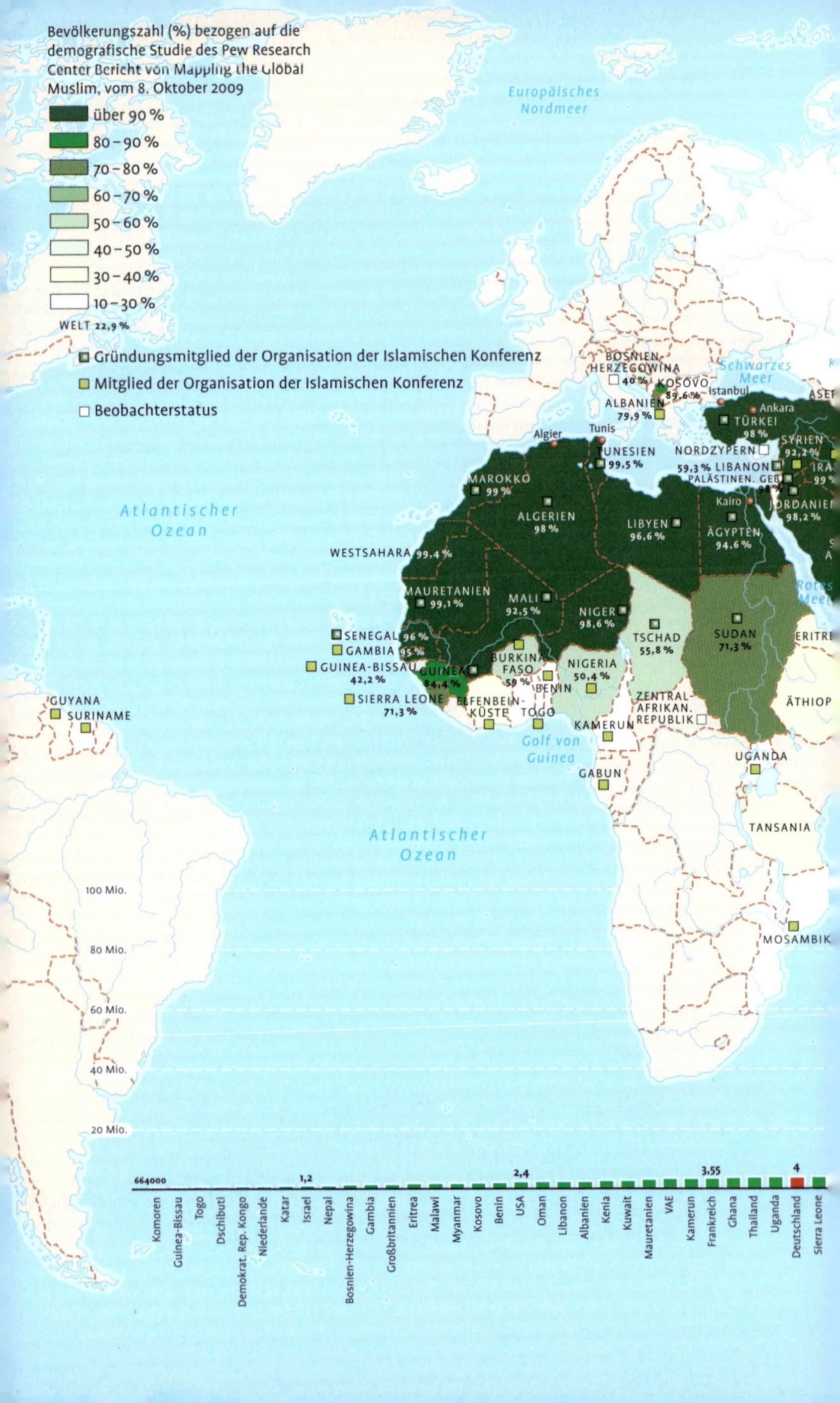
Bevölkerungszahl (%) bezogen auf die demografische Studie des Pew Research Center Bericht von Mapping the Global Muslim, vom 8. Oktober 2009
über 90 %
80 – 90 %
70 – 80 %
60 – 70 %
50 – 60 %
40 – 50 %
30 – 40 %
10 – 30 %
WELT 22,9 %
Gründungsmitglied der Organisation der Islamischen Konferenz
Mitglied der Organisation der Islamischen Konferenz
Beobachterstatus
Europäisches Nordmeer
Atlantischer Ozean
Schwarzes Meer
BOSNIEN-HERZEGOWINA 40 %
KOSOVO 89,6 %
ALBANIEN 79,9 %
Istanbul
Ankara
TÜRKEI 98 %
Algier
Tunis
TUNESIEN 99,5 %
NORDZYPERN
SYRIEN 92,2 %
59,3 % LIBANON
PALÄSTINEN. GEB. 98 %
JORDANIEN 98,2 %
Kairo
MAROKKO 99 %
ALGERIEN 98 %
LIBYEN 96,6 %
ÄGYPTEN 94,6 %
WESTSAHARA 99,4 %
MAURETANIEN 99,1 %
MALI 92,5 %
NIGER 98,6 %
TSCHAD 55,8 %
SUDAN 71,3 %
Rotes Meer
ERITREA
SENEGAL 96 %
GAMBIA 95 %
GUINEA-BISSAU 42,2 %
GUINEA 84,4 %
BURKINA FASO 59 %
NIGERIA 50,4 %
BENIN
SIERRA LEONE 71,3 %
ELFENBEIN-KÜSTE
TOGO
ZENTRAL-AFRIKAN. REPUBLIK
ÄTHIOPIEN
KAMERUN
Golf von Guinea
UGANDA
GABUN
TANSANIA
MOSAMBIK
GUYANA
SURINAME
100 Mio.
80 Mio.
60 Mio.
40 Mio.
20 Mio.
664000
1,2
2,4
3,55
4
Komoren
Guinea-Bissau
Togo
Dschibuti
Demokrat. Rep. Kongo
Niederlande
Katar
Israel
Nepal
Bosnien-Herzegowina
Gambia
Großbritannien
Eritrea
Malawi
Myanmar
Kosovo
Benin
USA
Oman
Libanon
Albanien
Kenia
Kuwait
Mauretanien
VAE
Kamerun
Frankreich
Ghana
Thailand
Uganda
Deutschland
Sierra Leone

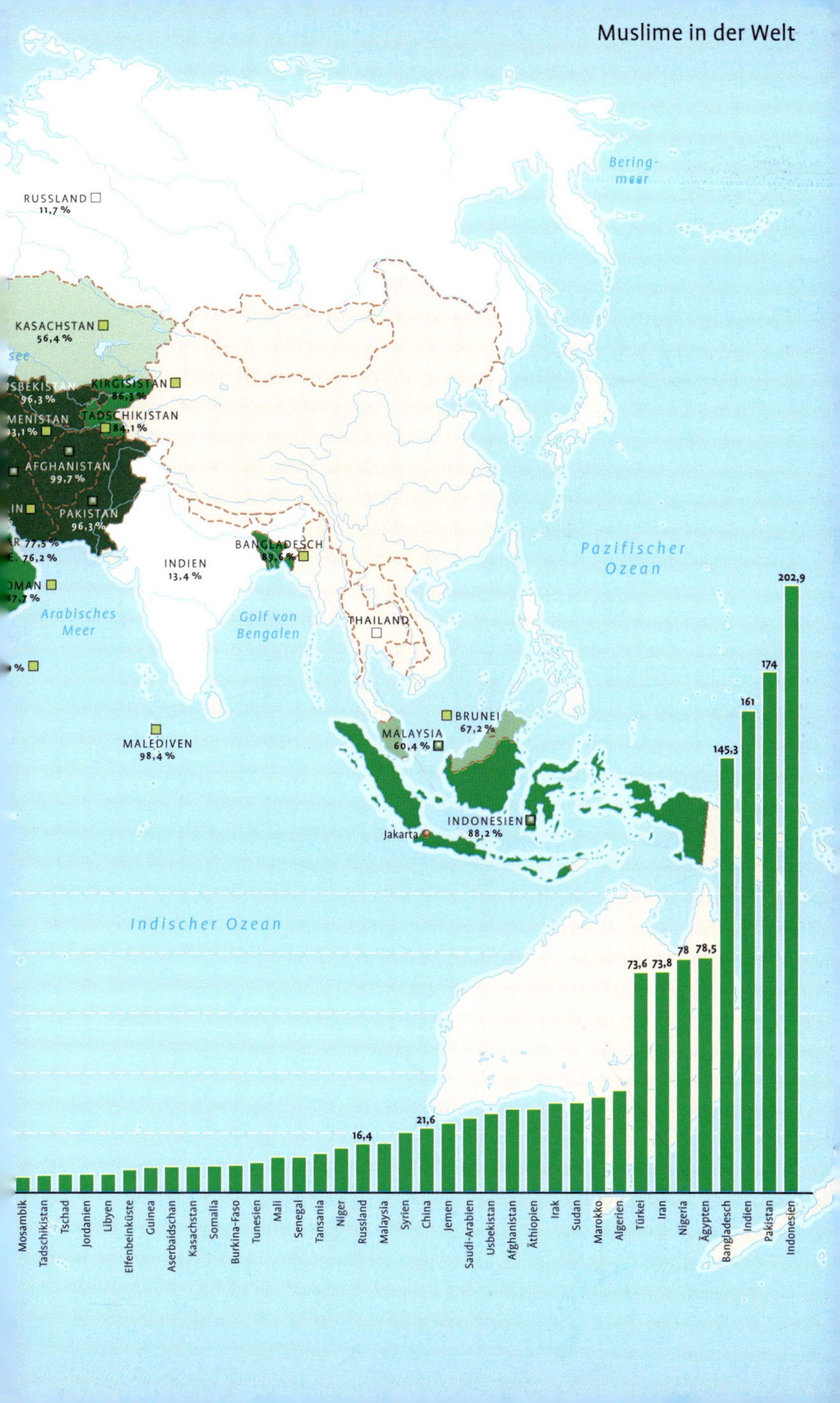
Muslime in der Welt
RUSSLAND
11,7 %
KASACHSTAN
56,4 %
KIRGISISTAN
86,3 %
96,3 %
TADSCHIKISTAN
84,1 %
AFGHANISTAN
99,7 %
PAKISTAN
96,3 %
76,2 %
BANGLADESCH
89,6 %
INDIEN
13,4 %
Arabisches Meer
Golf von Bengalen
THAILAND
BRUNEI
67,2 %
MALAYSIA
60,4 %
MALEDIVEN
98,4 %
INDONESIEN
88,2 %
Jakarta
Bering-meer
Pazifischer Ozean
Indischer Ozean
16,4
21,6
73,6
73,8
78
78,5
145,3
161
174
202,9
Mosambik
Tadschikistan
Tschad
Jordanien
Libyen
Elfenbeinküste
Guinea
Aserbaidschan
Kasachstan
Somalia
Burkina-Faso
Tunesien
Mali
Senegal
Tansania
Niger
Russland
Malaysia
Syrien
China
Jemen
Saudi-Arabien
Usbekistan
Afghanistan
Äthiopien
Irak
Sudan
Marokko
Algerien
Türkei
Iran
Nigeria
Ägypten
Bangladesch
Indien
Pakistan
Indonesien